ウイリアムス神学館叢書

IV

今さら聞けない!?
キリスト教

旧約聖書編

Hiroya Katsumura
勝村 弘也

教文館

本書は「永田保治郎師記念基金」により出版された。

目　次

まえがき

ウイリアムス神学館叢書『今さら聞けない!? キリスト教』は、教会生活は長いのだけれど、それだけに今さら聞くのはちょっと気恥ずかしいような、キリスト教に関する基本的な質問や素朴な疑問にお答えしようと二〇一四年にスタートした信徒講座を書籍化したものです。

第一巻は「礼拝・祈祷書編」として二〇一五年に聖公会出版から刊行され（二〇一九年に教文館より復刊）、第二巻「聖書・聖書朗読・説教編」が二〇一八年に、第三巻「キリスト教史編」が二〇一九年に教文館から刊行されています。そして、本書は、二〇一八年度に行なわれた同講座「旧約聖書編」を基に、大幅な加筆修正を経てまとめられたものです。

こうして本叢書に新たに第四巻を加えることができましたことは、私たちにとっても大きな喜びです。執筆くださった勝村弘也先生はじめ、もとの講座に参加された皆様に、この場を借りて心から感謝の意を表します。

さて、第三巻を刊行したあたりから、この講座のもつある特色が見えてきたように感じています。それは、各々の専門領域では通常扱われないようなテーマについて論じられる場合があるということです。言うまでもなく、信仰生活には分野別の区分があるわけではありません。そこから出てくる問いは、そうした区分に必ずしもとらわれていないわけです。にもかかわらず、講師の先生方はそうした質問があったとしても、それに背を向けるどころか、その問題に向き合ってくださいます。本書においても、そうした特色を垣間見ることができるでしょう。

著者の勝村弘也先生は、本館で長年にわたり旧約聖書学を講じてくださっている碩学です。本書では、旧約聖書学をめぐる基本的なテーマが扱われつつ、キリスト教会で、普段から親しまれながらも学問的に学ぶ機会の少ない「詩編」や、礼拝の中であまり取り上げられることのない「雅歌」や「コヘレトの言葉」といった知恵文学のもつ示唆に富んだ世界観や人生観が展開されています。

読者は、例えば、教会の説教で語られるメッセージの背後にある聖書釈義や黙想がどのような源泉から生み出されているか、というその一端に触れることとなるでしょう。それは、美味しい料理の出されるレストランのバックヤードを覗くような読書体験といえるかもしれません。本書から、そんな知的な刺激とヘブライ語聖書のもつ霊感を読者の皆様に十二分に味わっていただけるのであれば、それ以上の喜びはありません。

ウイリアムス神学館館長　司祭　ヨハネ　黒田　裕

凡　例

一、旧約からの引用は特にことわらない限りは、すべてヘブライ語原典マソラ（伝承本文）からの私訳である。底本には Biblia Hebraica Stuttgartensia（略号ＢＨＳ）を使用した。

一、翻訳聖書としては、以下のものを使用した。以下のように略記する。

口語訳　「旧約聖書」日本聖書協会、一九五五年改訳
新共同訳　共同訳聖書実行委員会、一九八七年
新改訳　新改訳聖書刊行会、一九七〇年
協会共同訳　「聖書協会共同訳」二〇一八年
欽定訳　「ジェイムズ王欽定訳」（Kings James Version, 1611）
ＮＫＪＶ　「新ジェイムズ王訳」（New King James Version, 1946）
ＮＥＢ　New English Bible, 1978
ルター訳　Die Bibel Lutherübersetzung, Deutsch Bibelgesellschaft, 2017

一、聖書の文書名は、原則として新共同訳に従った。但し、詩篇については「詩篇」とし、「詩編」とはしない。また「コヘレトの言葉」とはせず、「コヘレトのことば」とする。

一、研究史の上で重要と思われる学術書については、脚注で言及し、あわせて著者についての解説文も加えた。研究論文などについては、なるべく詳細な書誌情報は省略し、原則として著者の名を挙げるだけとした。

ヘブライ語聖書（マソラ）

〈教え〉（トーラー）
- 創世記（創）
- 出エジプト記（出）
- レビ記（レビ）
- 民数記（民）
- 申命記（申）

〈預言者〉（ネビイーム）

前の預言者
- ヨシュア記（ヨシ）
- 士師記（士）
- サムエル記上（サム上）
- サムエル記下（サム下）
- 列王記上（王上）
- 列王記下（王下）

後の預言者
- イザヤ書（イザ）
- エレミヤ書（エレ）
- エゼキエル書（エゼ）
- ホセア書（ホセ）
- ヨエル書（ヨエ）
- アモス書（アモ）
- オバデヤ書（オバ）
- ヨナ書（ヨナ）
- ミカ書（ミカ）
- ナホム書（ナホ）
- ハバクク書（ハバ）
- ゼファニヤ書（ゼファ）
- ハガイ書（ハガ）

七十人訳聖書

［ラールフス版による］

律法書（モーセ五書）
- 創世記
- 出エジプト記
- レビ記
- 民数記
- 申命記

歴史書
- ヨシュア記
- 士師記
- ルツ記
- 王国Ⅰ［＝サムエル記上］
- 王国Ⅱ［＝サムエル記下］
- 王国Ⅲ［＝列王記上］
- 王国Ⅳ［＝列王記下］
- 歴代誌上
- 歴代誌下
- 第一エズラ［＝新共同訳の「エズラ記（ギリシャ語）」］
- 第二エズラ［＝マソラの「エズラ記」と「ネヘミヤ記」］
- エステル記
- ユディト記
- トビト記
- 第一マカベア記
- 第二マカベア記
- 第三マカベア記
- 第四マカベア記

フランシスコ会訳聖書

歴史書
- 創世記
- 出エジプト記
- レビ記
- 民数記
- 申命記
- ヨシュア記
- 士師記
- ルツ記
- サムエル記上
- サムエル記下
- 列王記上
- 列王記下
- 歴代誌上
- 歴代誌下
- エズラ記
- ネヘミヤ記
- トビト記＊
- ユディト記＊
- エステル記＊
- マカバイ記上＊
- マカバイ記下＊

教訓書
- ヨブ記
- 詩編
- 格言の書［「箴言」と同じ］
- コヘレト（伝道の書）＊
- 雅歌

新共同訳聖書

- 創世記
- 出エジプト記
- レビ記
- 民数記
- 申命記
- ヨシュア記
- 士師記
- ルツ記
- サムエル記上
- サムエル記下
- 列王記上
- 列王記下
- 歴代誌上
- 歴代誌下
- エズラ記
- ネヘミヤ記
- エステル記
- ヨブ記
- 詩編
- 箴言
- コヘレトの言葉
- 雅歌
- イザヤ書
- エレミヤ書
- 哀歌
- エゼキエル書
- ダニエル書
- ホセア書
- ヨエル書

ゼカリヤ書（ゼカ）
マラキ書（マラ）
〈諸書〉（ケトゥビーム）
詩篇（詩）
ヨブ記（ヨブ）
箴言（箴）
ルツ記（ルツ）
雅歌（雅）
コヘレトのことば（コヘ）
哀歌（哀）
エステル記（エス）
ダニエル書（ダニ）
エズラ記（エズ）
ネヘミヤ記（ネヘ）
歴代誌上（代上）
歴代誌下（代下）

＊マソラではエズラ記とネヘミヤ記は一文書として扱われる。

詩文学
詩篇
箴言
コヘレトのことば
雅歌
ヨブ記
ソロモンの知恵（知恵の書）
シラ書
ソロモンの詩篇
預言書
ホセア書
アモス書
ミカ書
ヨエル書
オバデヤ書
ヨナ書
ナホム書
ハバクク書
ゼファニヤ書
ハガイ書
ゼカリヤ書
マラキ書
イザヤ書
エレミヤ書
バルク書
哀歌
エレミヤの手紙
エゼキエル書
スザンナ
ダニエル書
ベルと竜

知恵の書＊
シラ書（集会の書）＊
預言書
イザヤ書
エレミヤ書
哀歌
バルク書＊
エレミヤの手紙
エゼキエル書
ダニエル書
ホセア書
ヨエル書
アモス書
オバデヤ書
ヨナ書
ミカ書
ナホム書
ハバクク書
ゼファニヤ書
ハガイ書
ゼカリヤ書
マラキ書

アモス書
オバデヤ書
ヨナ書
ミカ書
ナホム書
ハバクク書
ゼファニヤ書
ハガイ書
ゼカリヤ書
マラキ書
旧約聖書続編
トビト記
ユディト記
エステル記（ギリシア語）
マカバイ記1
マカバイ記2
知恵の書
シラ書〔集会の書〕
バルク書
エレミヤの手紙
ダニエル書補遺
アザルヤの祈りと三人の若者の賛歌
スザンナ
ベルと竜
エズラ記（ギリシア語）
エズラ記（ラテン語）
マナセの祈り

第一章　旧約の原典をめぐって

「旧約」は、ユダヤ教徒から受け継いできたものであって、キリスト教徒の正典の一部を構成しています。ここでは、ユダヤ教徒がこれをどのように考え、扱ってきたかに重点をおいて説明します。

TNK（タナク）と「旧約」

ユダヤ教徒が正典としている聖書（＝ヘブライ語聖書、Hebrew Bible）は、これを構成する三つの部分、「トーラー」（Tōrā^h^）、「ネビイーム」（Nebi'īm）、「ケトゥビーム」（Ketubīm）の頭文字（T、N、K）をとって、「タナク」ないし「タナハ」と呼ばれています。この三部への区分法は、キリスト教徒が使っている翻訳聖書の「旧約」の配列法とは、かなり違っています（本書一二―一三頁の聖書の目次対照表を参照）。言うまでもないことですが、「旧約」という呼び名は、「新約」をもっているキリスト教徒が使っているので、ユダヤ教徒は「旧約」とは言いません。*

ユダヤ教のタナクとキリスト教の旧約を比較する場合、日本では『新共同訳聖書』

* ユダヤ教では、原典のヘブライ語聖書を「マソラ」、ないし「マソラ・テクスト」という。伝統的にはマソラ以外のものは「聖書」ではない。マソラについては後述を参照。

がかなり普及していますので、旧約を新共同訳で代表しておけば十分かとも思われますが、事情は単純ではありません。『フランシスコ会訳聖書』と新共同訳の目次を比較すると、明らかに内容が異なっているからです。前者はカトリック教会が伝統的に聖書としてきたラテン語訳の「ウルガタ聖書」(Biblia Sacra Vulgata)の構成に従っているというのが、その原因です。そこでは、全体が「歴史書」「教訓書」「預言書」の三部に分けられています。このような区分法は、基本的には新共同訳でも同じなのですが、前者の「歴史書」には「トビト記」「ユディト記」「マカバイ記上」「マカバイ記下」が入っています。また、「エステル記」の位置が違っています。また「教訓書」には「知恵の書(ソロモンの知恵)」と「シラ書(ベン・シラの知恵ないし集会の書)」が含まれています。さらに「預言書」には「バルク書」と「エレミヤの手紙」が入っています*。

これらの文書が、なぜユダヤ教の正典には含まれていないのかというと、その理由は単純です。ヘブライ語原典がないからです。しかし、これは厳密には正確な言い方ではありません。「シラ書」はその序言で、祖父が書いた文書を翻訳したと述べているから、ヘブライ語原典があったはずです。実際に現在ではかなりの量のヘブライ語の原文(写本の断片)が発見されています。ですから、正確に言うと、ユダヤ教徒が正典を制定したときに「シラ書」のヘブライ語原典が失われていたから、正典に入れることができなかったと言うべきでしょう。

＊ 「聖書の配列」については本シリーズ第Ⅱ巻、黒田裕『今さら聞けない!? キリスト教聖書・聖書朗読・説教編』(教文館、二〇一八年)で詳細に論じられている。ヘブライ語聖書とギリシャ語訳聖書との相違やその意味については本書では論じない。

プロテスタントの場合、旧約の配列に関しては、基本的に七十人訳の伝統に従っているわけですが、内容に関してはユダヤ教徒が正典としているマソラに従っていることになります。では私のような旧約学者が何を原典として使っているかと言うと、ドイツ聖書協会が発行している Biblia Hebraica Stuttgartensia（略号ＢＨＳ）です。底本となったのは、「レニングラード写本」（Codex Leningradensis）です。この写本がいつ頃筆写されたのかですが、天地創造から数えて四七七〇年、ヨヤキン王の捕囚から一四四四年、第二神殿が破壊されてから九四〇年、小さい角*の支配の三九九年とされています。これは西暦一〇〇八年ないし一〇〇九年に相当します。

読者のみなさんは、学者が使っているヘブライ語原典が「そんなに新しい写本に基づいているのか?」と驚かれるかもしれません。しかし、ユダヤ教徒は聖なる文書のヘブライ語テクスト（本文）を独特の仕方で厳重に管理し、原本から丁寧に筆写してきました。ユダヤ教徒によって伝えられてきたテクストのことを「マソラ」（伝承）、あるいは「マソラ本文」と言います。マソラの原本については謎が多く、どのようにして成立したのかは不明ですが、紀元二世紀には標準テクストが存在し、この原典から筆写されて伝承されたものがマソラということになります。ただし、この時の聖書テクストは、子音だけで表記されたものでしたから、これをどう発音するかは、口頭で伝承されました。ユダヤ教の言い伝えでは、現在地球上に存在しているすべての聖書写本はこの原典からまったく変更なしに筆写されたものであるとされています。

小さい角
ビザンティン帝国のユスティニアヌス一世（在位五二七—六五）を意味する。彼はユダヤ教徒を迫害した。

「丁寧に」と一言で表現しましたが、その方法は実に驚くべきものです。まず、筆写するときには、声を出して読んではなりません。見た通りに写します。「この語は間違っているのではないか」と思っても、絶対に本文を変更してはなりません。「書き加えるな、削除するな」*です。さらに一つの文書を書き終ったなら、単語の数を数えます。そして丁度真ん中にどの文がくるのかを確認します。ですから多数存在する写本の中でどれが正確に筆写された優秀なものであるかは、写本の物理的な古さによるものではなく、誰がどのようにして筆写したかによるのです。

　こうして相当期間、聖書は子音だけのテクストとして伝承されてきたのですが、ユダヤ人コミュニティが世界中に散らばって行く過程で、発音の仕方が各コミュニティで微妙に違っていることが問題になりました。こうして六―八世紀に母音記号とアクセント記号が、子音テクストに付けられるようになりました。レニングラード写本では、このような母音記号とアクセント記号が本文に付けられ、段落の区分が行なわれ、欄外には独特の記号や略号を用いて注が付けられています。注では、例えば当該の箇所と同じ表現が、聖書のどこに出てくるかとか、何回出てくるかといったことが書かれています。マソラ本文がどれくらい正確に筆写されたものであるかは、死海のほとりのクムラン洞穴で発見された「イザヤ書巻物」が、マソラと寸分も違っていないことによっても確認できます。ただし、このような事情は、文書によっても多少異なっています（詩篇の場合に関しては、後で詳細に述べます）。

* マタイによる福音書五・一八参照。

マソラ原本の成立史については、左近淑『旧約聖書緒論講義』（教文館、一九九八年）に詳細な解説がある。しかし現在では、死海文書研究の進展によって従来の学説に対して様々な角度からの批判が行なわれているので、確定的なことは言えない。

TNK（タナク）の意味すること

トーラーは普通「律法」と訳されます。ドイツ語では、Gesetz（一般に「法」「法律」）の訳語が伝統的に使われてきました。ところがユダヤ教徒はこのGesetzという言い方を嫌います。そのひとつの理由は、ルターやルター主義者が言う「律法主義」、つまりユダヤ教徒に対するレッテル貼りを連想させるからでしょう。現在のドイツの聖書学者は、トーラーの訳語としては、「指示」「指導」「教え」を意味するWeisungを使用するのが普通です。

ヘブライ語聖書を三区分するときの「トーラー*」は、言うまでもなく「五書」(Pentateuch) つまり創世記から申命記までの五つの書物を指しています。伝統的には五書はモーセが書いたとされてきましたので「モーセ五書」とも呼ばれます。創世記は英語ではGenesisと言いますが、これはラテン語での名称から来ています。五書を構成するこのようなラテン語での書名の由来を以下に示します。

創世記　Genesis――「生成」の意味。天地創造から始まるからである。
出エジプト記　Exodus――「脱出」を意味する。
レビ記　Leviticus――祭司（レヴィ）に対する祭儀的法や規則を指す。
民数記　Numeri――「数」の意味。
申命記　Deuteronomiun――二度目の意味。申命記一七章一八節に「律法の写し

英語では、創世記Genesis, 出エジプト記Exdos, レビ記Leviticus, 民数記Numbers, 申命記Deuteronomy.
ドイツ語のルター訳では、創世記（「モーセ第一書」）、出エジプト記（「モーセ第二書」）、レビ記（「モーセ第三書」）、民数記（「モーセ第四書」）、申命記（「モーセ第五書」）。
ヘブライ語は各書の冒頭の語で表現する。創世記「ベレシート」（「はじめに」の意）、出エジプト記「シェモート」（「名前」の複数形）。レビ記「ヴァイクレー」（「（神は）呼ばれた」）、民数記「ベミドバル」（「荒れ野に」）、申命記「デバリーム」（「言葉」の複数形）。出エジプト記、申命記では最初の語は「これらは」だが、書名に適さないため、二語目を用いる。同様の理由から民数記では四語目を用いる。

し」とあることに由来する。

重要なのは、ユダヤ教徒は伝統的にこれらの五書をひとつの「巻物」（scroll）として扱ってきたことです。トーラーの巻物は、二つの軸を持っており、円筒形の箱の中に入れられて、独特の装飾品を付けられて会堂（シナゴーグ）の中に保管されています。二つの軸があるのは、これを安息日ごとに朗誦するからです。つまり週ごとの朗誦が終わった箇所でとめておいて、会堂の中央の奥にある特別な場所に保管され、翌週はその続きから読むことになります。「朗誦」というのは、単なる朗読ではありません。J・S・バッハ作曲の「マタイ受難曲」の福音書記者の朗誦のようなものと考えてください。この朗誦者はハザーンと呼ばれ、ユダヤ人共同体のなかで尊敬されています。子どものときから訓練を受けていて、オペラのテノール歌手のような声で朗誦します。ハザーンが間違えて読むようなことはありません。全部暗記しているからです。現在のイスラエルでは、聖書の暗記コンクールがあると聞きました。ある年に優勝した方は、サムエル記の途中まで暗記していたそうです！

巻物は、われわれが使っている製本された聖書（codex）のようにページを繰ることができません。五書のような大きな巻物となると扱うのがたいへんです。それにわれわれが使っている「旧約」のような章や節の区切りもありません。* 十分な教育を受けたユダヤ教徒は、「トーラー（＝五書）」を暗記していると考えるべきでしょう。か

* トーラーの巻物には独自の区切りが付いている。これを安息日の礼拝において一年で全部読む場合には、創世記一・一―六・八が年頭の安息日に読まれる。第二週では、六・九から始まる区切りが読まれるが、これは「ノア」と称される。

つての日本人も古典を暗記していたようですが、これは古今集や伊勢物語のようなものが元々巻物であったことと関係がありそうです。

タナクの第二区分は、「預言者」すなわち「ネビイーム」ですが、これはヨシュア記から列王記下までの「前の預言者」とイザヤ、エレミヤ、エゼキエルの三大預言書とホセアからマラキまでの十二小預言書からなる「後の預言者」に分けられます。「前の預言者」は、内容的には五書につづく歴史書と考えて良いでしょう。第三区分の「ケトゥビーム」は「書かれたもの」（複数形）の意味で、色々な性格の文書が含まれています。

このような三分法には、重大な意味があります。ユダヤ教の理解では、タナクの順序は重要さの順序でもあるのです。これは同心円として図示することができます（図を参照）。中心に位置するのがトーラー（モーセ五書）で、その外側にネビイームが来て、さらにその外側にケトゥビームが取り巻いていることになります。さらにこの順序は、これらの文書が正典として扱われるようになった経緯と関係しています。バビロン捕囚後にユダヤ教団が成立した時に、まず五書が聖なる巻物として扱われました。これに預言書が加わり、最後に諸書が加えられたのです。例えば、紀元後になっても詩篇の巻物は、われわれが知っている一五〇篇からなる詩篇集としては成立していませんでした（本書第四章参照）。雅歌を正典として扱うべきかどうかについては、ラビたちの間で論争がありま

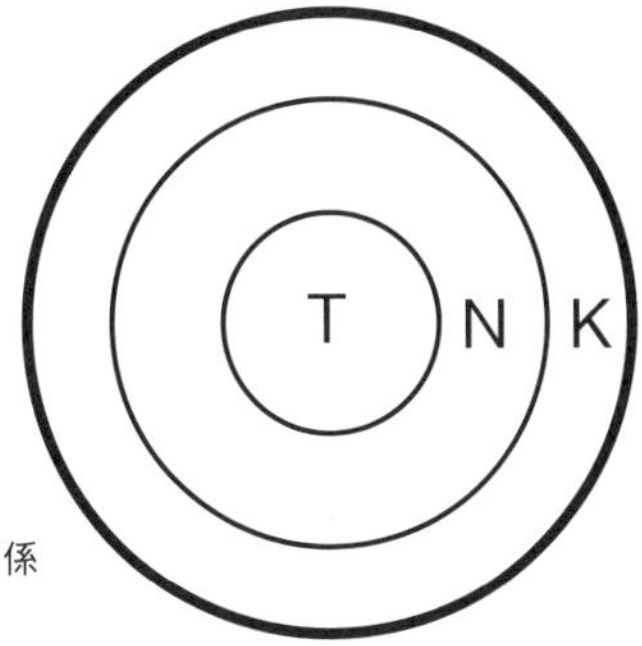

ヘブライ語聖書
TNK（タナク）の関係

した。エステル記の巻物は、クムラン*の洞穴からは見つかっていません。エステル記は最初ペルシャのユダヤ教徒が聖なるものとして扱い、かなり遅くなってからパレスティナのユダヤ人社会に受け入れられたようです。

物語の部分も「トーラー」＝「教え」である

私たちが、五書を読むときのことを考えてみましょう。創世記のアダムとエヴァのエデンの園での出来事、父祖アブラハムの物語、モーセに率いられた民がエジプトを脱出する物語などは、子どものときから聞いてきたでしょうか。イスラエルの民が荒野で水や食物のことで文句を言ったエピソードもあります。このような物語はなかなか面白いのに、出エジプト記の途中からは、文字通りの「法」が出てきます。それがレビ記から民数記まで延々と続きます。レビ記の最初の方に記されている動物犠牲の捧げ方、穢れに関する規定などは、われわれにはどう考えても無縁の事柄のようです。

ドイツの旧約学者マホルツ教授は、「旧約学」の最初の講義で、サン＝テ・グジュペリ著の『星の王子さま』に出てくる絵を黒板に描きました。山高帽に見えるかもしれないが、本当は「うわばみ」が「象」を呑み込んだ絵だというのです。マホルツ教授の言うには、うわばみが五書の物語部分で、その中に大きな象、つまり「律法」が呑み込まれている。それで初心者は、「象」＝「律法」は省略して、「うわば

* クムランについては本書一三四頁以下参照。

モーセ五書の仕組
うわばみ（＝歴史物語）が象（＝律法）を呑み込んだ？

み」＝「歴史物語」だけを読めば、退屈しないというわけです。この説明はなかなかよくできているのですが、内容に関して誤解を招くおそれがあります。このような説明だと、物語と「法」（＝「掟」）が、別々に存在しているかのように思われるからです。しかし、そうではありません。たとえば、創世記冒頭の神による天地創造物語は「週」が七日からなっていて、七日目は休む、つまり「安息日」であるという法の起源について語っています。「男（＝夫）は父母を離れて女（＝妻）と結ばれ、一体となる」（創二・二四）ということばは、単なるアダムとエヴァの話ではありません。今も結婚式で朗読されることばです。ずるいラバンが親戚のヤコブを七年プラス七年、こき使ったというエピソード（創二九章以下）は、「奴隷を七年目には解放するべし」とする規定と関係している可能性があります（出二一・二以下参照）。この話に登場するラバンは今で言うブラック企業の社長のような存在で、彼が最後に損をするのは当然だということを教えているのだ、と読めないこともありません。ヤコブは双子の兄弟エサウとの不和が原因で家を出るのですが（創二七・四一以下）、最後には和解します（創三三章）。この物語が、何も教えてはいないとは誰も考えないでしょう。そう考えると、物語部分もまたトーラー、つまり「教え」なのです。

トーラー概念の拡大

トーラーは、ユダヤ教徒の間でモーセ五書を指すだけではなく、神の「教え」全

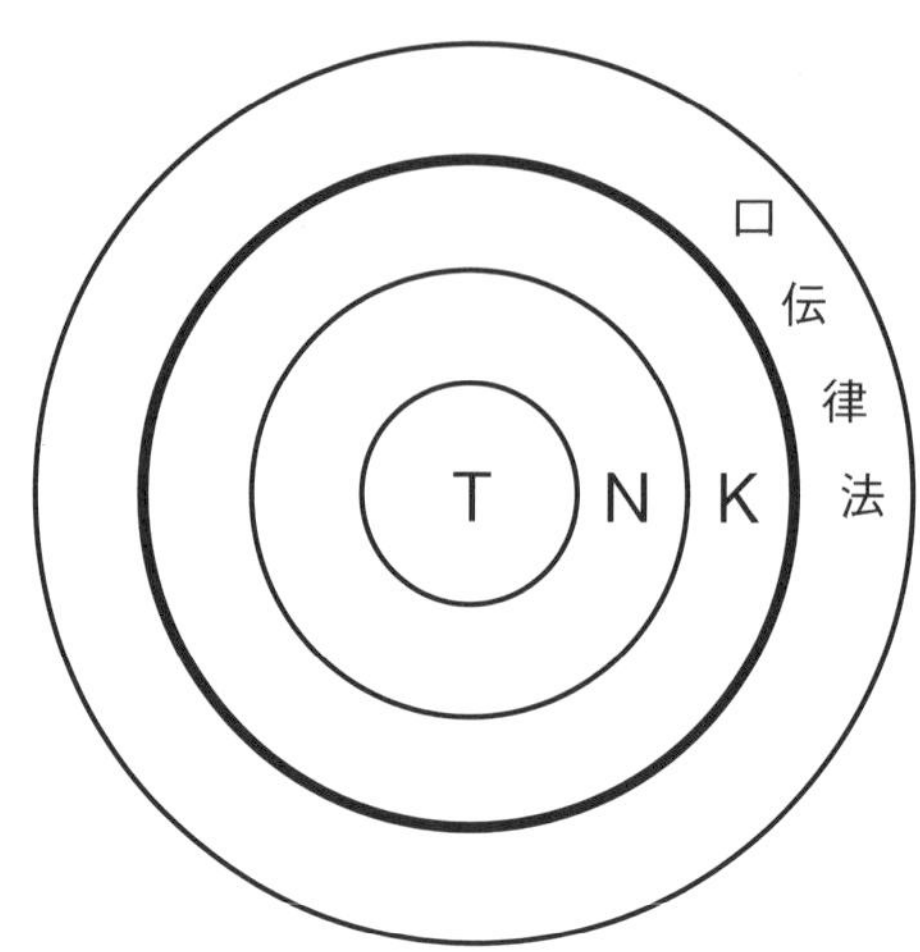

太字の内側が「成文律法」で、外側が「口伝律法」

体を指す概念へと発展していきました。このことについて少し説明しておきます。まず、トーラーは、タナク全体、つまりわれわれの言う「旧約」全体を指すことがあります。これは上の図では同心円の太線の内側で示されます。この三重の円はすべて文書として書き記されたものであって、文字として固定されていて、変更してはならないものです。これを「成文律法」と呼びます。その外側に「口伝律法」がありますが、これもトーラーです。

　このような口伝律法の成立を歴史的に説明すれば、以下のようになるでしょう。モーセ五書が成立し、これが変更不可能なものとして文書化されたとしても、五書は大きな文書であって、その規定している法の内容には相互に矛盾していることもあります。また、細かい規定ないし規則は逐一説明されていません。例えば聖書には、「安息日には仕事をしてはならない」（出二〇・一〇）と書かれています。では、「仕事をしてはならない」という時の「仕事」とは、何を意味するのでしょうか。家畜まで休ませなさいというのですから、農作業が禁止されていることが推定できます。家事労働も禁止ですから炊事は当然だめです。そこで口伝律法ではまず禁止されている仕事を列挙することにしました。畑を耕すな、果樹の剪定をするな、荷物を運搬するな、旅行するなといった具合です。このような禁止事項をいくら挙げておいても疑問は際限なく発生します。食卓に置いてあるりんごの皮むきはどうなるのでしょうか？お茶をコップに入れるのは？自分で飲むために入れるのはかまわないでしょうが、客に注ぎ入れたら仕事になってしまいます。このように、同じ動作でも、あるときには仕事になり、あるときには仕事にならなかったりすることも考えられます。また、間違いなく仕事なのですが、状況によっては許される仕事もあるに違いありません。消防活動のような場合を想定すればわかるでしょう。

そこで「仕事」を抽象的に定義したり、禁止されている仕事を列挙するだけでは不十分ということにならざるをえません。あらゆる場合に適用可能な原則を設ける（生命に係わるときには、規則をやぶってよい）とか、具体例を挙げてそこから類推させるような作業がどうしても必要になってきます*。

スポーツのルールにも、公開されているルールブック以外に審判用のマニュアルがあります。ルールというものは、実際に使ってみないとよくわかりません。定められた原則は変更不可能としても運用に際しては議論の余地があるものです。「口伝律

厄介なのは、時の経過とともにユダヤ人の生活領域が地球上のあらゆる場所に広がってしまったことによる問題や、文明の発達によって次々に新しい問題が生じてくることです。電気のスイッチを入れるのは、仕事なのでしょうか？飛んでいる航空機には日没の規定が当てはまりませんから、安息日が適用できません。また地上の飛行場の労働者は安息日に仕事を休むべきでしょうか？

法」の根幹をなすミシュナは、使用細則の基本部分ですが、「成文律法」と区別するために、口頭で伝承され、当初は暗記しておくべきものとされていました。それでもなお、議論の余地がある事柄もあります。このような議論あるいは論争は、グムラー(ゲマラー)としてタルムードの中に記されることになりました。*

ミシュナ(Mishnah)——暗記と口頭による反復によって学習されるもので、タルムードの根幹を構成する。六巻、合計六三篇に分かれる。たとえば「安息日」(シャバット)は、モエード巻に含まれる。ここで使用されているヘブライ語は、コヘレトや死海文書のものと類似しており、「ミシュナ・ヘブライ語」と呼ばれる。

タルムード(Talmud)——バビロニア版とパレスティナ版がある。ミシュナの規定を掲げた後、これを解釈したり、議論する。この議論の部分をグムラー(ゲマラー)という。この中ではもちろん聖書解釈も展開される。七世紀初頭までに完成したと考えられる。

「旧約」には「中心」があるのか?

以上に述べてきたように、ユダヤ教徒には、聖書に中心があることは自明であった

* R・C・ムーサフ=アンドリーゼ『ユダヤ教聖典入門』市川裕訳、教文館、一九九〇年参照。

わけですが、キリスト教徒の場合には、「旧約の中心」についてどう考えているのでしょうか。新約の場合には、この種の問題は発生しないでしょう。いろいろな解釈が成立する可能性はありますが、「イエス・キリストが中心である」というのが普通に考えられる答えだからです。新約時代の聖書はわれわれの言う「旧約」そのものですから、福音書やパウロの手紙などが、この問題にどう答えているかは、たいへん興味のあるところですが、ここでは現代の旧約学者がどのような議論をしているかについて簡単に述べます。

二〇世紀の中頃には「旧約の中心」とは何かという論争がありました。旧約は分量が半端ではない上に内容的にも非常に多様で豊富です。ユダヤ教の正典でもあるこの古代の文献から私たちが思想的に何をもっとも重要な事柄として取り出せるのかという問いが、「旧約神学」の中で生じたのです。プロテスタント神学では「律法」を「福音」と対立させる傾向がありますから、旧約の中心が律法だとするとネガティヴな意味での中心になってしまいます。そこで積極的に評価すべき事柄として、旧約から何を「中心」として取り出せるのかという問いが生じたのです。

答えは二種類に大別されます。まず一つの答えは、「中心は存在しない」という立場です。二十世紀の代表的な『旧約神学』であるG・フォン・ラート*の著作では、そのようになっています。「中心がある」という場合にどういう事柄を中心と見ているのかを例示しますと、「神の唯一性」「イスラエルの主である神」「イスラエルの民の

G・フォン・ラート　(Gerhard von Rad, 一九〇一―七一) 二〇世紀の代表的なドイツ人旧約学者。『旧約聖書神学Ⅰ・Ⅱ』『イスラエルの知恵』などの著書がある。

木田献一「旧約聖書の中心――神の支配とメシア」(『旧約聖書の中心』新教出版社、一九八九年) 七―二九頁。

救いあるいは解放（特に出エジプトとの関連で）」「王国とメシア」「神と民の契約」などがあります。中心を一つに限定するのは無理なので楕円をイメージして二つの中心を主張した神学者もいました*（本書ではこのような問題について詳しく論じることはありません）。

私がここで指摘しておきたいのは、以下のことです。旧約の中心について論じていた旧約学者たちが――たいていはプロテスタントです――、「中心がある」とするか「中心はない」とするか、いずれの立場をとっているにしても、旧約は全体として見ると「歴史書」だとする共通認識があったと思います。フォン・ラートもまた「旧約は歴史書である」と明言しています*。これを別の観点から言いますと、天地を創造された神への信仰とか、知恵による神の自然支配のようなものを中心とする学者はいなかったのです。これらはどちらかというと旧約神学の周辺に位置づけられていたのです。

ところが一九七〇年代頃から状況が大きく変化しました。環境問題*が人類にとっての重要な問題として意識され始めたからです。環境破壊が人間の生活圏の一部だけの局地的な問題ではなく――都市の空気が汚染されているような問題は、産業革命の起こったイギリスでは一八世紀末から存在しました――、地球規模の問題として意識され始めたのです。地球がどんどん温暖化しているのではないか、そのうちに酸素が足りなくなるのではないかといった深刻な問題が出てきますと、自然の問題は科学者に

G・フォン・ラート「旧約聖書は歴史書である」（C・ヴェスターマン編『旧約聖書解釈学の諸問題』時田光彦訳、日本基督教団出版局、一九七五年所収）。

環境問題
環境問題を取り上げた著書としては、ゲルハルト・リートケ『生態学的破局とキリスト教　魚の腹の中で』参照。リートケは、C・ヴェスターマンの創世記一―一一章の注解から強い影響を受けている（五八頁脚注参照）。また創造の問題についてフェミニズム神学の立場から論じたすぐれた著書として、ドロテー・ゼレ『働くことと愛すること　創造の神学』参照。

まかせておけばよいとは言っていられません。水や空気のような従来無尽蔵と考えられてきた「資源」には限界のあることが自覚されるとともに、人間の技術が自然を収奪しているという反省が生まれ、同時にこのような自然破壊をキリスト教（特に近代の西方教会）が正当化してきたのではないかとの疑問が生じたのです。これは当然、神学者たちが「自然」の問題をまじめに取り上げてこなかったという反省を生みました。同時に聖書、特に旧約の読み直しが起こりました。

本書ではこのような現代の状況をできるだけ反映させようと考えました。出エジプトもメシアも契約も大きなテーマとしては出てきません。テーマとして取り上げたのは、羊飼いの生活、祝福、客人法、賛美と嘆き、人間の身体性、命のはかなさ等です。これらはどちらかと言うと、従来「旧約の中心」としては見なされてこなかった、小さな話題というべきかもしれません。それでも本書をひとつの手掛かりとして広大な旧約の世界に足を踏み入れていただければ幸いです。

第二章　創世記の父祖物語を読む

創世記一二章以下に記されたアブラハム（アブラム）物語を読んでいきます。最初に、父祖物語全体を読み解くためのいくつかの鍵を呈示します。

1　伝説集としての創世記

創世記一二—五〇章の構成、アブラム、アブラハム物語の構成

創世記は大別すると、一—一一章の「原初史」の部分と、一二—五〇章の「父祖物語」からなっています。「原初史」という言い方は、われわれが普通考える「歴史」ではなくて、歴史の始まる前から存在している基本的な問題を扱っていることを意味します。「世界はどのようにしてできたのか」「人間とは何か」「なぜ男と女がいるのか」「なぜ異なった言語を話す民族がいるのか」「文明はどのようにして出現したのか」「人はなぜ死ぬのか」などなどの根本的な問題について語るのですが、哲学者のように抽

象的な概念を用いて論理的に語るのではありません。これらのテーマは、遠い昔に起こった出来事が原因となって、今ある現実に至ったのだと物語の形で語られているのです。

原初史の部分については、日本語でも多数の参考文献が存在しますので、これには触れず、ここではもっぱら「父祖物語」を扱います。ふつう父祖物語と言われますが、母祖も活躍しています。そこでは、夫婦、親子、兄弟姉妹関係という人間の生活にとって最も基本的な問題が扱われています。まずは、この長い物語を読む準備作業です。物語全体の構成を見た後で、父祖と母祖たちがどのような生活をしていたのか、彼らを主人公とする物語がどのような特徴をもっているのかについて考えます。

創世記一二章以下の構成は以下のようになっています（アブラムの系図は一一・二七以下に出てきますので、これを考慮して示します）。

一一・二七―二五・一一　アブラム、アブラハム物語*
二五・一九―三五・二九　ヤコブ物語
三七・一―　五〇・二六　ヨセフ物語

アブラム、アブラハム物語の構成は以下のようになります。

人名の意味――アブラム「崇高な父」「父は気高い」、アブラハム「多くの民の父祖」(創一七・五参照)。サライ「かごを作る者（?）」、サラ「女王」「女主人」(創一七・一五)

一一・二七―三二　系図
一二・一―九　アブラムの召命
一二・一〇―二〇　うそつき話（一）
一三・一―一八　ロトとの別れ
一四・一―二四　ロトの救出とメルキゼデクの祝福
一五・一―二一　アブラムへの約束
一六・一―一六　ハガルの物語
一七・一―二七　アブラハム契約としての割礼
一八・一―一五　三人の使いの訪問
一八・一六―三三　ソドムのための執り成し
一九・一―二九　ソドムとゴモラの破滅
一九・三〇―三八　ロトの娘たち
二〇・一―一八　アブラハムとアビメレク（うそつき話（二））
二一・一―二一　イサクの誕生、ハガルとイシュマエル
二一・二二―三四　アビメレクとの契約
二二・一―一九　アブラハムの試練ないしアケダー*
二二・二〇―二四　ナホルの系図
二三・一―二〇　墓地の購入

アブラハムは聖書全体の中で特別な人物。新約において頻繁に彼の名が挙げられている（ガラテヤの信徒への手紙三・二九、四・二一以下、ヘブライ人への手紙一一・八以下、ルカによる福音書一六・一九以下、マタイによる福音書一・一、一七、三・九、使徒言行録七・一以下など）。また、アブラハムはユダヤ教徒、キリスト教徒、ムスリムの人名によくあらわれる。イブラヒム（アブラハム）はイスラームの経典「クルアーン」にも度々登場する。

「ムスリム（服従帰依する者）とは、アブラハムの純正の教えを信奉する者である」（雌牛章一三五）。「わたしたちは、アッラーとわたしたちに啓示されたものを信じます。またアブラハム、イスマエル、イサク、ヤコブならびに諸支部族に啓示されたもの、ならびにモーゼとイエスに賜ったもの、および主から諸予言者に下されたものを信じます」（雌牛章一三六）。「アブラハムはユダヤ教徒でもキ

二四・一―六七　リベカをイサクの妻とする
二五・一―一一　アブラハム物語のむすび

この物語の構成を見てすぐにわかるのは、アブラムないしアブラハムを主人公とする物語の中に、ロトの登場する物語が前半と後半に分かれていることです。また神の約束のテーマが中心に来る構造になっています。これを以下に図示します。なお「欠如―充足」のパターンについては後で説明します。

一二章　子孫の問題（欠如）
　一三章　ロト物語（前半）
　　一五―一七章　約束、契約
　一八―一九章　ロト物語（後半）
二〇―二五章　子孫の問題（充足）

リスト教徒でもなく、純正なムスリムである」（イムラーン章六七）。

***アケダー**　創世記二二章九節には、「縛る」と訳されるヘブライ語の動詞アーカドが現われる。この語は聖書にはここだけにしか用例がない語である。この語から派生した名詞がアケダーであって、ユダヤ教ではこの物語をアケダーと言う。アー

カドは厳密には、「後ろ手に縛る」を意味する（表紙カバー画の右端のイサクが後ろ手に縛られていることに注意）。キリスト教側の解釈では伝統的に父アブラハムを主人公と考えて、神に従順な「アブラハムの信仰」が問題になる。しかし、ユダヤ教側では、父アブラハムに従ったイサクの方に焦点を当てて解釈する伝統がある。イサクは父祖の教えに従って殉教する者の範例なのである。これと関連するのが、イサクがすでに青年であったとする解釈である（挿画の祭壇上のイサクも青年として描かれている）。ヘブライ人への手紙一一章一九節は、イサクが殉教の死を遂げてから、復活したことを語っていると解釈できる。これは当時のパレスティナ・ユダヤ教のアケダー解釈を反映しているのである。

「旅人」「寄留者」（ゲール）としての父祖と母祖

アブラムとサライの夫婦は、まずウルからハランへ、ハランからカナンへと移住しました（一一・三一）。創世記一二章一―四節では、ヤハウェからの召命によってアブラムが旅立ったとしています。この「旅立ち」の記事が、アブラハム物語だけではなく、父祖物語全体の序文の役割をも果たしています（一二・二―三の「祝福」のテーマについては、「二　くり返される祝福のテーマ」で取り上げます）。主人公が故郷を離れるモチーフは父祖物語で反復されます。イサクの嫁を探すためにアブラハムの僕《しもべ》は旅に出ました（二四章）。イサクと結婚するためにリベカも故郷を去って行きます（二

「旅を続け」（創一二・九）などと訳される動詞「ナーサア」は、天幕を張るときに使う「杭を引き抜く」という意味。新共同訳の「移動する」（創一一・二、民四・五、一五）や「行く」（創三三・一七）も同様。

四・五九以下)。ヤコブは長い旅に出ました(二八・二)。ヨセフは、兄弟に裏切られて隊商に売り飛ばされ、エジプトに連れ去られます(三七・二八)。彼らの旅は、現代人の旅行とはまったく別のものです。旅人は、道中で様々な危険にさらされるだけではなく、長い旅路を経てたどり着いた場所では、彼らを受け入れてくれる人の好意に頼らなければなりませんでした。アブラハムの場合、神に「私が示す地に行きなさい」(一二・一)と言われただけですから、予め目的地があったのではありません。彼の場合は、まさに放浪しているという感じです。天幕で生活する「羊飼い」であったからです。このような定住する土地を持たない人々、どこかで暮らしていても土着の人々から見ると「よそ者」として扱われる人々を「寄留者」(ゲール)と言います。神はこのような社会的に弱い立場の人々を守り、導くというのが、創世記に登場する父祖あるいは母祖の物語のテーマなのです。

アブラハムやヤコブは、生活者として見た時には「羊飼い*」でした。ヤコブの場合は、終始一貫して羊飼いとして物語に登場しますが、アブラハムの場合には多少異なる側面も示しています(一四章など)。この点については後述することにします。

古代イスラエルの社会構造について考える際に、参考になるのが宗教社会学者マックス・ウェーバー*による社会層の区分です。アブラハム、イサク、ヤコブは小家畜飼育者として特徴づけられます。旧約に登場する様々な人物について考える手掛かりとするために、ウェーバーを参照しながら各社会層の特徴について以下にまとめます。

詩篇二三篇の羊と羊飼いの比喩では「主(＝ＹＨＷＨ)」が「羊飼い」で、「私」である詩人は「羊」。

マックス・ウェーバー『古代ユダヤ教(上)』内田芳明訳、岩波文庫、二〇〇四年。

ベドウィン　砂漠で天幕生活をする遊牧民。ラクダを飼う大家畜飼育者であって、武装能力をもち、都市からは遠く離れて暮らす。孤高を誇りとする。旧約ではミディアン人やアマレクとして登場する。彼らがイスラエルの「敵」であるのは、彼らがしばしば略奪行為を行なったからである（士六、出一七・八以下、サム上三〇など）。

羊飼い　小家畜飼育者であって武装能力をもたない、農耕民と一定の関係を結び（井戸の使用、収穫の終わった畑での放牧）、簡単な農業を行なうこともある（創二六・一二以下参照）。農民とも遊牧民とも異なる独自のメンタリティを有している「寄留者《ゲール》」存在であった。井戸掘りの名人であったイサクが土地の人々との争いを避けたエピソードは、争いを好まない彼らのメンタリティをよく表わしている（創二六・一五―二五）。飼育している家畜の頭数が増えると様々な危険を回避するために群れを分ける必要があった。アブラムとロトの別れの物語が示している通りである（創一三）。

農民　都市に居住する権力者に収穫物を税として納める農耕村落の定住者である。古代イスラエル社会の大多数を占めていた

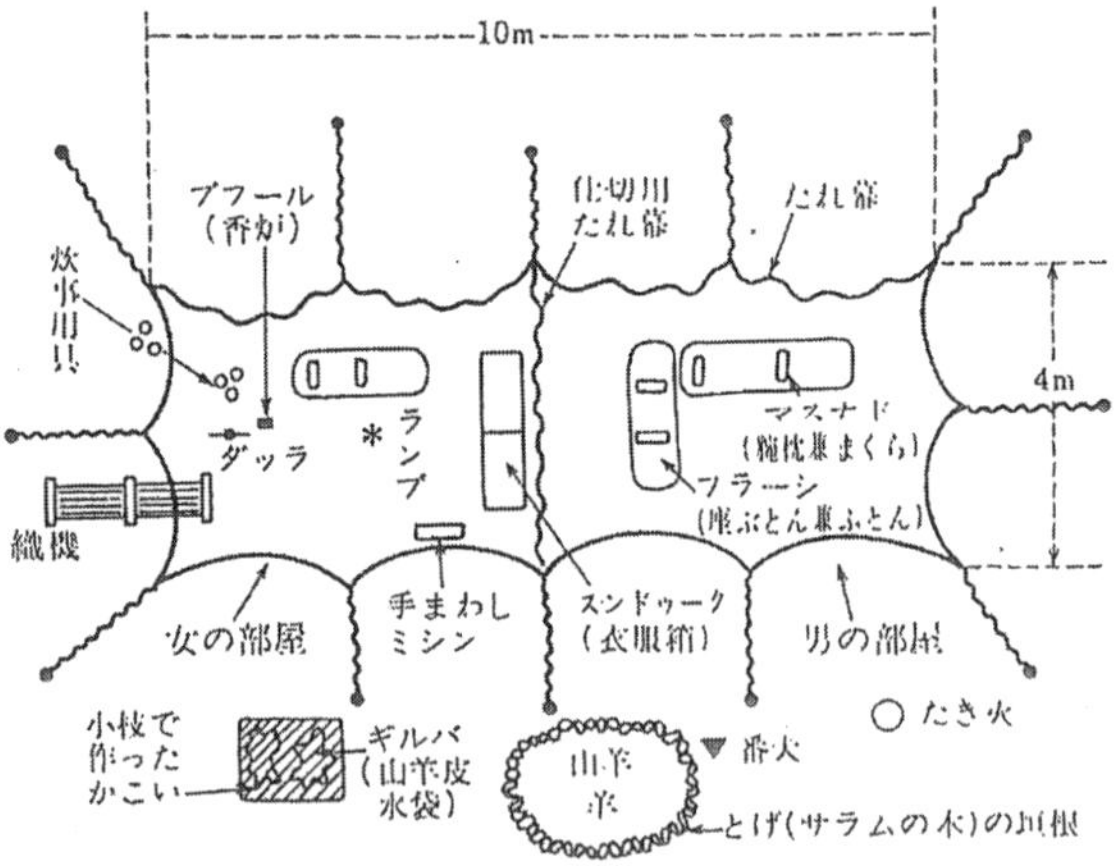

のは、家父長によって統率されていた農民である。原則的には各家族は、平等であったはずだが、実際には有力な家の家父長、つまり「長老」が村の政治において重要な役割を演じていた（ルツ四章参照）。一定の資産を有している成年男子はまた、共同体を防衛するために敵と戦うときに大きな役割を演じた。彼らは「勇士」、ヘブライ語で「ギッボール」あるいは「ギッボール・ハイル」と呼ばれた。ギデオンやサウルはギッボールであった（士六・一二、サム上九・一）。

戦士、祭司、官僚、手工業者、商人などは都市に居住していました。

戦士　武器をとって戦う職業軍人で、戦車の御者、射手、剣で戦う者などに細分化されていた。ペリシテ人のゴルヤトは戦士であったが、これを倒したダビデは羊飼いであった。サムエルやサウルの時代には、まだ専門職としての戦士はいなかったと考えてよい。ダビデ時代が過渡期であり、ソロモン時代以降に本格的な職業軍人がイスラエル社会に登場した。北王国では末期にクーデターによって次々に軍人が王位に就いた（王下一五・八以下参照）。

祭司　宗教的権威により神殿に富を集中させた支配階層。地方にはレビ人がいた。知識階層の中核を形成していたことは間違いない。王国形成期に重要な

現代におけるアラブの遊牧民の天幕（前頁図）　天幕の張り方と、内部の仕切り、簡素な家財道具の配置などは、羊飼いであった父祖たちの場合と大きな違いはないと想像される（片倉もとこ『アラビア・ノート』より）。

役割を演じたサムエルはシロの神殿で育ったとされる。ダビデ王は、イェルサレム神殿の大祭司にイスラエル系ではなかったツァドク家の者を任命した。またユダ王国の歴代の王は、何らかの仕方で神殿での祭儀に係わったことから祭司王としての性格をも有していたと考えられる。

「書記」である官僚がいつ頃から王国の政治に重要な役割を果たすようになったのはおそらくヒゼキヤ王（前七〇〇年頃）以降であろう。

手工業者および商人　時代によって彼らの地位は異なっていた。古い時代には「商人」＝「カナン人」であって、「寄留の外国人」としての性格を有していた。ソロモン時代以降、都イェルサレムには多くの手工業者や商人が集まるようになったと思われる。前八世紀頃からは、イェルサレムやサマリアなどの都市は、ほとんど労働をしない「富裕層」が生活する場所となったようである。アモスやイザヤなどの預言者はこのことを大きな社会問題であると考えた。

以上のようにウェーバーの類型論に従って一通り旧約時代の社会層について見てきたわけですが、これには色々な問題があります。定住農民からもっとも離れた所で生活するベドウィンと小家畜飼育者である羊飼いと類型的にははっきりと区別されますが、現代の人類学者の観察*によりますと、実際には、ベドウィンと農民の間には様々な生活形態をもつ牧畜民が連続して存在するようです。イサクのように農耕にも従事する牧畜民もいれば、農業の中心地の周辺で生活するラクダ飼育者もいます。彼らは

D・P・コウル『遊牧の民ベドウィン』片倉もとこ訳、社会思想社、一九八二年参照。

ラクダを使って穀物の運搬に重要な役割を果たします。定住民が自分たちの家畜を放牧してもらうために遊牧民に預けることはよくあります。その逆に遊牧民が自分たちの所有しているナツメヤシの木の管理を農民に託すこともあります。このように、定住農民とラクダを飼う遊牧民の間にも相互に協力する関係が存在するのです。聖書ではベドウィンはアマレク人などたいてい「敵」として登場しますが、これはかなり一面的な描き方と考えてよいでしょう。砂漠の奥で生活していて武装能力がある遊牧民は、武装能力のない小家畜飼育者や定住農耕民を外敵から守っているという側面もあるようです。ダビデと彼に従って砂漠で生活していた男たちの場合も、このような武装集団であったと考えられます（サム上二三、二五章）。また、ファラオの追跡から逃れたモーセがたどり着いたのは、ミディアンの祭司のもとでした（出二・一五以下）。ただし、このエピソードではミディアン人は羊飼いとされています。

また一昔前までのイスラエル史の教科書では、王国時代前に、「非定住者」であった羊飼い集団が、パレスティナの中央の丘陵地帯に入ってきて農民として「定住者」となったと説明されていました。しかし、考古学の進歩によって、士師時代や王国時代の初めには、中央丘陵地帯には小さな村が散在していて、そこで生活していた農民が羊や山羊を飼育していたことが判明しました。彼らがどこから来たのかは不明です。

多数の山羊や羊を飼っている地中海地方の羊飼いは、季節ごとに牧草地を変える

「移牧*」（transhumance）を行なうことがよく知られています。アブラハムの「旅」やヤコブの「旅」などは、移牧として理解することもできるのですが、古代イスラエルにおいて、移牧がどの程度行なわれていたのかは、よくわかりません。

しかし、このような細かい議論はさしあたり重要ではないでしょう。聖書の伝承者たちが、自分たちの遠い先祖は終生、羊飼いとして生活した「ヤコブ＝イスラエル」であると考えていたことが重要です。そしてヤコブの父祖にはアブラハムがいました。彼らはみな、土地を持たない寄留者であったのです。

モーセに顕現した神が、「私は、あなたの父祖の神、アブラハムの神、イサクの神、ヤコブの神である」と自己紹介していることは、注目すべきことです（出三・六）。

民話的な語り口をもつ父祖・母祖物語

現在のアブラハム物語には、神学的な立場からの編集・加工がほどこされていますが、テクストの基底にある伝承は、羊飼いたちが口頭で伝承してきた物語であると考えられます。このような民話的な語り口の特徴は創世記によく保存されています。二〇世紀初頭の旧約学者H・グンケル*は『創世記注解』（一九一〇年、第三版）の冒頭で、「創世記は伝説集」であると述べました。少し煩雑になりますが、まず「伝説」と訳したドイツ語「ザーゲ」（Sage）について説明します。ザーゲは「口碑」などとも訳される語です。

移牧については、勝村弘也『詩篇注解』三〇八頁以下を参照。

牧畜文化と聖書の世界との関係について、文化人類学者としての独自の観点から、長期にわたって論じて来たのが、谷泰である。彼は創世記四六・三〇以下のヨセフのことばに注目する。このことばは、旧約記者がみずからを「小家畜飼養集団」として規定していることを間接的に表現しているのである（谷泰『神・人・家畜——牧畜文化と聖書世界』平凡社、一九七七年、三三三頁）。

H・グンケル

（Hermann Gunkel, 一八六二—一九三二）。ドイツ宗教史学派の代表的な旧約学者。大著『創世記注解』『詩篇注解』は現在でも研究者たちに参照されている。特に『創世記注解』の「序説」の部分は、文芸学的な研究が盛んになった近年になって益々注目されるようになった。詩篇研究については、本書一〇二頁以下を伝説には、人名、地名、部族や民族の起源に関するもの、風俗習慣の由来に関するものなどがあります。このような伝説にはたいていの場合、原因譚（aetiology）ないし原因譚的モチーフが含まれています。たとえば、創世記一六章のハガルに関する物語では、「イシュマエル部族」の起源と「ベエル・ラハイ・ロイ」という地名の起源を原因譚的に説明しています。なぜ、アブラムとハガルの間に生まれた息子をイシュマエルと名付けたのかというと、「ヤハウェ*が聴かれたからだ」（一六・一一）とされます。この説明はヘブライ語を知らないと理解できません。ヘブライ語の「イシュマア・エール」の意味は「神は聴かれるであろう」なのです。地名のベエル・ラハイ・ロイについても、ヘブライ語の「ロイ」が「（彼が）私を見る」を意味することを知らないと理解できません。なお「ベエル」は「泉」「井戸」を意味します。これに続く創世記一七章は、割礼の習慣の起源を説明しています。

ところでドイツ語のザーゲ（Sage）は、英語ではリージェンド（legend）となりますが、ドイツ語には、ザーゲとは別にレゲンデ（Legende）という語があって「聖譚」などと訳されます。これはわが国の「縁起*」に相当します。ヤコブ物語には北王国の聖所であったベテル（＝「ベト・エール」は「神の家」の意）にまつわる縁起が含まれています（創二八）。このような縁起は、広い意味での伝説の一種と考えて良いでしょう。

文学史的に考えると、父祖・母祖物語は「家族共同体」が伝承の担い手となった文

参照。

神名「ヤハウェ」については本書五四頁の脚注参照。

「縁起」は仏教用語「縁」とほぼ同じ意味であるが、絵巻物「信貴山縁起」（国宝）などの場合の「縁起」は、寺社の由来について語る説話を意味する。

学です。士師記のエフタやギデオンなどの英雄が活躍する物語は「部族」が伝承の担い手ということになります。サムエル記の場合、元の素材には伝説が含まれますが、おそらく「宮廷作家」がこれを編集加工して文学化しました。さらにこれを捕囚前後の編集者が加工して現在の姿になったと考えられています。

創世記一二―五〇章の父祖物語には、以下のような類似するモチーフが繰り返し出現します。主人公が生まれ故郷を去る――「旅立ち」――。兄弟が言い争う。妻が異国の権力者の「家」に入る。妻が不妊で子孫が誕生しない。兄弟のなかで末の息子が寵愛を受ける。神から祝福の約束を受ける。

このような父祖と母祖にまつわる伝説や縁起は、創世記の中にただ並べられているのではなく、すでに概観したように、アブラハム物語、ヤコブ物語としてまとめられています。これらは王国時代のある時代に、現在あるような姿に書き記されたと考えられますが、グンケルは、その前に個々の短い伝説が、アブラハムとヤコブにまつわる伝説群として、まとまって伝承されていたと考えました。彼はこのような伝説群を「ザーゲンクランツ」*(Sagenkranz)と名付けました。ドイツ語のクランツ(Kranz)は花などで作る「環(輪)」のことです。アブラハム伝説群とヤコブ伝説群を比較しますと、前者はストーリーとしてのまとまりにやや欠けますが、後者はヤコブの生涯を物語るストーリーとしての一貫性をもっています。

グンケルの『創世記注解』が、名著として現在も研究者の間で読まれている一つの

ザーゲンクランツ
「伝説の環」。R・レントルフ『モーセ五書の伝承史的問題』山我哲雄訳、教文館、一九八七年、六三頁以下参照。

理由は、彼が創世記に収集されている数多くの伝説がデンマークの研究者A・オルリク*の提唱した「叙事詩法則」(epische Gesetze) にかなっていることを例示しているからです。オルリクの法則は、叙事詩に限らず伝説、昔話などを含む口頭で伝承されて来た物語全般に適用可能と考えられています。以下に口頭で伝承（口承）されてきた物語を特徴づける諸法則について紹介し、例を示しながら簡単な解説を加えておきます。

導入の法則および終結の法則——突然、登場人物の動的な行動から語り始められることはない。落ち着いた場面から始まり、動的な場面に移行する。終結部は導入部に対応する形で高揚した気分を和らげるような語り納めがくることもあるが、伝説の場合は急転直下、突然閉じられることもある。父祖物語では、導入部での短い状況説明の後、登場人物の会話で始まることが多い（創一六・一―二、一九・一―二、二六・一―二、二七・一など）。終結部には、人名や地名の起源を説明する原因譚的モチーフ*が来ることがよくある（創一一・九、一六・一三―一四、二一・三一）。ソドムの滅亡の物語では、ロトの妻が「塩の柱になった」（一九・二六）場面で終結に近づく。本来の伝説はここで突然終わっていたとも言える。

繰り返しの法則——口承の物語には至る所に繰り返しがある。オルリクはたいて

A・オルリク (Axel Olrik, 一八六四―一九一七)。北欧神話や伝説、昔話などを研究した民俗学者。K・L・クローンなどと共に国際民俗学会を設立した。オルリクの叙事詩法則は、旧約研究だけではなく、R・ブルトマンなどの福音書研究にも適用された。

原因譚的モチーフが出てくると、物語られている時間が中断され、時は語り手と聴き手にとっての現在に戻る。「そこで、その井戸はベエル・ラハイ・ロイと呼ばれた。見よ、カデシュとベレドとの間（にある）」（創一六・一四）。「それ故、ダゴンの祭司もダゴンの神殿に入ってくるすべての者も、アシュドドでは、今日にいたるまでダゴンの敷居を踏まない」（サム上五・五）。

い繰り返しが三回起こるとしている。これを〈三数の法則〉と呼ぶことがある。グンケルによると、創世記では二回の繰り返しが多い。ヨセフ物語では二回のファラオの夢（創四一）、兄弟たちが二回エジプトに行く（四二章以下）などである。

場面統一の法則――同一の場面には一度に二人の人物しか登場しない。三人目がいる場合でも、はじめの二者のうちのどちらかがいったん退場してからでないと登場しない。このことによって物語は単純でわかりやすいものになる。創世記二七章は好例である。まずイサクとエサウが登場し、エサウが去った後で、リベカとヤコブの場面になる。続いてヤコブとイサクの場面がある。ヤコブがイサクの元から去ると、エサウが入ってくるといった具合である。複数の登場人物が同時に出てくる場面では、ある人々がひとまとめにして扱われることがある。創世記四六章二九節以下では、ヨセフの前にいる兄弟はひとまとめである（サム上九・一一以下の「娘たち」も参照）。したがって、複数の人物が一つの場面に登場する場合でも、会話は二人の対話となる。

対照の法則――語り手は登場人物をしばしば善玉と悪玉のように分極化させる。創世記からカインとアベル、エサウとヤコブ、レアとラケルの例を挙げれば十分であろう。

登場人物やものの属性は、行為・筋の中で表現される――グンケルは創世記の物

物語はモチーフの連鎖として定義することができる。本書五一頁を参照。ロシアの民話学者ウラジミール・プロップ（一八九五―一九七〇）は、昔話において登場人物の名称や性格よりも筋の進行の方がはるかに重要であることを主張した。このことは創世記の物語について考察するときにも重要な観点である。

語において登場人物の性格描写や心理描写がほとんどないことに注目している。人物の心理はきわめて短い一文で示されるだけである。「彼は恐れた」(創二六・七、二八・一七)、「怒った」(三〇・二)など。一般的に旧約においては、登場人物の行動や会話において、彼らの性格が描き出される。このような文学的技法は際立ったものである。三人の客人を見つけた時のアブラハムの心理は、次のような彼の行動によって描かれる。アブラハムは「見て、彼らを迎えるために天幕の入り口から走った。そして地にひれ伏した……」(一八・二以下。七―八節も参照)。

出来事が単線で繋がっていて枝分かれしない――物語の筋が一本の綱のように単線でつながっていることを言う。出来事の連鎖は必然的に起こったように語られるので、それだけ聴き手は理解しやすくなる(創一二・一〇―二〇の場合)。単線の物語は、口頭で伝承されていたことの重要な証拠となる。逆に複雑な枝分かれの見られる文学は、最初から作家によって書かれた作品であることを示している(例えば、エステル記やトビト記)。偶然、三人目が物語に登場するような場合は、「ちょうどその時」のモチーフが使われる(創二一・一七、二二・一一、二四・一五、二七・三〇)。

一人の主人公への関心の集中――伝説においては、ふつう一人の人物のみが中心的関心を占める。グンケルはこのような一人の主人公への関心の集中によって形成されるまとまりを「伝説の環」（Sagenkranz）と名付けた。

単純化・定式化——民話ではふつう考えられているよりもずっと洗練された技法として単純化、様式化が起こる。きわめて単純な言い回しが、含蓄のある表現になっている。創世記の中の古風な伝説においても単純化・様式化が起こっている。このような伝説的な語りは、よく練り上げられた文学的技法の所産なのである。

最後部優先の法則——多くの兄弟が登場する場合、たいてい末の弟がもっとも重要な役を演じるような場合をいう。ヨセフの物語を思い浮かべればよい（創三七以下）。またダビデの選びの場面が想起されよう（サム上一六）。弟のヤコブが兄のエサウに勝つのも最後部優先である。類似した過程が反復される場合には、最後の段階がもっとも重要となる。ヤハウェがサムエルに繰り返し呼びかける場面では、三回目*にエリが事の真相を悟る（サム上三―八）。アビメレクの夢では一回目より二回目の方が重要である（創二〇・六）

オルリクは、この他に「造形性（Plastik）の法則」を挙げています。これは物語のクライマックスで主人公と敵対者が、あるいは主人公と副主人公が対決している当事者が身体的に接近し、この時に彫像風の主要な場面が出現することを言います。例えば、英雄が龍を退治するような場面のことを考えればよいわけです——スサノオがヤ

＊福音書の受難物語では、同じことが三回繰り返される場面が多い。ゲッセマネの祈り（マルコによる福音書一四・四一）、ペテロの否認（一四・七二）、ピラトの群衆への問いかけ（一五・一四―一五）では三回目が重要である。

マタノオロチを退治するなど――。このような彫像風のクライマックスの例としては、アブラハムが息子イサクを犠牲として捧げようとして刃物を手にした瞬間に、天使が出現するような場面が挙げられます（創二二・一二）。ダビデとゴルヤトの戦いにおいてダビデがゴルヤトの首をはねる場面も彫像風です（サム上一七・五〇―五一）。しかしながら、このような場面は聖書ではあまり出現しません。旧約学者K・コッホ*は、聖書では造形性の法則は、ほとんど当てはまらず、登場人物の語りがクライマックスを形成することが多いとしています。このようなことばに対する高い評価こそがイスラエルに特有のものであると主張しています。サムエル記上には、洞穴の中に入ってきたサウル王の着物の裾をダビデが切り取る場面があります（二四・五）。しかしこの緊迫した瞬間は、物語のクライマックスではないのです。この出来事につづくサウルのことばがクライマックスを形成するのです（二四・一八―二二）。

旧約の物語は昔話ではない

ここで旧約の伝説的な物語が、同じような口承文芸である昔話*（Märchen, メルヘン）と大きく違っている点に注意が必要です。まず昔話は、「昔々、あるところ」で起こる物語なので、歴史性は問題になりません。一方、聖書の物語の登場人物はみな歴史上の人物として語られ、事件の起こる場所はこの地上に実在する場所です。だから聖書には、やたらに固有名詞が多いのです。また主人公の描き方が決定的に異なっ

*K・コッホ（Klaus Koch, 一九二六―二〇一九）。ドイツの旧約学者であると同時に優れたエジプト学者でもあった。邦訳書に『預言者ⅠⅡ』『黙示文学の探求』がある。Klaus Koch, *Was ist Formgeschichte*, Neukirchner, 1964/74. S. 182ff.

*旧約に昔話的なモチーフがしばしば登場することは確かだが、旧約と昔話の関係は単純ではない。H・グンケルの一九一七年の先駆的な研究を参照。H. Gunkel, *The Folktale in the Old Testament*, The Almond Press, 1987（英訳）。

ています。昔話では登場人物の性格は変化しません。善玉はずっと善玉、悪玉はずっと悪玉です。勇敢な人物は最初から終わりまで勇敢、臆病者もまたしかりです。親切なひとはずっと親切です。聖書の物語には、性格があまり変化しない人物もたしかに出てきますが、そうではない人物が重要なのです。

父祖ヤコブの場合はどうでしょうか。最初は、ずる賢い、ちょっと嫌味な若者でした。兄のエサウと父のイサクを欺いて長子の特権を奪ってしまいます（創二七）。しかし、彼は信頼していた親族のラバンにだまされ苦労に苦労を重ねて人間的に成熟していきます。ずる賢いところは、そのままでもあるようなのですが（二九―三〇）。このような苦労は、実は神から受ける「試練」なのです。そのことを「ヤボクの渡し」での不思議な「神（？）」との格闘が暗示しています（三二・二三以下）。その中で、ヤコブはただの狡猾な人間ではなくなり、心に痛みをもつ人物に変化するのです。このことを聖書は、ヤコブが「腿を痛めて足を引きずっていた」（三二・三二）と表現しています。颯を切ってスタスタ歩く人物ではなく、痛めた「足を引きずって」、それでも何とか兄のエサウと和解しようと進んで行くのです。地にひれ伏して許しを乞うヤコブを目撃したエサウは、ヤコブに向って「走り、彼に抱きついて、彼の首の上に倒れかかって、口づけした。そして彼らは泣いた」（三三・四）とあります。これは、たしかに彫像風の場面と呼べるかもしれません。それはともかく私がここで指摘したいのは、ヤコブのように聖書に登場する人物は、試練を受けて精神的に成長す

E・アウエルバッハ『ミメーシス』篠田一士・川村二郎訳、筑摩叢書七五、一九六七年、五―二九頁。

るという点です。ヤコブは、その後も愛する末っ子のヨセフを一度は失い、そして劇的に再会するという波乱万丈の生涯を送ります。「ヤコブの生涯は、一四七年であった」（四七・二八）とされます。本当に人間がそんなに長生きできるものかとも思うのですが、ともかくヤコブは、目がよく見えない老人になり（四八・一〇）、病気になって息を引き取ります。人生は、人間的な尺度で測ると、幸せだったとも不幸せだったとも言えない出来事で満ちていることがヤコブの物語として語られるのです。このような事は、決して昔話では起こらないのです。

三二章二三節以下の「ヤボクの渡し」の場面については、ロラン・バルト*による非常に魅力的な解釈があります。ヤコブは「ある男」（二五節、協会共同訳）と格闘しますが、それが誰なのかはあいまいです。二六節の「彼」が誰なのかも、そこだけでは不明です――原文では、「ある男」なのか「ヤコブ」なのかすらわからない――。二九節の「おまえは神と闘った」から遡及的推論によって（三段論法式に）ヤコブの格闘した相手が「神」であるとわかるのです。「闘う両者の識別は斜視的であり、読みが迂回している」。つまり、二六節でどちらが「彼には勝てない」と判断しているのかは、わかりません。どちらがどちらに「勝った」のかは、あいまいなのに、彼がヤコブに「神と人々とおまえは闘って勝った」というのです。この場面での格闘をバルトはプロレスと比較しています。AとBが闘うが、決着がつかないのでAは例外的手段（禁止されている道具を使うとか、いかがわしい手段）に訴えます。物語の論理から

*ロラン・バルト
（Roland Barthes, 一九一五―一九八〇）。フランスの哲学者、文芸評論家。物語の構造分析のみならず、文化、習慣から、衣服の流行、映画、写真などに及ぶ幅広い分野ですぐれた評論を多数書き残した。『表徴の帝国』（宗左近訳、新潮社、一九七四年／ちくま学芸文庫、一九九六年）は特異な日本文化論として多数の読者を魅了している。

するとそれが「決定打」であって、それを用いた者が勝利するはずです。しかし、この物語では決定打を放ったAは勝利者ではない。これは「構造上のパラドックス」です。Aは負かされてはいないのに、「時の制限」があるために彼の勝利は「妨害されて」しまう（ここには神話的構造が認められる）。夜が明けると超自然の動きは止まります（二七節）。決定打は効果的ではなかったので、「談合」となり取引が行なわれます。秘密の一撃を受けた方の側が、「この勝利の非論理的、逆転的な性格によって」勝つのです。「もっとも弱い者が（腿に）印を付けられたのと引き換えに、もっとも強い者に勝つ」。「ヤコブ物語では、印の逆転があり、反転印がある」とバルトは言います。長子であるエサウに変わってヤコブが刻印を受けます。ヤコブは神との闘いにおいても印を付けてもらうのです。「神の働きは反転刻印者を作ることである」*とバルトは語ります。

＊ロラン・バルト「天使との格闘」（『構造主義と聖書解釈』久米博・小林恵一編訳、ヨルダン社、一九七七年）一六九―一八五頁。

2　繰り返される祝福のテーマ

連続講義の初回に受講者のみなさまからの質問をお受けしたときに、旧約には「同じ話」が繰り返し出てくるという意見がありました。これから創世記の父祖物語を読むことになりますが、ここにも「同じテーマ」「同じ話」が出てきます。そこで聖書における「繰り返し」の問題について整理してみることにします。

テクストのレベルと反復・重複の関係

旧約は多数の文書からなっているわけですが、「モーセ五書」という大きなまとまりは、創世記から申命記の五文書に分けられます。創世記の場合、最初に「原初史」(一―一一章)があって、一二章から「父祖物語」が始まり、これがさらに「アブラハム、アブラハム伝説群」「ヤコブ伝説群」のようなブロックに分けられることを見てきました。「アブラハム物語」(一一・二七―二五・一一)はアブラハムの生涯について一応順序よく語っているように見えます。だいたい一〇節から二〇節程度の長さのエピソード群から構成されていて、これらのエピソードは必ずしも先行するものと論理的に繋がっているわけでもないので、一定独立しているようにも見えます。先述のように、H・グンケルはこれらのエピソードは元々独立して口頭で伝承されていた短い「伝説」(Sage)であって、それらがある時代にアブラハムとサラという人物に関する一定の連続性をもつ物語へとまとめられていったのだと考えました。そして、そのような多数の伝説の集まりを「伝説の環」と呼んだわけです。

アブラハム物語を構成する個々の「伝説」は、現在のテクストを読む場合には、長い物語の一つの「段落」であるとも言えます。このような段落は、さらにいくつかの「小段落」に分かれると見ることもできますが、物語の構成要素という観点から、

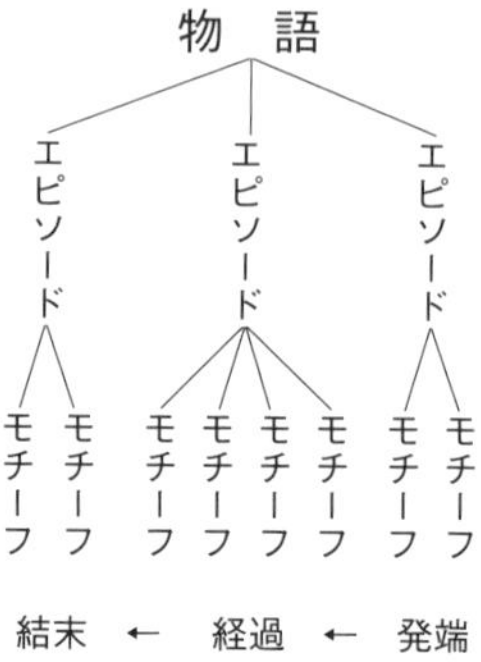

民話のような口承の物語は構造の観点からは、このような図式をもつ。

いくつかの「モチーフ」に分かれると理解することもできます。モチーフの連鎖が物語であるとも言えます。但し、このモチーフというものを論理的に定義しようとしても、うまくいきません。しかし例を挙げれば、すぐに理解できるでしょう。「主人公が旅に出る」「主人公が誰かと戦う」「主人公が誰かをだます、あるいはだまされる」「主人公が結婚する」「妻が息子を産む」などがここで言うモチーフに当たります。聖書の物語では、同じモチーフが繰り返して現われるので、「同じような話が繰り返されている」と感じるのかもしれません。

「旅立ち」のモチーフが、父祖物語で繰り返されることはすでに述べましたが、出エジプト物語も、エジプトを脱出したイスラエルの民の長大な旅の物語と言うことができます。サウルは、父のロバを探して旅に出てサムエルに出会いイスラエルの指導者になります（サム上九―一〇章）。ダビデの生涯の前半は、逃亡生活ですからこれも旅の物語と言えます。これらは同じモチーフをもっていると言えますから、ある意味では「繰り返し」として理解することができます。ここではそのような問題につい

物語のモチーフは定義できず、その数は無限である。プロップはロシアの昔話を研究し、「モチーフ」に代えて「機能」（function）という構造概念を導入し、その数を三十一に限定した。U・プロップ『昔話の形態学』北岡誠司・福田美智代訳、水声社、一九八七年参照。

て、少し理論的に考えてみましょう。

ここまではより大きな文学的まとまりから、より小さなまとまりへと考えてきましたが、逆方向からも考えてみましょう。文学の最小の意味的単位は、「単語」(word)です。困ったことにこれも定義できませんが、われわれが直感的に単語と考えているものが単語です。次の単位は「句」(phrase)で、その上の単位を「文」(sentense)または「文節」(clause)とします。これらの用語はやっかいなことに全部定義できません。外国語を学んだ人は想像できると思いますが、日本語と英語とギリシャ語とヘブライ語では、例えば単語の考え方はかなり違っています。ヘブライ語では「彼が彼女を愛するであろう*」というような表現が、単語として認識されるようなことがあるからです。

ひとつの文が、小段落やモチーフを構成する場合もありますが、ひとまず数個の文が小段落を構成すると考えておきましょう。そうするとテクストには以下のようなレベルが存在することになります。反復、繰り返しがどのレベルで起こっているのかを観察するためにこのようなレベル分けをしました。

単語――同一の語や類義語が文や段落レベルで繰り返されることがよく起こる。

句――聖書ヘブライ語にも慣用句はある。句が段落レベルで反復されると独特のテクストになる。

* 「ダビデは、そのペリシテ人を撃って、彼を殺した」は日本語では品詞に基づいて、「ダビデ」「は」「その」「ペリシテ人」「を」「撃っ」「て」「彼」「を」「殺し」「た」に分解されるが、英語ではDavid struck the Philistine and killed himとなって七語になる。実際の聖書テクストでは「ダビデは撃った」の代わりに「彼は撃った」(一語)になるので、四語しかない。「(そして)彼は彼を殺した」は、たった一語で表現される(サム上一七・五〇)。

文ないし文節――詩篇のような詩歌においては、互いに類似する文が並べられる。これをパラレリズム（並行法）と呼ぶ。物語や預言でも同一の文の反復がよく起こる。

複数の文から構成される定型表現――これについては五六頁で例示する。

ほとんど同じ筋やモチーフから構成されるエピソード――これが「同じ話の繰り返し」として読者に感じられることになる（創世記から例を挙げて考察する）。

詩文学における反復の技法

まず「並行法（パラレリズム）」について二つの例を挙げておきます。これは非常に重要なテーマですので、第三章で詳しく論じます。ここでは簡単に触れるだけです。いくつかの例を挙げておきます。聖書からの引用は、すべてヘブライ語からの逐語訳になっています。

天は、神の栄光を　物語り、
　御手の業を　穹天は、告知する。
昼は昼へと　ことばを　湧き出し、
　夜は夜へと　知識を　伝える。

（詩一九・二―三）

YHWH
聖書のヘブライ語の神名YHWH（ドイツ語ではJHWH）は、モーセの十戒に従っ

歌え、神に歌え、
　歌え、われらの王に歌え。（詩四七・七）

詩篇においては、以下に示すような「繰り返し句（リフレイン）」がよく出てきます。これは私たちが礼拝で歌う聖歌でもおなじみのものです。

万軍のＹＨＷＨ*は、われらとともにいます。
　ヤコブの神はわれらの砦。（詩四六・八、一二）

どうしてくずおれるのか、わが魂よ、自分に向ってうめくのか。
　神を待ち望め。きっと私は感謝するだろう、
わが顔の助け、わが神に。（詩四二・六、一二、四三・五）

以下のような「畳みかけ」の技法は、詩篇だけではなく、イザヤ書、ヨブ記などにも出てきます。イザヤ書四〇章一二節以下の「誰が」が連続する「修辞的疑問文」などの例があります（ヨブ三八・四以下、一六以下、四〇・二五以下参照）。

て（出二〇・七）、これを発音することが禁止されている。この語は元来、固有名詞であったが、ユダヤ教徒は、この神名の代わりに「主」を意味する「アドナイ」と読むことにしている（七十人訳では、「主」を意味する「キュリオス」）。この習慣に基づいてキリスト教徒は、伝統的に「主」と訳してきた。英語のLORDもこれに従っている。一九世紀には、旧約学者はＹＨＷＨを「エホバ」あるいは「イェホヴァ」と読んでいたので、文語訳では「エホバ」が採用された。しかしこの読み方は明らかに間違っているので、近年では「ヤーヴェ」や「ヤハウェ」に修正された。しかし、これも確かではない。この神名が本来固有名詞であることを考慮すると、「ヤハウェ」と表記してもよいが、ユダヤ教徒が祈るときに――つまり詩篇などを朗唱するときに――「ヤハウェ」と発音するわけではない。そこで本書では「ヤハウェ」と「ＹＨＷＨ」を併用している。

いつまでですか、ＹＨＷＨよ、永久に私を忘れられるのですか。
いつまで、あなたは御顔を私からお隠しになるのですか。
いつまで、私は魂に不安をおぼえ、日中も心に苦しみをいだくのですか。
いつまで、敵が私に勝ち誇るのですか。
（詩一三・二―三）

複数の文から構成される定型表現

「受胎告知の定式」と呼ばれているものはイエスの誕生物語にも出てくるおなじみのものです（ルカによる福音書一・一三以下、三一以下、マタイによる福音書一・二三）。

見よ、〇〇が身ごもって、男の子を産む。
その名は、××と呼ばれる。
（それは）・・・・・・・・・だからである。

このような定型は、実際には命名の部分がなかったり、命名の理由が欠けていたり、その子が将来どのような働きをするのかを預言するとか、様々な変化を示しながら使われています。また、「受胎告知」ではなくて、「出産の報告」のような過去の出来事の場合には、当然冒頭の「見よ」はありません。男の子を産む女性は、「あなた」として二人称の場合（創一六・一一、士一三・五）と、「彼女」のような三人称の場合

「見よ、あなたは身ごもっている。そして男の子を産むでしょう。その名をイシュマエルと呼びなさい。ヤハウェがあなたの苦しみを聴かれたからです」（創一六・一一）。

レアは身ごもって、男の子を産んだ。そして、その名を**レウベーン**（ルベン）と呼んだ。「ヤハウェが私の苦しみをご覧になった（**ラーアー**）。これからは私の夫が私を愛するだろう（イェエハーバ**ニー**）」と彼女が思ったからである（創二九・三二）。

（創二九・三三以下、イザ七・一四、八・三―四。創二一・二以下、三〇・七以下、二三以下も参照）とがあります。

父祖物語のテーマ――祝福

創世記一二章からはじまる父祖物語の主要なテーマは、何かというと、「祝福」になります。ヘブライ語では、「ベラヒャー」ないし「ベラカー」と言います。この祝福が具体的に何を意味するかは、だいたい日本語の「福」に相当すると考えておけば間違いないでしょう。大阪人にはおなじみの「えべっさん」は福の神ですが、御参りに行く人に何をもらいに行くのかと聞くと、たいてい「商売繁盛」と答えるでしょう。つまり「金儲け」をお願いするわけです。

アブラハム、イサク、ヤコブの時代には、「お金」つまり貨幣はありませんでした。「銀」がある程度、お金の役割を果たしてはいましたが、銀が財産であるという感覚はあまりなかったと思います。羊飼いであった彼らにとっての財産は、まず山羊、羊、ロバのような家畜でした。山羊、羊は乳製品や羊毛を提供してくれます。ロバが何の役に立つのかというと、それは荷物や人を運ぶものでした。現代風に言えば、乗用車や軽トラックと同じです。ちょっとした贅沢品だったようです*。次に「福」といえば、長寿や子宝に恵まれることを意味するでしょう。創世記に出てくる主役たちは、非常な長寿ですが、これは彼らが神に祝福されていた証拠でした。しかし、長生

＊ヘブライ語の「ミクネー」は「所有」「財産」を表わすが、ほとんどの用例は「家畜の所有」を意味している。士師記一二章一三節に出てくるアブドンには、「四〇人の息子と三〇人の孫がいて」「ロバが七〇頭いた」とされるが、これは彼がどんなに富裕であったかを記している。

きすればそれだけ幸せかというとそうでもなく、長生きした分だけ苦労も多いということが起こります。ヤコブの物語はそのことを示しています。

さて子孫を得ることができるかどうかという問題ですが、これがきわめて重大な問題であったことは、アブラム（アブラハム）とサライ（サラ）の物語が示している通りです。物語の舞台は、どこまでも家族共同体なのですが、これを語り伝えている伝承者の意識からすると部族や民族の祖先である夫婦の物語でした。ですからこのテーマは、現代日本の少子化の問題と繋がっているのかもしれません。また私たちの教会の「後継ぎ」の問題と似ているのかもしれません。「祝福」に関連していわゆる「約束の土地」のことを考える人もいるでしょう。しかし、創世記では父祖たちは、土地を獲得していません――厳密に言えば「墓地」は購入していますが（創二三）。ですから、土地の問題は二次的な問題であると私は考えています。

「祝福」の問題は、非常に世俗的なテーマに思われるからでしょう、従来、神学者たちはこの問題にあまり注意を払いませんでした。しかし、C・ヴェスターマン*は祝福を旧約神学の中心テーマの一つとして重視しました。私は一九八〇年にハイデルベルクで彼の旧約神学の講義を聴きました。ヴェスターマンの講義には、難解な専門用語はほとんど出てきません。使う時には、学生にわかりやすく説明しました。この時の講義の内容は、ほぼ同時に出版された『旧約神学綱要』*に書いてありますが、日本語には訳されていません。これと別に簡潔にまとめられた『旧約聖書』という本が

C・ヴェスターマン
(Claus Westermann, 一九〇九―二〇〇〇)。旧約学者としてハイデルベルク大学教授であるとともに、優れた説教者でもあった。主著『創世記注解』全三巻はG・リートケに大きな影響を与えた（本書二七頁参照）。詩篇と預言書の形態史的研究においても大きな業績を残した。

あって日本語訳も出ています*。そこには「祝福」について以下のように述べられています。

　歴史的事件として特定の時に体験される「救いと贖いと解放」とは本質的に異なる神の業がある。それが祝福であって、「ある出来事、決定、あるいは一瞬に集中するものではなく、静かに、絶えず流れ、ひそやかにつたえられていく継続的な神の行為であって、保存と保護、成長と存続において効力を表わすもの」としています。これは「救いに満ちた力を与えることを意味する」。「ここで意味されている力は元来、肉体、家畜および土地の三領域における多産性を示す」。ヴェスターマンは、このような概念が特にイスラエル的なものではないと断っています。旧約に特徴的なのは、このような「祝福する力」を、イスラエルを救う歴史の神に帰すところにあります。

　「祝福する」を意味する動詞の√brk および、この語根から派生した語の創世記における用例は八八回もあって、この語が創世記全体を通しての一つの鍵語（Keyword）であることを示しています——旧約全体での用例は三九八回——。祝福が多産と関係することは、創世記の冒頭に出てくる神の祝福の詞《ことば》「産めよ、増えよ、地に満ちよ」が示している通りです。祝福の意味内容を具体的に表現している聖書の箇所としては、創世記二四章三五節以下のアブラハムの僕のことば、レビ記二六章四節以下の神のことば、申命記二八章三—一三節のモーセのことば等があります。しかし、アブラハムやヤコブの物語を読みすすむにつれて、彼らが受けた祝福とはいった

* C・ヴェスターマン『現代神学の基礎知識　旧約聖書』時田光彦訳、ヨルダン社、一九八五年。

い何であったのかという、より深い問いが生じてくるのではないでしょうか。

二十世紀を代表するユダヤ人思想家であったマルティン・ブーバー*は、聖書に対する独自の解釈を示しました。聖書テクストには、ヘブライ語の同じ語根からなるいくつかの語が、あるテクスト内に集中的に現われることが多いと言います。このような語のことをブーバーは、ドイツ語で「ライトヴォルト」（Leitwort, 直訳すれば「主導語」）と名付けました。また聖書は「主導語様式」（Leitwortstil）で書かれている、とも言っています。このようなライトヴォルトは翻訳してしまうとよくわからなくなってしまいます。ヘブライ語原典を読まないと気付くのは難しいでしょう。

父祖物語のテーマの呈示部としての創世記一二章二―三節

創世記一二章二―三節のヤハウェのことばは、アブラム（アブラハム）物語の序文となっているばかりでなく、創世記五〇章まで続く父祖物語全体の序文にもなっています。このことばは、詩文の形で提示されます。ここだけではなく、祝福の詞《ことば》は創世記に繰り返し出現しますが、常にリズミカルな詩文の形をとっていることには注意する必要があります。ここでは動詞の「祝福する」と名詞の「祝福」が重畳《ちょうじょう》して出現します。この箇所は、色々な解釈があるために非常に訳しにくい箇所ですが、議論のためのたたき台として私訳を示しておきます。

＊M・ブーバー
（Martin Buber, 一八七八―一九六五）。二〇世紀を代表するユダヤ人哲学者。我が国には、当初「我と汝関係」について語る実存主義者として紹介されたが、彼はむしろ独自の社会主義について説く社会哲学者であった。またすぐれた聖書解釈者であって、ドイツ語への聖書翻訳者としても知られる。『モーセ』『神の王国』『油注がれた者』の聖書に関する著作は、近年日本語に訳された（いずれも日本基督教団出版局、二〇〇二―二〇一〇年）。「ライトヴォルト」については、堀川敏寛『聖書翻訳者ブーバー』（新教出版社、二〇一八年）で詳細に論じられている。

2 私はあなたを　偉大な国民《ゴーイ》としよう。
あなたを**祝福**して、あなたの名を大きくしよう。
そして、それは**祝福**となるだろう。
3 あなたを**祝福**する者たちを　私は**祝福**し、
あなたを軽んじる者を　私は呪う。
そして地のすべての氏族は、あなたによって**祝福**されるであろう。

この箇所で特に問題になるのは、三節後半の「あなたによって祝福されるであろう」と仮に訳しておいた箇所の意味と二節後半の「それは」が何を受けるのかです。この二箇所に関しては、各種の翻訳を読み比べて見るとすぐに解釈が分かれていることに気づきます。まず二節後半の動詞の主語ですが、三人称男性単数であることだけが確かではっきりとは書かれていません。新共同訳の「祝福の源となるように」は、一種の意訳ですが、何が「祝福の源となる」のかは、はっきりしません。なんとなく「あなた」（つまりアブラム）がそうなるのだと読めるに過ぎません。口語訳はこの点を明確に表現しようとして「あなたは祝福の基となるであろう」と訳しましたが（英語の欽定訳、ＮＫＪＶ、ドイツ語のルター訳など多数がこの解釈を採用する）、原文はそうは読めません。新改訳は「あなたの名は祝福となる」と訳しています（ＮＥＢ参照）。文法的にはおそらくこれが正しいと思われますが、これは何を意味しているのでしょうか。ここではひとまず解釈を保留しておきます。

三節前半は、原文の語順が以下のようなＡＢ／ＢＡの交差配列*（キアスムス）になっています。

私は祝福しよう　あなたを祝福する者たちを　Ａ　Ｂ
あなたを軽んじる者を　私は呪う　Ｂ　Ａ

この文の特徴は三点あります。①ヤハウェ神が語る一人称の語りである。②後半の最初の語の意味は「軽んじる」であって「呪う」ではない。この場合分詞の「軽んじる者」は単数形である。③これに対応する「祝福する者たち」は複数形である。「軽んじる」と訳した動詞は、たしかに「呪う」の意味にもなるのですが、ここの後半で用いられている「呪う」を意味するのと同じ語を反復しなかったことには意味があるはずです。アブラムを露骨に呪う――つまり呪いのことばを発する――とまではいかなくても、態度で彼を軽蔑していることを示したり、侮蔑的なことばを浴びせる者が問題になっているのだと読めます。このような「軽んじる者」は単数で表現されているのに、「祝福する者」の方は複数というのにもおそらく意味があるのでしょう。アブラムを祝福する者の方が多いと言っているように読めるからです。

三節後半の動詞「祝福する」は、ニファル形になっています（この形では、他に一

* 交差配列については九四頁以下参照。

協会共同訳「あなたは祝福の基となる」。欽定訳 and thou shalt be a blessing. ＮＥＢの場合は、少し前から引用しておく。I will bless you and make your name so great that it shall be used in blessings（このit がyour name を受けることは明らか）。

八・一八、二八・一四にしか用例がない)。ニファル形というのは、受動態とも再帰態ともとれる表現なのです。この動詞の語義をめぐっては、以下の三通りの解釈が存在します。

①受動態とする。前の訳文では、仮にそのように訳しておきました（口語訳、新改訳、欽定訳、NKJVなど）。

②「お前の中に（彼らが）祝福を見出す」という意味に解釈する。

③この箇所とよく似た二二章一八節、二六章四節では、動詞「祝福する」が、ヒトパエル形になっている。この形では、受動態ではなく再帰態と解釈されるのでここもそのように読む。「あなたによって、彼ら自身を祝福する」と直訳できる。現在では、この解釈を採用する学者が多い。

岩波版の月本昭男訳*を見ますと、「あなた［の名］によって祝福し合うであろう」となっています。これがおそらく正しい解釈です。月本の解釈で、ここにも「名」が問題になっていることに注意しましょう。そうすると先ほど判断を保留しておいた二節の「あなたの名は祝福となる」の意味も明らかになるでしょう。

ここで「祝福」と「名」の関係を考えてみましょう。新約の手紙の末尾には「主イエス・キリストの恵みが、あなたがたの霊と共にあるように」（フィリピの信徒への手

* 月本昭男訳『旧約聖書Ⅰ　創世記』岩波書店、一九九七年。

紙四・二三）のような表現がよく出てきます。ここではイエス・キリストの「名」によって手紙の受取人が祝福されています。これはイエスが神の恵みによって祝福された方であったことを前提にした表現です。「恵み」はイエスから来るとも解釈できますが、イエスが神から受けた恵みと同じ恵みという意味にもとれます。

祝福と名の関係について考える際には、創世記四八章二〇節も参考になります。

その日、彼は彼らを祝福して、言った。

「あなたによって、イスラエルは祝福して、〔次のように〕言う。

『エフライムのように、またマナセのように、神があなたをしてくださるように』」。

イスラエル人の誰かが人を祝福するようなときには、エフライムとマナセの名が告げられて、「エフライムのように、またマナセのようになりますように」と唱えられるというのです。創世記一二章三節は、イスラエル人だけではなく、地上に生きている人々がみな、「アブラム（アブラハム）のように祝福されますように」と唱えられるようになるであろう、と言っていることになります。

ところで父祖物語の序文となっている創世記一二章一―三節を書いたのは、いつの時代の誰なのでしょうか。アブラハム、イサク、ヤコブに関する個々の伝承を口頭で

サッカー好きの子どもに「メッシみたいになれそうだね」とか、野球の投手に「きっと田中将大みたいな速球を投げるようになるね」とか言えば、「名」を用いて祝福していることになります。

語り伝えてきたのは、無名の民衆に違いありませんが、これをまとめ上げて文書として記述した人物がいることは確かです。このような編集者が、父祖物語全体のテーマとして祝福を取り上げたのでしょう。このような文書化がいつ起こったのか、またいったん文書化されたものが、何回か編集されたのではないか、つまり時代の異なる複数の編集者がいたのではないか、このような点については旧約学者の間で論争がつづいています。

従来、旧約学で常識とされてきた考え方に従うと、神名としてＹＨＷＨ*（ヤハウェ）を使う著者ないし編集者のことをヤハウィストと呼んできました。これは実在した人物ではなく学者が考え出した架空の人物のあだ名に過ぎません。このヤハウィストが書いたと考えられる聖書の部分をＪ資料（ヤハウィスト資料ないしヤハウェ資料）と呼んでいます。創世記一二章二―三節ではヤハウェが語っているので、この部分はＪ資料ということになります。二節の「偉大な国民《ゴーイ》」という表現には政治的な意味が含まれると解釈すると、これを書いたヤハウィストは、イスラエルの国力が充実していた時代の作家、つまりダビデやソロモンの時代（前一〇世紀）の人物であると考えられます。つまり父祖時代の神の約束が、ダビデ王国によって成就したと考える著者がいたとするのです（サム下七・九「偉大な名」参照）。しかし、二一世紀に入るとこのような捉え方には様々な角度からの異論が出てきました。まず、そもそも口頭伝承が文書として記述されるようになったのは、いつ頃からかという問題がありま

＊ ヤハウェ資料の略号に「Ｙ」ではなく「Ｊ」を使うのは、ドイツ語ではＪＨＷＨと表記するため（本書五四頁の注参照）。

歴史批評学的な立場からモーセ五書の成立に関する古典的な学説を確立したのは、Ｊ・ヴェルハウゼン（Julius Wellhausen, 一八四四―一九一八）である。Ｗ・Ｈ・シュミット『旧約聖書入門（上）』（木幡藤子訳、教文館、一九九四年）六七頁以下を参照。

す。だいたい前九―八世紀頃から文書化が起こったようです。当時は物語が羊皮紙の巻物に書かれたとしますと、これを個人がなしとげるのはほとんど不可能でした。K・シュミートは「ラビたちの時代に新しいイザヤ書の巻物を買おうとすると、一人の書記の年収の半分もしたという」と述べています。仮にヤハウィストと名付けられる著者がいたとしても、かなり遅い時代を想定しなければなりません（おそらく捕囚時代）。

K・シュミート『旧約聖書文学史入門』山我哲雄訳、教文館、二〇一三年。

欠如から充足へ

家族に子孫が与えられることは、現代でも神からの祝福と考えられていますが、古代イスラエルでは、祝福のうちで最も重要であったのは、子孫、それも男系社会では、後継者になる男子の誕生でした。アブラム（アブラハム）とサライ（サラ）の夫婦の物語では、妻がいつまでたっても男子を産まないことが、重要なテーマになっています。創世記一六章では、サライの女奴隷であったハガル*がイシュマエルを出産するエピソードが語られます。これはいわゆる「代理出産」の問題です。続いて一八章ではサラの出産が予告され、二一章でイサクが生まれます。この物語は、抽象化すると、「欠如」の状態が「充足」される物語であると言えます。

ところで一九七〇年代から「物語の構造分析」がさかんに議論されるようになり、聖書研究にも大きな影響を与えました。アメリカ先住民の民話を研究したA・ダンダ

＊創世記一六章のハガルの物語については、勝村弘也『旧約聖書に学ぶ』（日本基督教団出版局、一九九三年）五四頁以下参照。

ス*は、民話における中核的なパタンとして「欠乏」（Lack）から「欠乏の解消」（Lack Liquidated）ないし「充足」への連鎖があるとしました。この動きは、L→LLの記号で示されます。「欠乏」から「充足」へは「不均衡から均衡への移行」であるとも言えます。「不妊の妻が、子を産む」は、まさにこのL→LLの好例と言えます。エジプトからの脱出の物語も、同じように記号化されます。「奴隷状態」（L）からの「解放」（LL）の物語だからです。しかしながら、聖書の物語の構造は、それほど単純ではありません。例えば、創世記二章のアダムに関する物語では、神が彼のために「助け手」を連れてきますが、最初の試みは失敗します（二・二〇）。そこでアダムのあばら骨から、女が造られてはじめて欠乏が充足されるというわけです。物語の論理という観点からしますと、この最初の欠乏が、物語的緊張を作り出すわけです。

＊A・ダンダス（Alan Dundes, 一九三四―二〇〇五）。『民話の構造』池上嘉彦ほか訳、大修館、一九八〇年（原著一九六四年）。

民話的語り――アブラムの嘘

父祖の嘘として有名なこのエピソードは、典型的な民話的語りの技法を示すテクストです。創世記一二章一〇―二〇節は、以下のような構成になっています。冒頭の「飢饉」（欠乏）のモチーフが、緊張を作りだします。

一〇節　語りの開始部、飢饉によってアブラムがエジプトに下る

一一―一三節　アブラムの妻サライへの語り

一四―一六節　アブラムの危惧が当たる
一七―一九節　パロに起こった異変と語り
二〇節　　　　終結部

これはオルリクの法則がいう「単線性」を示している口頭伝承の特徴をもつ物語です。筋を構成するそれぞれの要素（モチーフ）が、一種の論理性をもって繋がっているのです。まず飢饉（欠如）が発生することによって主人公アブラムはエジプトに下ることにします（一〇節）。その時にアブラムは、妻のサライが美人であるために、自分が殺されて妻が奪われてしまうのではないかと恐れます。それでサライに嘘をつかせることにします。この部分は二人の会話です（一一―一三節）。彼らがエジプトに入ると、不安は的中し、ファラオはサライを宮廷に招き入れてしまいます。アブラムは多くの贈り物をファラオからもらいます（一四―一六節）。

このことによって最初の欠如であった「飢饉」は「充足」されました。しかし、アブラムは、妻を失ってしまったわけです。新しい「欠如」の発生です。ところが、ここでヤハウェが出来事に介入し、疫病が発生します（一七節）。異変の原因を悟ったファラオは、アブラムを呼び出し、彼を妻とともにエジプトから退去させます（一八―二〇節）。この主人公の「充足」によって物語は終結します。ファラオが、どのようにして、サライがアブラムの妻であることを知ったのかは、語られていません。以下にこの短い物語に関する若干の注解を書いておきます。

一〇節　「重大な飢饉」の発生（創二六・一、四一・五四、四三・一参照）。パレスティナでは、降雨が少ない年に旱魃による飢饉がよく起こった。特に三年間も雨が降らないと危機的な状況に陥った（王上一七章参照）。このような時には下エジプト（デルタ地帯）に遊牧民が入ってきて寄留した。「滞在する」とは、ゲール「寄留者」として留まるという意味である。

一一―一三節　サライは当時すでに六五歳であるから、「彼女が非常に美しい」と述べている点については説明が必要である。資料批判*によると年代記的な記述は、後代のP（祭司資料ないし祭司伝承）による加筆であるから、元の語り手はこのような年齢を知らなかったと考えられる。アブラムは不安に襲われて、サライに「妹」だと言うように依頼する。エジプトの寄留民は、氏族による相互の保護のネットワークを失うので不安になる。エジプトには強大な権力をもつファラオが君臨していた。サライの返事は語られていない。一八節のファラオのことばについてもアブラムの返事はなく、沈黙したままである。このような会話の省略による「語りの技法」は、聖書文学によく見られる*。

一四―一六節　アブラムが、実際にサライがファラオの宮廷に入ると思っていたのかどうかは、語られていない。アブラムが期待していたのは、おそらくサラ

* モーセ五書の資料批判（Quellekritik）については多数の旧約緒論や入門書に記述されているので説明を省略する。W・H・シュミット『旧約聖書入門』参照。

* 聖書の物語では、会話の中の命令や疑問に対してどう返答したのか、命令を実行したのかどうか書かれず省略されることがよくある（サム上一〇・二―八のサムエルの命令と予告の場合を参照）。逆に読者がすでに知っている出来事を登場人物が長々と会話中で報告することもある（創二四・三四以下のアブラハムの僕の語りを参照）。

イに求婚する者が現われることであって、そのことによって身の安全を確保できるようになることだった。女性の保護者である兄が結婚を引き延ばすことは、リベカとラバンの話に出てくる（二四章）。アブラムもサライの兄と称することで、引き延ばし作戦を考えていたのだろうか。アブラムとサライの会話の場面と、ファラオとアブラムの会話の場面はあるが、ファラオとサライの会話はない。また宮廷で両者の間にあった出来事は報告されない。一五節には、「ファラオの家にその女が取られた」とのみ語られる。これは法的関係を示すだけであって、性的な交渉があったかどうかは不明である。

一六節　アブラムが多くの富を獲得したことだけが語られる。これらはおそらく結納品である。家畜の群れなどが列挙されるが、このような品々は伝承の過程で増加する傾向がある。ことに「奴隷」や「ラクダ」については、後代の付加の疑いが強い。

一七―二〇節　ヤハウェによる干渉。一七節の「撃つ」を意味する動詞（「ナーガア」√ngʿ のピエル形）は、普通の形（カル形）では「触れる」という意味であって、男性が女性に「触れる」の意味でも用いられるので意味深長である。この節には、同じ動詞から派生した名詞ネガア（複数形）も出てくるが、その意味は「疫病」である。ネガアは、よく皮膚病の描写に用いられる（レビ一三・二以下など）。この出来事によって、アブラムはファラオと対面することになる。ファラオの語りでは「何」「なぜ」「なぜ」が連続し、ファラオが困惑している様子が示される。ファラオは、支配者の姦淫の罪によって引き起こされる神罰が民にまで及ぶことを恐れたのであろう。二〇節では動詞「送り出す」が用いられる。

この短い民話風の物語における一つの問題は、主人公のアブラムが「嘘をつく」ことです。しかもこの嘘は神によって罰せられないだけではなく、嘘とは無関係に終結部でアブラムが大きな富を得ています。この場合、嘘はピンチに陥ったアブラムの正当な防衛手段であるかのようです。旧約にはこの手の嘘がよく出てきますので、読者はしばしば戸惑います。旧約の嘘に関しては、D・ボンヘッファー*が『倫理学』などで言及していて、興味深い考察を行なっています。ここではその詳細を論じませんが、彼の着眼点によって以下に考えてみます。いわゆる「嘘つき」が旧約で単純に悪いことであるとされていないことは確かです。ボンヘッファーが注目したのは、嘘がつかれる状況です。社会的に弱い立場に置かれた者が、自分あるいは仲間を守るために嘘をつくことは、弱者の防衛手段として許されるのです。例えば、芸人が芸名を使うのには様々な理由があるでしょうが、プライヴァシーを守るためという面もあるはずです。戦後七〇年を経た今も、在日朝鮮人あるいは韓国人などの外国籍の寄留者が、日本風の通称を使う場合はどうでしょうか。これにも様々な理由があるでしょう

D・ボンヘッファー（Dietrich Bonhoeffer, 一九〇六―一九四五）。ルター派の牧師であり、神学者。第二次世界大戦中にヒトラー暗殺計画に加わって逮捕され獄死した。『キリストに従う』『抵抗と信従』など多数の著作があるが、従来のカント倫理学を批判した『現代キリスト教倫理』は現代の倫理思想（状況倫理）に多大な影響を与えている。

が、生活防衛的な側面があることは否定できません。日本社会には現実に差別が存在するからです。これを「嘘」として非難することはできません。アブラム物語では、寄留者である夫婦と、権力者のファラオが対照的な存在として前提されていました。程度の差はあれ、これらの「嘘」には共通性があります。

なお、この物語は、他に二つの「重複記事」をもつことでもよく知られています。並行記事は、創世記二〇章一―一八節（アブラハムのゲラル滞在。ゲラルの王としてアビメレクが登場）と二六章一―一一節（イサクのゲラル滞在。ペリシテ人の王アビメレクが登場）にあります。これら三つの並行記事のうちのどれがオリジナルであるのかを巡っては論争が続いています。グンケル、ヴェスターマンなどの有名な学者は、一二章が最古のものであるとしていますが、これとは別の観点から三つのテクストを比較して、二六章がオリジナルに近いとする学者もいます（M・ノートなど）。

ドイツ国内のユダヤ人が、メンデルスゾーンやアインシュタインなど、ドイツ人風の名前に変えた例も参考になろう。この場合、自らドイツ社会に同化しようとして改名した例が多いと思われるが、その底流にはユダヤ人差別があった。日本統治下の朝鮮では創氏改名によって、日本風の姓が使われるようになった。これには複雑な歴史的経緯があるが、論旨から外れるのでここでは述べない。

ヘブライ人の生涯

講義の中で、受講者から昔のイスラエル人の生涯、寿命などに関する質問が出ました。このような問いに丁寧に答えてくれる本があるので紹介します。L・ケーラー『ヘブライ的人間』です。ドイツ語で書かれたこの小さな本は、たいへん有名なもので聖書の入門書でよく取り上げられています。「四　ヘブライ人の人生行路（一）」*を見ますと、以下のような現代人との比較表が目に飛び込んできます。

* ルートヴィヒ・ケーラー『ヘブライ的人間』池田裕訳、日本基督教団出版局、一九七〇年、六六頁以下。

	ヘブライ人	現代人
父親になる歳	一九歳	二六歳
祖父になる歳	三八歳	五二歳
曾祖父になる歳	五七歳	七八歳

民数記一四章二九節と三二章一一節の記述は、二〇歳になったヘブライ人男性はすでに子どもをもっていることが前提になっています。このことから計算すると右の表のようになります。この表の現代人は一九五〇年頃のヨーロッパ人ですから、現代日本人の場合は、年齢がもっと上がるはずです。祖父になるのは、たいていは六〇歳を過ぎてからでしょう。ケーラーは、女性が母親になるのは、男が結婚して父親になるよりも二―三年早いとして、次のような表も載せています。

	ヘブライ人	現代人
母親になる歳	一六歳	二四歳
祖母になる歳	三五歳	四九歳
曾祖母になる歳	五四歳	七五歳

童謡「赤とんぼ」（三木露風*作詞）の歌詞には、「十五でねえやは嫁に行き」という

三木露風（一八八九―一九六四）。一九二二年に北海道上磯町のトラピスト修道院で妻と共に洗礼を受け、カトリック信徒になった。

ことばがありますから、日本でも少し前までは、この表に近かったのかもしれません。聖書に登場する人々の寿命は、わたしたちよりもはるかに短かったので、わたしたちとはかなり違った人生経験をしていたことが、この単純な比較からわかります。五〇歳を少し過ぎるともうひ孫がいることになるからです。モーセの十戒には「父祖の罪を三代四代まで」という表現があります。私たちにはピンときませんが、彼らは長生きすると、実際に孫やひ孫といっしょに生活することが起こりえたので、このような表現になったのでしょう。昔のイスラエル人が私たちとかなり違った死生観をもっていたということにもつながるはずです。*

* イスラエルの父祖たちの寿命に関しては、以下のような計算式が成り立つ。これにはなにか意味があるだろうか。

アブラハムの寿命
　一七五＝七×五の二乗
イサクの寿命
　一八〇＝五×六の二乗
ヤコブの寿命
　一四七＝三×七の二乗
ヨセフの寿命
　一一〇＝一×五の二乗＋六の二乗＋七の二乗

3　旅人をもてなすアブラハムとロト

ここでもどこかで「同じ話」になっている箇所を創世記の父祖物語から選びました。創世記一八章と一九章で語られているアブラハムとロトの物語は、解釈の仕方にもよりますが、どちらも「旅人をもてなす」という同一のテーマを扱っているものとして読むことができます。注意深く読むと、文学的な表現のレベルでもよく似た箇所があります。

今日でもイスラム世界では「旅人をもてなす」ことは、重要な法的義務と考えられています。旧約からこれに関連する法文を挙げておきます。新約からも関連箇所を一箇所挙げます。

あなたたちの土地で、あなたのもとに寄留者《ゲール》が寄留《ヤーグール》しているならば、あなたたちは決して彼を抑圧してはならない。あなたたちのもとに寄留している寄留者をあなたたちの中の**土着の者**[a]と同じようにしなさい。そして**彼を**[b]あなた自身のように愛しなさい。あなたがたもエジプトの地で寄留者だったからである。私はあなたがたの神、ヤハウェである。

（レビ一九・三三―三四）

a　別訳「生粋の者」。その土地で生まれた者の意味。b　原文では「彼を」とはなっていないで、「彼に」である。「寄留者に対して友愛をもって接しなさい」の意味であると解釈される。

兄弟としていつも愛し合いなさい。旅人をもてなすことを忘れてはいけません。そうすることで、ある人たちは、気づかずに天使たちをもてなしました。自分も一緒に捕らわれているつもりで、牢に捕らわれている人たちを思いやり、また、自分も体をもって生きているのですから、虐待されている人たちのことを思いやりなさい。

（ヘブライ人への手紙一三・一―三）

三人の客人（まれびと）の訪問

最初に取り上げるのは、一八章の三人の客人——実はＹＨＷＨ（ヤハウェ）の御使《みつか》いであったらしい（！）——が、アブラハムとサラを訪れる物語です（創一八・一―一五）。「御使いであったらしい」と微妙なものの言い方をするのは、ここに「御使い」とは書かれてはいないからです（「三人の（！）御使い」が登場するのは一九・一です）。この場面は、「旧約に現われた三一神」としてキリスト教美術でよく取り上げられてきました。神的な存在や聖者が旅人の姿をとって人々を訪問し、あるいは追い返され、あるいは歓待されるという型の話は世界に広く分布しており、民話研究家によって古くから注目されてきました。特に日本民俗学のいう「客人《まれびと》の訪問」（訪れたカミが祝福を与える）との類似は、一考に価します。日本でもっとも有名なマレビトは、秋田県男鹿半島の「ナマハゲ」です。ナマハゲも通常三匹（！）でやってきます。家の主人は彼らを迎え入れて酒食を提供し、子どもを祝福してもらいます。

このように創世記一八章のモチーフには興味深いものがありますが、「語り口」も独特です。いわゆる口承文芸的な特徴を示し、冒頭部などには非常に巧みな文学的表現が見られます。客人については、一節では「ヤハウェ」、二節では「三人の男」となっています。このように複数形と単数形が複雑に交錯するので、かつてはこれを根拠として二つの資料に分割しようとの試みもなされましたが、これではうまく説明できません。この意味でも実に不思議な物語です。同じ客人がソドムの町に向ったはずですが、一九章では、一人減って「二人」になっています。もう一人はどこへ消えたのでしょう。

三人の客人の訪問
サラがパンを焼いている。アブラハムは、マンガのように二重に描かれる。(ローマ、サンタ・マリア・マッジョーレ聖堂のモザイク画)

本書のカバーに使用したモザイク画にも同じモチーフが用いられている。大木の下で食卓についている三人の客人にアブラハムが立って子牛の料理を差し出し、サラが戸口で笑っている場面が逆遠近法で描かれている。食卓は手前が狭く、パンは円形である。(北イタリア、ラヴェンナ、サン・ヴィターレ聖堂のモザイク画)

旅人として出現する「神」「聖なる存在」

聖なる存在が旅人として登場する物語の例を以下にいくつか挙げてみます。

士師記六章　ギデオンの物語では、「ヤハウェの使い」が「オフラの樫《エーラー》の木の下に座った」（一一節）。一九節でギデオンは、食事を提供しているが、御使いは食べていない。

士師記一三章　マノア夫妻に現われた御使いの場合も食事をしないで昇天する。マノアは、会話している相手が御使いであることを知らなかった（一三・一六）。なお、このエピソードの前半は「受胎告知」の型に属する。

トビト記　天使ラファエルは、トビアの「目の前に立っていた」（五・四）。この場合も天使は、トビアには人間にしか見えない。

オウィディウスの『転身物語』（メタモルフォーシス）　フィレモンとバウキスの物語が有名である。ユピテルと息子メルキュリウスが旅人に変装して、人々が客人をもてなすかどうかを試すためにある村を訪れる。どの家も一夜の宿を乞う彼らを拒絶するが、最後に粗末な小屋に暮らすフィレモンとバウキスの老夫婦が二人の旅人を歓待する。その時に葡萄酒がいつまでもなくならないという奇跡が起こる。神々をもてなした夫妻は、願いによって後に神官となり、寿命がつきると、神殿を守る樫と菩提樹に変身する。この物語は西洋の物語詩や絵画の題材としても有名であり、J・ハイドンのオペラにもなった。

「お金持ちと貧乏人」『グリム昔話集』（KHM八七）金持ちは旅人を拒否するが隣に住む貧乏人が歓待して三つの願いをかなえてもらう。それを知った金持ちがまねをするが罰を受ける。同じような話はグリム伝説集にもある。

「風土記」　旅人として訪れる武塔神（＝スサノオ）を蘇民将来が歓待する話がある。京都の八坂神社のちまきなど蘇民将来の名にまつわる習俗が日本各地に伝わる。無病息災を願う「茅輪くぐり」は、この伝説と関係している。

ベドウィンのように語られるアブラハムとサラ

現代のベドウィンの住んでいる天幕については、先に説明しました（三六頁参照）。男性の居住空間と女性と子どもの居住空間が、中央のカーテンで仕切られています。アブラハムとサラはこのような天幕で暮らしていたのですが、野外の木陰で食事をすることや、葡萄酒ではなく二種類の乳製品を提供していること、客人を丁重にもてなすことなどに彼らのベドウィン的な性格が表現されています。なお、「二人の」御使いは、この後でソドムにたどり着きますが、ロトがアブラハムと同じように彼らを迎えて家に招き入れます。しかし、この都市の住民たちは、客人に無礼なふるまいをしたために、天罰を受けることになります。

創世記一八章の語り口

以下に創世記一八章一―八節を訳しながら、一節ごとに注釈を付けます。

1 ヤハウェはマムレのテレビンの木々に現われた。彼（＝アブラハム）は日中の炎熱のときに天幕の入口に座っていた。

【注釈】冒頭で「ヤハウェ」が顕現したと告げられるので、読者（＝聞き手）は三人が実は神であることを知っていることになる。マムレは、ヘブロンの近くにある。創世記一三章一八節で天幕を張った場所である。ここでは「木」が複数形になっている。

2 彼は眼を挙げて、見た。すると見よ、三人の男が彼に対して立っている。彼は見た。そして彼らを出迎えるために天幕の入口から、彼は走った。そして地にひれ伏した。

【注釈】「眼を挙げて見る」は、「凝視する」の意味である。これに「ヴェヒンネー＊」（すると見よ）が続いて、予想しなかった事態が出現したことを表現する。一八章ではアブラハムは走りまわる（六、七節参照）。三人に対して土下座をしてお願い

ヴェヒンネー
ヘブライ語の指示語「ヒンネー」に接続詞の「ヴェ」。相手の注意を喚起する記号として用いられる語。物語では筋の進行を中断して、新しい現実が現われたことを示す（英語ではヒンネーはbeholdやloと訳されることが多い）。

する。客を迎えることは、荒野で暮らすベドウィンにとっては大きな名誉である。単独で暮らす彼らにとって、客人は自分たちの知らない色々な情報をもたらしてくれるからである。

3そして言った。「主よ、もしも、あなたの目に私が恵みを得られましたら、どうか、あなたの僕のもとから通り過ぎないでください。

【注釈】アブラハムは相手に「主よ」と呼び掛け、謙遜して自分は「あなたの僕」であると言う。この節では、客人は「主」「あなた」と単数表現になっている。客人を描く際の単数形と複数形の頻繁な交替は謎めいている。

4水を少し運ばせましょう。そしてあなたがたの足をお洗いください。そして木の下でお休みください。

【注釈】ここでは客人は複数で扱われる。旅人たちはまず足を洗った。「休む」と訳した語は、何かにもたれかかることを意味する。絨毯の上に置かれたクッションによりかかるような姿を想像させる表現である。

5一口のパンを取ってきましょう。そうして、あなたがたの心を強めてください。その後で通り過ぎてください。あなたがたの僕の所を通って行かれるのですから」。彼らは言った。「あなたの言われたようにしてください」。

【注釈】「一口のパン」は、へりくだった言い方である。すぐ後でアブラハムはサラに大量の粉を捏《こ》ねさせている。この場面では、客人は、「あなたの言われたようにしてください」と語るだけである。食事の後の九節以下では多弁になる。

6そこでアブラハムは天幕のサラのもとに急ぎ、言った。「急げ、三セアの小麦粉、上質粉だ。それを捏ねて、ケーキを作れ」。

【注釈】アブラハムが妻に向かうと、態度を豹変させて、命令口調になるところが滑稽である。一セアは約七・七リットルだから、いくらなんでも多すぎる分量である。こういう非常識な要求をいきなり妻に押し付けることが、アブラハムの興奮した様子を示している。突然、来客があったときに一家の主人が、嬉しさのあまり興奮して、妻に「寿司を三〇人前注文しておけ」などと言ったというところか。

7それから牛のところにアブラハムは走った。そして柔らかくて良い子牛を取って、召使に渡して、それを調理するように急がせた。

【注釈】動詞「走る」「急がせる」が連続する。アブラハムのあわてている様子を描く。子牛の肉が最上のものであることは言うまでもない。

8彼は凝乳と乳と調理した子牛を取って、彼らの前に供えた。彼自身は、木の下
で彼らに向かって立っていた。そこで彼らは食べた。

【注釈】「凝乳」と訳される語は、辞書には普通「バター」とある。暑い地域なので溶けてしまう。サワークリームと考えればよい。アブラハムは立って給仕をする。

折口信夫の「客人（マレビト）説」との関係

日本民俗学の祖、折口信夫（一八八七―一九五三）は、季節の交替期に村を訪れて祝福を与える客人としての神に注目しました。この客人は秋田のナマハゲのように「鬼」として各家を訪問することが多くあります。この客人がどこから来るのかというと、先祖の住む「常世《とこよ》」からです。マレビトは旅の装束をして（ナマハゲの場合もケデをつけている）、家の戸口に立って扉をたたきます。折口はこの時の音から「おとずれる」という動詞を説明しました。家の主は、この時を待っていて、マレビトを酒

食でもてなします。客はその家に一年間のサチを約束して去って行きます。このような日本各地の習俗から折口は、日本の祭りの原型を探り当てたと考えました*。

創世記一八章では旅人として出現した客人はアブラハムとサラに歓待を受けた後、「来年の今頃、定めの時《モーエード》に、わたしはあなたのもとに戻って来る。そしてサラには息子（がいる）」（一四節）と告げます。これは家族に祝福を与える神的な存在が年の特定の日に再び訪問するとの約束です。しかし、アブラハム物語の場合、サラに息子イツハク（イサク）が誕生するのは約束通りですが、三人の旅人の再訪はありません。おそらく、この物語の背景には、毎年特定の日にサチをもたらす「祖先」が訪問するというきわめて古い信仰があったのでしょうが、このような信仰は、換骨奪胎されて今の物語に変形されてしまいました。ここでの主要な問題は、毎年決まった季節に「客人」が訪れることではなく、アブラハムに約束された息子が生まれることだからです。

サラの笑い

サラが「笑った」、いや「笑わなかった」（一八・一二、一三、一五）というヤハウェとのしつこく繰り返される問答は、滑稽です。なぜなら、「笑う」はヘブライ語で「ツァーハク」と言い、生まれてくる息子の名前「イツハク（＝イサク）」と語呂合わせになっているからです（二一・三参照）。人名イツハクの意味は「彼は笑うであろ

* 『折口信夫全集』（中公文庫）第一五巻「春来る鬼」一二五—一三九頁、第一巻「国文学の発生（第三稿）」三一—六二頁。「我が國の古代には、人間の賓客の来ることを知らず、唯、神としてのまれびとの来る事あるのみ知って居た。だから、甚稀に賓客が来ることがあると、まれびとを遇する方法を以ってした」（第一巻三五頁）。

う」なのです。このような一種の話のオチがあってこの物語はひとまず終了します（一六節以下のいわゆる「神義論」の問題は省略します）。

創世記一九章の構成と語り口

アブラハムを訪れた「三人の男」のうちの「二人」は、旅を続けてロトの暮らしていたソドムにやってきます。一―二九節までの構成は以下のようになっています。

一―　三節　二人の御使いがソドムの門でロトと出会う
四―一一節　ソドムの男たちの恥ずべきふるまい。御使いによる滅亡の預言
一四―一六節　ロトの対応（物語的な緊張に富むすぐれた語りになっている）
一七―二二節　ツォアルの町に関するエピソード
二三―二五節　ソドムの滅亡、ロトの妻が塩の柱になる
二七―二九節　アブラハム物語の文脈に戻る

1「二人の御使いは夕方にソドムに来た。ロトはソドムの門に座っていた。ロトは
見た。そして彼らに対面して立ち上がった。彼は地に鼻をつけてひれ伏した。彼
は言った。2「さあ、どうぞ主よ、あなたがたの僕の家にお越しください。そし
てお泊りください。あなたがたの足を洗ってください。そして朝早く起き、あな

たがたの道をお進みください」。しかし、彼らは言った。「いいえ、わたしたちは、広場で夜を過ごします」。[3]しかし、彼が彼らにしきりに勧めたので、彼らは彼の所に立ち寄り、彼の家に入った。彼は彼らに食事を整え、種なしパンを焼いた。彼らは食べた。

【注釈】ここでは御使いが「三人」ではなくて「二人」になっている。もう一人はどこに行ったのだろうか。「三人」のうちの一人が実はヤハウェであって、前の段落でアブラハムと議論をした後で、「去った」(一八・三三)からであろうか。「二人」はここでは明確に「御使い」とされている。「ロトは、ソドムの門に座っていた」とある。町の門は様々な出会いが起こる場所である。門では町の住民同士の会議や商談が行なわれるだけではなく、町の外からやってくる旅人も通過する。このとき、なぜロトは門に座っていたのだろうか。門の外での一日の仕事を終えて、そこで休んでいたのだろうか。しかし、彼はあたかも誰か旅人がやってくるのを待ち構えていたかのようでもある。二節の「泊る」と「夜を過ごす」は原文では同じ動詞である。迎え入れる者がいない旅人は広場で夜を過ごした。ロトは、二人を見て、旅人を迎え入れようとする。一―二節を一八章一―四節と比較すると、非常によく似た文が並んでいることがわかる。この物語の何が主要なテーマであるのかに関しては、様々な意見があるが、客人法が一つのテーマであることは、このような比較からわかるはずである。

創世記一九章では何が主要なテーマなのか？

古くからソドムの住人が罰を受けたのは、彼らが男色だったからであるとする解釈があります。これは妥当な解釈なのでしょうか。「ソドムとゴモラ」は、イザヤ書一章九節でも問題になっていますが、そこで問題になっているイスラエルの罪は「男色」とはまったく関係がありません（他にイザ三・九、一三・一九、エレ二三・一四エゼ一六・四九以下など）。むしろ社会正義が問題になっています。創世記一九章でも客人法が問題になっていることは、九節でロトに向けられた町の人々のことばが示しています。「寄留者として一人で（町に）入ってきたのに、裁きをくだしておる。それなら、彼らよりもお前に災いをくだしてやろう」。ここで「裁きをくだす」と訳した表現は、原文では強調されていて、「判事の役を演じる」と訳すこともできます。協会共同訳のように「取り仕切ろうとしている」と訳すこともできます。ソドムの住民にとっては、よそ者であるロトが自分の判断で客人を迎え入れたことが、気に食わないのです。これはまさに、ヘイトスピーチであり、彼らはさらに暴力を振るおうとするのです。御使いがこれを見過ごすはずがありません。一三節で御使いは「彼らの叫喚はヤハウェの前で大きい」と言いますが、この表現は、ソドムの人々の悪行に対する被抑圧者の助けを求める叫びであるとも解釈できますが、むしろソドムの人々のわめ立てるヘイトスピーチのことでしょう。ソドムの町がたいへん豊かであったことは、一三章一〇節の描写が示しています。ここは滅亡以前は肥沃な土地であったのです。繁栄している町の住民は、その富を自分たちだけのものにしようとしたのです。よそ者である寄留者のロトが、さらに見知らぬ「外人」に宿を提供したことに我慢がならなかったのです。ヤハウェが審判を下す理由はこれに違いありません。

聖書でも神の裁きを受けて滅んだ町としてソドムとゴモラはよく出てくるのですが、クルアーンでも繰り返し言及されています。* これはソドムとゴモラの滅亡に関する伝説が、この地方では広範囲にわたってよく知られていて、様々な形での口頭伝承として長く物語られていたことを示しています。ヒジル章六一以下に記されているロトのもとに「使者たち」が訪れる箇所は、創世記一九章とよく似ています。「使者たち」は、ロトの一家に「世の明けないうちに」町を脱出せよと命じます。「サムード（＝ソドム）の民」の罪は、ここでも客人法に関係しています。彼らはロトに「他国の者に接近する」ことを禁じていたのに、よそ者を家に入れたといって、ロトに難癖をつけているのです。ロトが義人とされるのは、客人を迎え入れたからです。彼は預言者のひとりでした。アブラハムの子孫についての語りにつづいて、「イスマイル、エリヤ、ヨナとロト」の名が挙げられている通りです（家畜章八六）。

クルアーンからの引用は『聖クラーン』（ムスリム世界連盟発行、一九七二年）による。「高壁章」ではアラビア西北部にあって繁栄していたソドムが、高慢の罪によって大地震で滅ぼされた出来事と並んでロトの話が語られる（蜘蛛章三一以下をも参照）。「ロトの民」が男色であったとする記述もある（詩人章一六〇―一七五など）。ソドムとゴモラの滅亡に関しては、様々な口頭伝承があって、その廃墟の傍を通りすぎる者たちによって長く語り伝えられていたものと考えられる。

第三章　詩　篇

1　ヘブライ詩の技法

詩篇の基本的性格

旧約の詩篇は聖歌集でもあり、また祈禱書でもありますから、キリスト教会の礼拝において常に重要な意味をもってきました。しかし、原典のヘブライ語は、必ずしもわかりやすいものではありません。明治時代に日本語に聖書が翻訳されたときに、詩篇が最後になってしまった理由がわかります。詩篇は、言うまでもなくヘブライ語の詩文で書かれています。その巧みな表現には、文芸作品独特の味わいがあるのですが、古代イスラエルの文学ですから、歴史的文化的に遠く離れたわれわれには難解な面があります。これは日本の詩文学である「万葉集」や「古今集」などを現代の日本人が読むときの難解さと通じる面があるのですが、文化的な連続性がある程度存在するので、内容を理解するのに極端な難しさは感じません。しかし、詩篇となると、二〇〇〇年以上という時間的な隔たりだけではなく、一五〇の作品が成立した文化的・風土的背景がわれわれにはなじみがないものであるために、しばしば理解困難となります。さらに、詩篇にはもともと礼拝で使用された伝承文学としての側面があり、独特の古風な言い回しがあったりします。その場合、祈ったり歌ったりしている本人が、その意味をよく理解せずに口にしているということが起こります。私がまだ子どものころですが、礼拝で歌われていた頌栄に「ときわにかきわに*」という歌詞がありました。子どもにその意味がわかるはずもありませんが、大人といっしょに歌っていたわけです。同じようなことは、すでに古代イスラエルでも起こっていた可能性があります。

このような性格をもつのが詩篇ですが、古代から何種類ものすぐれた翻訳が存在することが、理解を助けてくれます。それらのうちでヒエロニュムスによるラテン語訳がもっとも重要なものですが、彼は二種類の翻訳を残してくれました。このラテン語訳詩篇が長くキリスト教会の礼拝で使われてきたわけです。私たちが日本語で歌っている聖歌にも、詩篇を敷衍訳したものがあります*。第三章では、詩篇に関する近代以降の研究を紹介することになりますが、実にさまざまな方法を用いた研究がありま す。詩文学としての表現に注目する文芸学的な方法、作品が伝承されてきた「場」に注目する「文学類型」による研究方法、さらに「聖歌集」ないし「祈禱書」としてど

ときわにかきわに　「常磐に堅磐に」という表現は祝詞（のりと）からきたものと思われる。「かきわにときわに」とも言う。

詩篇の敷衍訳の例として、『改訂古今聖歌集』第四五二番「神はわがちから／わがたかきやぐら」（詩篇四六篇）が挙げられる。

のように編集されてきたのかに注目する「編集史的」方法などを以下に紹介します。

旧約時代の礼拝音楽はわからない

和歌の場合には、「詩」としての形式的特徴として、五七五七七という「音節数」が重要です。フランス語の詩でも音節数が重要な役割を果たしています。しかし、英語やドイツ語の詩となると、強弱のアクセントがもっとも重要になります。このことが歌われた場合に、「拍」と関係してくることはよく知られています。例えば四拍子の曲では、一拍目が強アクセントになります。讃美歌が西洋音楽とともに日本に入ってきたときに、和歌のような歌詞に、拍構造をもつ西洋音楽をくっつけたために、非常に歌いにくい讃美歌が出現しました。そのために明治時代に作られた讃美歌は、歌詞だけ読めば美しいのに、ほとんどのものが消滅してしまいました。

では古代イスラエルの詩文はどのような仕組みをもっていたのでしょうか。これに関しては現在も論争が続いていて、よくわかっているとは言えません。その大きな理由は、旧約時代の音楽が残っていないからです。もちろん詩篇の一五〇の作品が実際にすべて歌われていたわけではないでしょう。例えば、第一篇は、作品集の「序文」にもなっていて、散文詩のようなものだと考えられます。第一一九篇の場合も、アルファベット詩*になっていて、教訓詩ではあっても歌ではなさそうです。しかし、九六篇、一〇〇篇、一〇四篇、一四八篇などは、明らかに歌です。イエス時代には、これ

アルファベット詩
各行の頭の文字をつなげると意味を生じるように書かれている詩をアクロスティックという。アルファベット詩はこの一種。詩篇一一九篇では、一―八節の頭がすべてアレフ、九―一六節の頭がベトの文字になっている。哀歌一―四章もアルファベット詩である。例えば一章では各節の頭が、アレフ、ベト、ギメルと順序よく配列されている。詩篇一一一篇、一一二篇、箴言三〇章一〇―三一節もアルファベット詩である。

らは神殿あるいは会堂で、家庭で歌われていたと思われます。第二神殿が後七〇年に崩壊したときに楽器も聖歌隊（神殿にいたレビ人が伝承者）も消滅しました。楽譜にあたるものは何も残っていません。それでもユダヤ教の会堂での礼拝では、詩篇は歌われる、ないし朗唱されてきました。

問題は、このようなユダヤ教の伝承と、旧約時代の音楽との関係です。第二神殿崩壊以前からユダヤ人はすでに地球上の各地に離散していました。各地のユダヤ人共同体は、それぞれの地域の音楽の影響を強く受けるので、それぞれ独自の発展をしていきます。仮に同じ歌を歌い続けているつもりでも、楽譜がないと、大きく変化してしまいます。それにヘブライ語の発音自体も地域によって変化してしまったのです。スペインのユダヤ人とロシアのユダヤ人では、相当異なった発音をするのです。ですから「正しいヘブライ語の読み方」は存在しません。神殿という礼拝の中心がなくなってしまったことは、このような重大な結果をもたらしました。古来の音楽伝承は、あまり残っていないと考えられます。なお現在でも保守的なユダヤ教徒は、礼拝でいっさい楽器を使いません。逆に欧米のいわゆる改革派のユダヤ教会では、西洋音楽の影響を強く受けています。それでも私たちがもっているテクストから、ヘブライ詩の特徴をある程度理解することは可能です。

パラレリスムス・メンブロールム（Parallelismus membrorum）

一八世紀の中頃、英国のR・ラウス*はヘブライ詩の特徴として並行法があることを見つけたとされています。ドイツでも同じ頃、J・G・ヘルダー*がヘブライ詩に関するすぐれた研究を発表しています。

「パラレリスムス・メンブロールム」とは、二つないし三つのコロン（colon,「句」）が意味的に対応しながら並行関係を示す現象を言います。漢詩の対句法を考えればよく理解できるでしょう。日本語訳では、これに対応して、ヘブライ詩の一詩行を二行に印刷しています。一詩行は以下のような構造を示します。

詩行

前句 ― 後句 ＝

パラレリスムス・メンブロールムには「節の並行法」という訳語がよく用いられますが、これでは、章節の節（verse）と紛らわしいので、私は「句の並行法」と訳しています。英語で言うコロンとコロンの関係が問題だからです。「対句法」と言わないことにも理由があります。一詩行が、三つの句（コロン）から構成されることもあるからです。ラウスは、並行法を以下の三種類に分類しました。

R・ラウス
（Robert Lowth, 一七一〇—一七八七）。英国聖公会主教であるとともに、オックスフォード大学の詩文学教授。英文法の大家として知られ、ヘブライ詩に関する著書を発表した。Robert Lowth, *De Sacra Poesi Hebraeorum Praelectiones*, 1753: English tr. *Lectures on the Sacrad Poetry of the Hebrews*, 1787, 1815[2].

J・G・ヘルダー
（Johann G. von Herder, 一七四四—一八〇三）。ドイツ・ロマン主義の祖として知られる神学者。ヴァイマールの宮廷付牧師としても活躍した。旧約のヘブライ詩が音楽や舞踏と結びついていることに注目した。雅歌解釈については本書一八二頁を参照。

1　同義的並行法（synonymous parallelism）
2　対立的並行法（antithetical parallelism）
3　総合的並行法（synthetic parallelism）

しかし、このような呼び方と分類法は誤解を招く恐れがあるので、現在ではあまり使用されなくなっています。例えば、対立的並行法の例としては、よく箴言から次のようなものが挙げられてきました。

愛する者による　うち傷は　まごころ
　憎む者による　くちづけは　欺瞞的　（箴二七・六）

賢い　息子は　父を　喜ばせ
　愚かな　息子は　その母の　痛みとなる　（箴一〇・一）

「愛する者」と「憎む者」、「うち傷」と「くちづけ」、「まごころ」と「欺瞞的」はそれぞれ反対語なので「対立的」と命名したわけです。しかしこの場合、前句と後句が対立する命題を掲げているのではなく、一つの事柄について異なった観点から述べているに過ぎません。従ってこれを「対立」とは呼ぶのは適切ではありません。両方の句は、同じことを語っているからです。

以下に挙げる詩篇一九篇一節の場合は、前句と後句が同義的です。さらに語の配列が「交差配列《キアスムス》」になっています（私訳、語順は原文の通り）。

a もろもろの天は　b 物語る　c 神の・栄光を ―
c 御手の・業を　b 告知する　a 穹天は ＝

「もろもろの天」と「穹天」は、同義語ですから、どちらもａとして示しました。ｂとｃについても同様です。

詩篇一〇四篇七節の場合は、語順からみてもぴったりと同義語が並んでいます。

あなたの威嚇によって　それは逃げ去り
あなたの雷の響きによって　追い払われた

このような場合は、同義的完全並行法と呼ばれますが、このような例は多くありません。同義的並行法では、前句Ａと後句Ｂの意味的関係がＡ＝Ｂとなります。次のような例では、ＡがＢによって意味的に補われることになります。いわばＡ＋Ｂ形式です。

一本の葡萄の木を　エジプトから　あなたは引き抜き
諸国民を　追い出して　それを植えた　（詩八〇・九）

次の例では、幾分かは同義的ですが、BがAを補足し、完成していると言えます。

まことに、あなたの仕業で　ＹＨＷＨよ　あなたは私を喜ばせた
あなたの手の　業を　私は歓呼しよう　（詩九二・五）

次の雅歌からの例では、前句と後句で人称が違っています。しかし、このような文法上の不一致は、おとめの想像の世界で「彼」が突然「あなた」に変化したから起こったことです。

彼の口の　くちづけで　彼が私にくちづけしてくれたら
あなたの愛は　葡萄酒よりも　ずっといい。　（雅一・二）

以上の例では、対句的でしたが、以下のように三つの句が対応している場合があります。

創世記九章六節前半の殺人を禁止する法文は、以下のような交差配列になっている。

ショーフェーク 流す者	ダム 血を	ハーアーダーム ひとの
バーアーダーム ひとによって	ダーモー その血を	イッシャフェーク 流される

うしおは　挙げました、ＹＨＷＨよ
うしおは　その声を 挙げました
うしおは　その轟を 挙げる
（詩九三・三）

このような三句が並行する形式は、ウガリト*から発見された詩文テクストによく見られるもので、非常に古風な形式であることがわかっています（詩二九篇をも参照）。

韻律法に関する研究

古典古代（ギリシャ語やラテン語）の詩法やヨーロッパの諸言語での詩法との類比によって古代イスラエルの詩文学を解読しようと多数の研究者が試みてきました。詩行の音節数が問題になる場合もあるようですが、十分説得的ではありません。一つの句の形成には、強弱アクセントが関係しているように思われますが、これを何らかの「規則」のように考えるとうまくいきません。ヘブライ語ではだいたい一語一アクセントと考えられますから、語数が関係していると考えて間違いはなさそうです。これまで例示した訳文では、語数がわかるように表記しました。そうするとだいたい一つの句は、二―四語、つまり大雑把に言うと二―四アクセントになります。専門的な註解書を見ますと、詩行に関して、三＋二とか三＋三とか書いてあります。これはアクセント数を数えた結果です。Ｋ・ブッデ*は、三＋二リズムを「キーナー」（哀歌）調

ウガリト遺跡とその文明に関しては、Ｈ・クレンゲル『古代シリアの歴史と文化』（五味亨訳、六興出版、一九九一年）一一四―一五三頁参照。

Ｋ・ブッデ（Karl Budde, 一八五〇―一九三五）。ヴェルハウゼンと同時代に活躍した旧約学者。テクストの精密な分析に優れ、多数の注解書を残した。本書一八四頁も参照。

ウガリト

キプロス島の対岸に位置する、北シリアのラス・シャムラ遺跡から発見された古代都市である（地図参照）。前1500年頃から地中海貿易によって繁栄したが、前1200年頃に滅亡した。第一次世界大戦後、1928年春にシリアの農夫が土地を耕していて、地下にうずもれていた大きな石を発見した。これを持ち上げると墓に通じる地下通路があった。この発見は当時この地を支配していたフランス当局に知られることになり、シャルル・ヴィロローがすぐにこの地を調査した。1929年から本格的な発掘調査が行なわれ、そこから粘土板文書を含む多数の遺物が掘り出された。そこはエジプトの「アマルナ書簡」によって知られていた都市国家ウガリトだったのである。

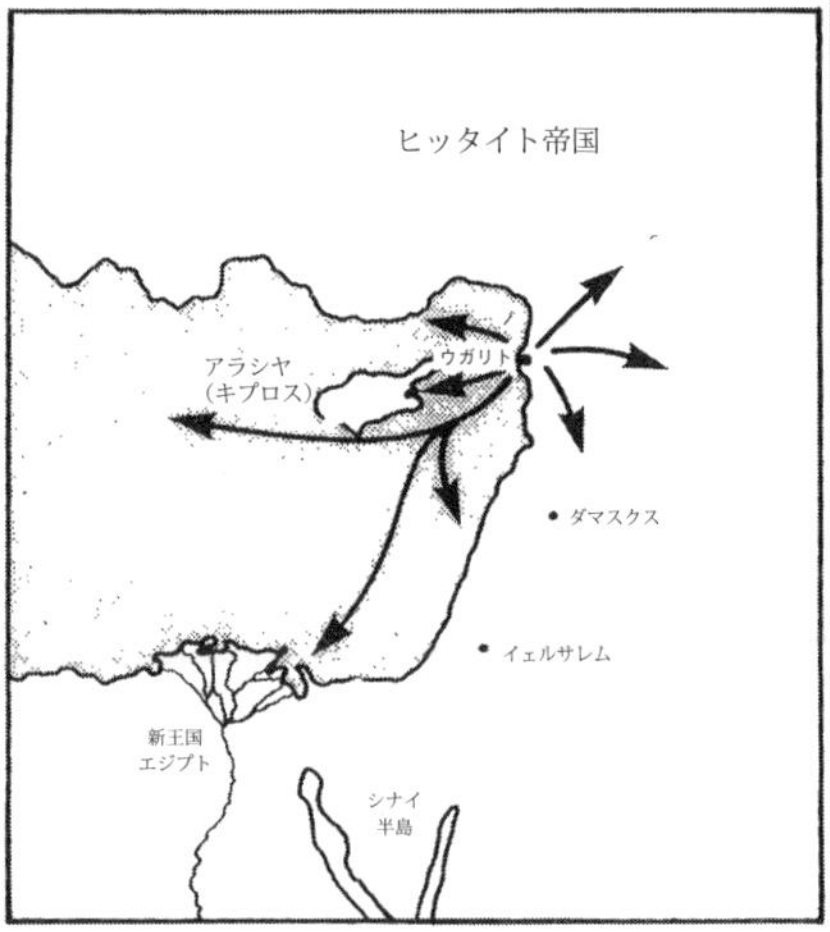

貿易都市ウガリトからの陸路と海路

遺構はミュケーナイ文明との類似が顕著であったが、この地に住んでいた人々が話していたのはヘブライ語とよく似たセム系の言語だった。出土した多数の粘土板には楔形の文字が記されていたが、文字数が30であることからアルファベットであると推定された。まもなくヴィロローなどによって解読されたが、それが正しかったことは、その後に発見されたアルファベット表（下図を参照）によって確認された。古代ウガリト語は聖書ヘブライ語によく似た北西セム語に属する言語である。粘土板文書には、聖書でおなじみのバアルやアナト、ダガンなどの神々が登場する神話や叙事詩が記されていた。またヘブライ詩とよく似た並行法を示す詩文が書かれていたので、詩篇研究にきわめて重要な意義をもつ。

＊「アマルナ書簡」
古代エジプトのファラオ、アクエンアテン（イクナートン。アメンホテプ4世、在位前1350-34）に宛てて書かれた外交文書。パレスティナ、フェニキア、シリア南部からのものが含まれており、イスラエルが歴史に登場する直前（前14世紀）のこの地方の状況を具体的に示すものとして注目されている。

ある粘土板に書かれていたアルファベットの表。左から右に書かれている。左上の2文字がヘブライ文字のアレフとベトに相当する。

と命名し、哀歌に特徴的な悲しげなリズムであるとしました。たしかに哀歌には、三＋二が多いようにも思われますが、これが支配的であるとまでは言えません。また本当にこれが悲しみを表現するリズムなのかどうかも疑問です。

よく考えてみますと、詩は朗読したり、歌ったりするものです。詩行の長さは、人間の息の長さと関係します。三＋三が基準になる理由はこれでわかります。五—六の語を息つぎなしで歌うことはできそうもないからです。以上、リズム構成について簡単に述べました。

では、「韻」はどうなっているのでしょうか。英語の詩では、母韻（アソナンス）と子韻（アリタレーション）を区別しています。これを、和歌を例にして少し説明してみます。韻がわかるように、ローマ字でも表記しておきます（ただし、「し」は「si」、「ち」は「ti」と表記）。

ひさかたの　ひかりのどけき　はるのひに
しずこころなく　はなのちるらん

hisakatano　hikari-nodokeki　haruno-hini
sizukokoronaku　hanano-tiruran

詩文学の研究方については以下の書を参照。
R・ウェレック／A・ウォーレン『文学の理論』太田三郎訳、筑摩叢書77、一九六七年。
H. F. Plett, Textwissenschaft und Textanalyse, UTB 328, 1975; Ch. Küper, Linguistische Poetische Poetik, Kohlhammer Urban-Taschenbücher 243, 1976.

まず柔らかい感じのh音が語頭に並んでいて、韻を踏んでいます。k音もかなり優勢ですが、これは「ひかりのどけき」と「しずこころなく」に集中しています。k音は固い感じのする音です。このように子音が韻を踏んでいるのです。これをアリタレーションと呼びます。次に母音について観察しましょう。aとoが多く、iもかなりありますが、eは一回だけ、uは三回しかありません。このような母音構成が、この和歌ののどかな調べを形成しています。

ヘブライ語では、母音よりも子音に特徴があります。ヘブライ語だけではなく、アラビア語やシリア語のようなセム系の言語では、子音が優勢です（日本語の場合、母音が多いことは言うまでもありません）。したがって、ヘブライ語の詩文では、特にアリタレーションが問題になります。しかし残念ながら、このような韻は翻訳してしまうと全くわからなくなってしまいます。ここでは一例だけ詩篇一二二篇からカタカナで表記して挙げておきます。これでもアリタレーションはすぐにわかるからです。

シェシャーム　アールー　シェバーティーム
　そこには諸部族が上ってくる、
シブテー　ヤー*
　ヤーの諸部族が。
エドゥート　レイスラエル　レホドート

*「ヤー」は「ヤハウェ」の短縮形。「ハレルヤー」の「ヤー」と同じ。

イスラエルの定め、たたえることは
レシェーム　アドナイ＊
　主の御名を。　（四節）

ここではＹＨＷＨをヤハウェと読まず、ユダヤ教式に「主」を意味する「アドナイ」と読んでおく。

シャアルー　シャローム　イェルシャライム＊
　イェルサレムの平和を求めよ、

「イェルサレム」はバビロン捕囚後は「イェルシャライム」と発音されるので、ここでもユダヤ教式に読む。

イシュラーウ　オーハバーイク
　あなたを愛する者たちに安らぎあれ。　（六節）

すぐにわかるのは、「シ」が韻を踏んでいることです。カタカナだとｒとｌの区別ができませんが、両者はよく似た音ですから、これもアリタレーションの構成要素です。母韻の例は、雅歌五章一節から挙げておきます。これもカタカナで表記しておきます。語末のｉ音が特徴的です。

アーリーティー　モーリー　イム・ベサーミー
　ぼくは摘んだ　ぼくの没薬　ぼくの香料といっしょに
アーカルティー　ヤアリー　イム・ディブシー
　ぼくは食べた　ぼくの蜂の巣　ぼくの蜜といっしょに

シャーティーティー　イェーニー　イム・ハラービー
ぼくは飲んだ　ぼくの葡萄酒　ぼくの乳といっしょに　（雅五・一）

預言者のことばも基本的には詩文でした。彼らが詩で語ったことによって、後代に鮮明な記憶が残ったのだと思われます。イザヤが非常に有能な詩人であったことは、彼のことばが巧みな韻を踏んでいることで確認できます*。イザヤ書五章の「葡萄畑の歌」の場合は、新共同訳が重要な韻を示しています（五・七）。ヘブライ語では、子音が優勢で母音が少ないことは、音節構造が複雑になることと関係があります。このような子音優勢言語では、詩において音節数が重要になる可能性は低いと考えるべきです。

*イザヤの預言に関する文芸学的研究としては、以下の書を参照。L. Alonso-Schökel, Das Alte Testament als Literarisches Kunstwerk, Bachem, 1971.

2　詩篇の分類

詩篇に収められている作品を「型」によって分類する試みは、すでに一九世紀に始まっていましたが、詩篇研究に画期的な業績をもたらしたのは、宗教史学派の代表的人物であるH・グンケル*です。詩篇に収められている詩歌は、伝承文学としての傾向が強く、いつの時代に誰が書いたのかが、判然としません。預言の場合には、テクス

*グンケルについては本書四〇頁、四五頁参照。

トの成立した時代を特定することは、解釈する上で重要ですが、詩篇の場合はそうではないでしょう。むしろ、その作品がどのような「場」で用いられてきたのかを特定することの方が重要です。ある聖歌が、クリスマスに歌われるのか、復活祭に歌われるのか、結婚式で歌われるのか、葬儀で歌われるのかを想像してみてください。これと同じようなことが、詩篇の場合にも言えるはずです

グンケルなどの提唱した形態史（様式史）研究によると、文学作品の示す形式的特徴と、その作品が表現しようとしている思想・感情との間には一定の対応関係が認められるばかりではなく、作品が産出された場ないし作品が享受された場——伝承文学においては、これらは同じ——との間にも対応関係が認められるとされます。詩篇のような、匿名性の高い伝承文学（これには音楽的要素も加わる）の場合には、作品の背後に存在する「生活の座」(Sitz im Leben)を確定することが、解釈にとってきわめて重要です。グンケルの三角形[*]として、この関係を図示しておきます。

グンケルの三角形

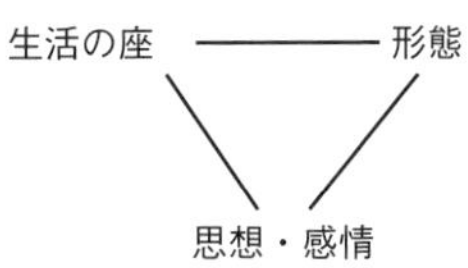

形式的特徴

グンケルは、特定の生活の座に規定されて現われてくる形式的特徴を手がかりにして、詩篇を以下のような六つの類型に分類しました。「賛美の歌」「民の嘆きの歌」「王の詩篇」「個人の嘆きの歌」「個人の感謝の歌」「知恵の詩篇」の六類型です。

グンケルの「生活の座」と「文学類型」に関する議論は、その後の詩篇研究に決定

的な影響を与えました*。ヴェスターマン、F・クリューゼマン等のドイツ語圏の学者による優れた研究の基礎となっています。ヴェスターマンの類型論はグンケル学説の発展と見られるものですが、彼はグンケルの「賛美の歌」を「叙述の賛美」、「個人の感謝の歌」を「報告的賛美」として再定義しました。クリューゼマンは、ヴェスターマンの研究をさらに深化させ、各作品のヘブライ語動詞表現の違いに基づいて綿密な議論を展開しています。

グンケルと同時代のS・モーヴィンケル*は、非常に多くの詩篇を「祭儀詩」として捉えようとしました。つまり多数の詩篇を古代イスラエル——特に王国時代——の祭儀において用いられたものと考えました。彼の提唱した「ヤハウェの即位の詩篇」という仮説は、大論争を巻き起こしました。この学説の特徴は、古代バビロニアで行なわれていた新年祭によく似た祭礼が、イスラエルにもあったとするものです。これには直接的な証拠がなく、彼の学説は現在ではほとんど否定されたと考えられますが、王国時代の神殿祭儀にダビデ王朝の歴代の王が大きな役割を果たしていたとする考え方には、なお言い分があります。日本語訳が出ているA・ヴァイザー*の『詩篇註解』は、かなりモーヴィンケルの影響を受けているので注意を要します。それぞれの文学類型については、以下に詳細に論じることにします。

詩篇の類型については、石川立「詩編の様式と編集」(『現代聖書講座(第2巻)聖書学の方法と諸問題』日本基督教団出版局、一九九六年)一四〇頁以下参照。一五八頁以下の「詩編の類型一覧」は参考になる。

S・モーヴィンケル
(Sigmund O. P. Mowinckel, 一八八四―一九六五)。ノルウェーのルター派の旧約学者。詩篇を祭儀との関係で理解しようとした。主著 Psalmenstudien I-IV, 1921-24. 日本語訳に『来るべき者(上下)——旧約におけるメシア思想』(広田勝一訳、聖公会出版、一九九七/二〇〇一年)がある。彼のメシア研究については、並木浩一『旧約聖書の水脈』(日本基督教団出版局、二〇一四年)一八〇頁以下を参照。

A・ヴァイザー
(Artur Weiser, 一八九三―一九七八)。預言者研究で大きな業績を残したドイツの旧

3　賛美の歌

賛美の歌は、構成要素から見れば極めて単純です。特徴的な構成要素は、序奏部と主要部の二つです。

序奏部では、「歌え」「新しい歌を歌え」「YHWHをほめたたえよ」などの命令形や「歌おう」「声を挙げよう」のような奨励形で、賛美への呼びかけが行なわれます。同様の表現は、後奏部にも出現することがあります。

主要部では、賛美の理由ないし根拠が示されます。ここでは神による天地創造、世界の統治、歴史における神の救済行為と民の導き（特に出エジプト）などのテーマが現われます。ここに分詞構文が連続して現われることもあります。賛美の歌の「生活の座」としては、まず王国時代の祭儀（過越祭や仮庵祭など）が考えられますが、バビロン捕囚以後に再建された第二神殿や会堂での礼拝も十分に考えられます。

以上の二つの形式的特徴は多くの賛美の歌に認められるものですが、実際には、賛美の形態はきわめて多様な変化を示しています――例えば、過越祭と結びついている詩篇一一四篇や「知恵の賛歌」と合体している一九篇の場合を参照――。詩篇にはきわめて芸術性の高い洗練された賛美の歌が数多く収められていますが、このことはこのような優れた芸術作品を生み出した旧約の詩人たちの精神の気高さを証明していま

約学者。『旧約聖書緒論』（小野寺幸也訳、聖文舎、一九七〇年）、『ATD旧約聖書註解12―14詩篇』（安達忠雄他訳、ATD・NTD聖書註解刊行会、一九八三―一九八七年）などATDシリーズの多数を執筆。

文学類型による詩篇の分類（グンケルに従う）

（1）賛美の歌

8篇、19篇、29篇、33篇、65篇、67篇、68篇、96篇、98篇、100篇、103篇、104篇、105篇、111篇、113篇、114篇、117篇、135篇、136篇、145-150篇

ヤハウェの即位の歌　47篇、93篇、97篇、99篇
シオンの歌　46篇、48篇、76篇、84篇、87篇、122篇
イスラエルの感謝の歌　67篇、75篇、124篇、129篇

（2）民の嘆きの歌

44篇、（58篇）、74篇、79篇、80篇、83篇、（106篇）、（125篇）

（3）王の詩篇

2篇、18篇、20篇、21篇、45篇、72篇、101篇、110篇、132篇、144篇1-11節、89篇47-52節

（4）個人の嘆きの歌

3篇、5篇、6篇、7篇、13篇、17篇、22篇、25篇、26篇、27篇7-14節、28篇、31篇、35篇、38篇、39篇、42篇、43篇、51篇、54篇、55篇、56篇、57篇、59篇、61篇、63篇、64篇、69篇、70篇、71篇、86篇、88篇、102篇、109篇、120篇、130篇、140篇、141篇、142篇、143篇

信頼の詩篇　4篇、11篇、16篇、23篇、27篇1-6節、62篇、131篇

（5）個人の感謝の歌

18篇、30篇、32篇、34篇、40篇2-12節、41篇、66篇、92篇、（100篇）、（107篇）、116篇、118篇、138篇

（6）知恵の詩篇

1篇、37篇、49篇、73篇、（78篇）、91篇、112篇、119篇、127篇3-5節、128篇、133篇、

勝村弘也『詩篇註解』（リーフ・バイブル・コメンタリーシリーズ、日本キリスト教団出版局、1992年、348頁より）

す。世界の統治者であるひとりの神ヤハウェへのまったき信頼なくしては、このような作品群が現われることは不可能であったと思われます。

次に示す詩篇一一七篇は、非常に短い作品ですが、旧約の賛美の歌に特徴的な二つの構成要素がはっきりと認められます。

1 ＹＨＷＨをほめよ、すべての国民よ、
ほめたたえよ、すべての部族よ。
2 なぜなら、ＹＨＷＨの慈愛と真実は、とこしえに
われらを超えて力強いから。ハレルヤー。

まず一節に序奏部としての賛美への呼びかけがあります。「ＹＨＷＨをほめよ」（＝ハレルヤー）と「ほめたたえよ」の二つの動詞（二人称複数命令形）で表現されます。後奏部の「ハレルヤー」も同じく呼びかけです。この作品では、囲い込み（一種のダ・カーポ形式）が起こっていることになります。これらの命令形は、祭儀に参加した会衆に唱和を奨めるものです。二節では、ヘブライ語の接続詞「キー」＝「なぜなら……だからである」に導入されて、賛美の根拠が示されます。ここが主要部になります。主要部では、神による天地創造の業について、世界統治の力強い働きについて、歴史におけるイスラエルへの救いの業と導きについてなどが、連続する分詞構文

ハレルヤー
ヘブライ語の動詞「ハーラル」（√hll）の命令形（二人称複数）「ハッレルー」に神名「ヤーウェ」の短縮形「ヤー」がついたもの。

によって表現されることがあります。このような構文上の特徴は、多くの翻訳ではわかりにくくなってしまいます。以下の私訳では分詞構文の部分を「……する方」「……する御方」のように訳してあります。

天と地とを造った方、
海をも、またそれらの中のすべてのものを。
とこしえに真実を守る御方。
抑圧された者のための判決をくだし、
飢えた者にパンを与える方。

（一四六・六—七）

心を打ち砕かれた者を癒される御方。
彼らの傷口を閉じられる方。
星々の数を数えられる方。
それらすべてを、名をもって呼ばれる。
われらの主は偉大、力は豊か、
その叡知は、はかりがたい。
ＹＨＷＨは貧しい者を助け起こす方。
邪悪な者を地に引き倒す方。

（一四七・三—六）

天を、雲をもって覆われる御方。
地に、雨を備えられる御方。
山々に、草を生えさせる御方。
食物をけだものに、
鳴いて求めるカラスの子らにも、与えられる方。
（一四七・八―九）

詩篇における賛美の歌の形態は、驚くほど変化に富んでいます。そして非常に技巧的な作品が多く存在します。一五〇篇の場合には、序奏部しか存在せず、非常に単純な構造を示していますが、整然とした美しい作品です。三節以下では神殿で演奏する楽器の名前が列挙されています。

一四八篇でも序奏部が圧倒的に長くなっています。私訳を示しませんが、ここでは森羅万象が賛美へと呼び出されています。二節でまず天にいる「御使い」「軍勢」が賛美に参加するようにと語りかけられ、以下、太陽―月―星―天の大洋―竜―淵―火―雹―雪―霧―嵐―山―丘―樹木（果樹と針葉樹）―動物（野獣と家畜と這うものと鳥）―様々な人間と被造物が整然と列挙されます。ここには自然界に関する百科全書的な知識が表現されています。詩人は、神の創造された世界のすばらしさに心を動かされ、賛美の声を挙げるのです。該博な知識は、深い敬神の念から湧き上がる感動、感情と

最近の詩篇研究では、詩篇一四六―一五〇篇を旧約のきわめて遅い時代（前二世紀）に成立したものと見る傾向がある。ひとつの理由は、死海文書の中の知恵文書などとの比較によるもの。

ハレルヤ詩篇
詩篇一一三―一一八篇を「小ハレル」、一四六―一五〇篇を「大ハレル」という。

一体となり、まさに神を賛美するために、万物に賛美を呼びかけるこのような単純で美しい作品の形態を生み出したのでしょう。

4 個人の嘆き

グンケルによりますと、詩篇には「民の嘆き」と「個人の嘆き」の二類型に属する作品が収められていますが、「個人の嘆き」の方が圧倒的多数を占めています。旧約には「民の嘆き」に属する文書として別に「哀歌」がありますから、「詩篇」からだけでは結論できないようにも見えます。しかしそれでも、「個人の嘆き」という独特の文学類型が、旧約で非常な発展をとげたことは特筆すべきことだと思われます。この類型は「個人の嘆きの歌」とも言われますが、内容的には神に対する「祈り」として捉えることもできます。そこでここでは単に「個人の嘆き」としておきます。

この類型を構成する要素は、「賛美」の場合とは違って、多くなります。構成要素が複雑になるというのが、そもそも嘆きの本質であるとも言えるでしょう。ひどい悲しみに打ちひしがれている人は、心が千路に乱れているわけで、何を誰に向って語ってよいかがわからない。嘆きをことばにすることは、たいへんなことです。しかし、古代イスラエル人は、苦悩と悲嘆の中で神と自己に心を向けて、祈ることばをつむぎだし、これを一定のパターン化された文学的な様式として発展させました。

個人の嘆きの構成要素

ヴェスターマンなどは、以下のような七つの基本的構成要素を数えています。なお、左近淑の場合は、ⅥとⅦをひとまとめにして扱っています。

Ⅰ　**神への呼び掛け**――「わが神よ」「ＹＨＷＨよ」などの一語の場合もあるが、四二篇二節のように嘆きの声と混ざってしまっている場合もある。

Ⅱ　**嘆き**――祈り手の陥っている窮状が描かれる。詩篇一三篇のように、敵との関係、自己自身との関係、「あなた」＝「神」との三重の関係が問題になる。

Ⅲ　**信頼の告白**――「しかし私は」「しかしあなたは」のような、中断によって導入されることが多い（一三・六、一〇二・一三など）*。

Ⅳ　**嘆願**――嘆願こそが祈りの目的であるとも言える。「お聞きください」「ごらんください」「私をお助けください」など。

Ⅴ　**神が応答されるための動機付け**――神の行動をうながすような発言であって、様々な表現が見られる。

Ⅵ　**祈りが聴かれることの確信**――六篇九―一〇節のように祈りが聴かれたとの宣言がなされる場合や、二七篇一三節のような美しい表現*もある。敵の滅亡

左近淑『詩篇を読む』筑摩書房、一九九〇年、五六頁以下。

「信頼の詩篇」（詩篇一一篇、六二篇など）は、個人の嘆きの構成要素である「信頼の告白」の部分が独立したものとも考えられる。グンケルは、これを亜類型として、個人の嘆きに含めているが、「信頼の詩篇」を一つの独立した文学類型と見る者も多い。

「私は信じます。いのちあるものの地で、ＹＨＷＨの善を見ることを」（二七・一三）。

がここで語られることもある（三・八後半など）。ここで突然、嘆き悲しみから喜びへと「気分」が一変することに注意する必要がある。

VII

賛美の誓い——嘆きなのに、この部分は必ずあって、しかも作品の末尾に置かれている。歴史的にみると、この部分は元来、犠牲を捧げるという誓いと結合していたとも考えられる。時代が下がると、預言者の思想の影響を受けて動物の犠牲が批判的に見られるようになった結果、会衆の前で賛美を捧げる誓いのようなものに変化していった（二二・二三、五七・一〇参照）。

以下にまず詩篇六篇を読んでみましょう。

詩篇六篇——病んでいる者の祈り

1 指導者によって。八弦の弦楽伴奏付き。ダビデの管弦歌。
2 ＹＨＷＨよ、あなたの怒りをもって、私を罰しないで下さい。
あなたの憤りをもって、私を懲らしめないで下さい。
3 私をあわれんで下さい、ＹＨＷＨよ。
私は弱りはてています。
私を癒して下さい、ＹＨＷＨよ。

私の骨はわなないています。
4私の魂も、ひどくわなないている。
しかしあなたは、ＹＨＷＨよ、いつまでですか。
5向き直って下さい、ＹＨＷＨよ。
私の魂をひったくって、私を救い出して下さい。あなたの友愛のゆえに。
6まことに、死の中には、あなたの追憶はない。
陰府においては、だれがあなたに感謝するでしょう。
7私は、嘆くのに疲れ果てた。
夜毎に私の寝床を溢れさせ、
私の涙で、私の寝台をぬらした。
8悲しみのあまり、私の目は弱くなり、
すべての私に敵対する者のためにおとろえた。
9すべて災いをなすものよ、私から離れ去れ。
まことにＹＨＷＨは、私の泣く声を聴かれた。
10ＹＨＷＨは、私の嘆願を聴かれた。
ＹＨＷＨは、私の祈りを受け入れられる。
11私の敵はみな、恥じてひどくわななくでしょう。
彼らはまたたく間に退散し、恥を受けるでしょう。

一節の表題の部分を除くと、段落構成は以下のようになっています。

第一段落　二―四節　神への呼び掛け、嘆きと救助への叫び
第二段落　五―六節　嘆願とその理由付け
第三段落　七―八節　窮状の誇張された描写
第四段落　九―一一節　ヤハウェが祈りを「聴かれた」との宣言

この詩篇は、いわゆる「病気の詩篇」として有名なものです。しかし怪我や疫病を患っているのではなくて、精神的な苦悩を表現していると読むことも可能です。祈り手は、死の脅威におののいているので、この点から見ると、重病にかかっているのでしょう。このような状況にあって、祈り手は神の怒りの下にあると感じています。しかし、この病気を癒すことのできるのも神以外にはありません。

九節以下で、突然大きな転換が起こります。「ＹＨＷＨは聴かれた」と繰り返されていることが示している通りです。病状が好転したのでしょうか、内面的な意味での突破と転換が起こったのでしょうか、それとも八節と九節の間で、神殿において祭司からの託宣のようなものが与えられた結果なのでしょうか。このような事情はわかりません。

この詩篇の成立年代に関しては、エレミヤ書との表現の類似に注目して（二節とエ

レ一〇・二四、三節および五節とエレ一七・一四、七節とエレ四五・三、一四・一七を比較）、捕囚期以降に想定する者もいます。しかし両者の共通性は、慣用的表現に由来するものであるとも思われます。この詩篇は全体として、定型的な言い回しが多いように思われます。若干の語句について説明しておきます。

「私を癒して下さい、ＹＨＷＨよ。そうすれば私は癒されます。私を救い出して下さい、そうすれば私は救われます」（エレ一七・一四）。「私は、嘆くのに疲れ果てた」（エレ四五・三）。

二節　「私」は、神の「怒り」*と「憤り」のもとにあると強く感じている。ヤハウェがある人に対して怒る時には、ヤハウェは御顔を隠し、その人を退け、見捨てる（詩二七・九）。このような怒りは、地震にたとえられる程、非常に恐ろしいものであった（エレ一〇・一〇）。神の怒りの原因を全て合理的に説明することは人間には不可能であるが、人間の罪と深く係わっていると解釈された。祈り手は、ヤハウェは自分を罰しておられる、あるいは懲らしめておられるのではないかと考えている。旧約における病気を理解するひとつの鍵は、古代イスラエル人が、罪責と病気との間には深い関連があると考えていたことである（詩三二・一以下、三八・三以下、三九・九、一二、四一・五、六九・六、一〇三・三、一〇七・一七以下参照）。病において、人間の罪と神の怒りとが同時にあらわとなるのであった。詩篇六篇の祈り手は、自分の罪責についても悔い改めについても明確には語っていないが、神が正当な審判者であることを疑っていない。彼は、自分の受けている身体的な苦しみによって神の怒りの審きをもはや十分に受けたと考え

＊「怒り」と訳される語アフの原義は「鼻」である。この詩篇には出ないが、「神の顔」という表現には、聖書で頻繁に出会う。このような表現については後述する。

ているのである。*

四節　「魂」（ネフェシュ）は、元来「のど」を意味するが、転じて「気息」、さらに人や生き物に内在する生命原理をさす。「私の魂」は単に「私」の言い換えであるとも考えられるが（詩一〇三・一―二参照）、ここでは特に生命力の衰退を感じながらも、なお生きようとして苦悩する存在としての自己*をさしている（三節の「骨」（エツェム）も「自己」を意味する語）。このような神の怒りに恐れおのく「私」が挙げる叫びが「しかしあなたは、ヤハウェよ、いつまでですか」である。「いつまで」の叫びは「嘆きの歌」に特徴的なものである（詩一三・二―三については、本書五六頁を参照。他に七四・一〇、七九・五、八〇・五、九〇・一三、九四・三参照）。

五節　動詞「ひったくる」は「暴力的に略奪する」の意味であるが、普通は、「救出する」のように訳している。ここでは、「私の生命を救出して下さい」と訳せる。祈り手の生命は、生の領域へと食い込んで来た死の勢力によって脅かされている。このような死の力から私の命を奪い返して下さいと祈っているのである（「勢力としての死」については後述）。

六節　「死の中には、あなたの追憶はない」も説明を要する。追憶、想起はイスラエルにおける祭儀にとって本質的な要素だった。死んでしまったら、神の救いの御業の記憶（詩一一四・四、一四五・七）を賛美することができないという

*キリスト教会では、伝統的に七つの「悔い改めの詩篇」の一つに数えられ（他には、三二、三八、五一、一〇二、一三〇、一四三篇）礼拝に用いられるようになった。

*ヘブライ語には英語のself つまり「自己自身」に相当する語がない。しかし、「骨（エツェム）」には「自己」の意味が含まれる。アダムのことば「私の骨の骨、肉の肉」（創二・二三）の「骨」には、そのような含蓄がある。「肉（バサル）」の方は、他者とのつながり、連帯性が含意される。

のである。死者は「シェオール」（陰府）に行った。そこは無の領域であり、生ける神からは隔絶されていたから、神への賛美は不可能である。このことばが、「動機付け」になるのである。

七節　病床の涙について、祈り手は大量の涙がベッドを浮かせて、漂わせる程であったと誇張法を用いて語る。病人は夜の沈黙の中で孤独感をつのらせ、涙を流す。

八節　「私の目は弱くなり」は、嘆き悲しんで泣き腫らした結果であるとも解釈できるが、目を生命力のバロメーターのように考えていると解釈すべきであろう（詩三一・一〇参照）。年老いた祭司エリは、目が見えなくなったと語られる（サム上三・二。四・一五をも参照）。しかしモーセは死を迎えた一二〇歳になっても視力も気力も失っていなかったとされる（申三四・七）。

九節　「災いをなす者」は、八節の「私に敵対する者」の言い換えである。「死」の勢力を擬人化した表現である。

マタイによる福音書七章二三節のイエスのことばに詩篇六篇九節が引用されている。

「嘆き」の歴史的発展とその意義

嘆くことは、不信仰の現われであると考えられているのでしょうか。キリスト教会、特にプロテスタント教会では、嘆きについてあまり多くは語られないのではないでしょうか。しかし、カトリック教会の伝統には「スターバト・マーテル」(Stabat mater, 悲しみの聖母)のような優れた詩文学があります。ヴェスターマンは、旧約に基づいて嘆きの文学史を書くことができると言います。以下のような歴史的展開が考えられます。

第一段階　物語に出てくる短い嘆きのことば。創世記二五章二二節のリベカのことば、サムソンの嘆き(士一五・一八)、ベテルにおける民の嘆き(士二一・二以下)など。

第二段階　信仰告白における「嘆き」のモチーフの出現(申二六・七)。ここでは、神の救済行為は、民の嘆きと一体不可分である。

第三段階　詩文としての形態をとる「嘆き」。詩篇、哀歌のみではなく、個人の嘆きは、預言書にも現われる。特にエレミヤ書一一章以下の預言者の嘆きは、神に対する心の底からの心情の表白として文学的にも優れている(イザ六三・七以下も参照)。またヨブ記においてこの類型は独自の発展を示している。

第四段階　後代における散文の祈りにおける嘆き(エズ九・六以下など)。

嘆きは、神と人との間で起こった出来事を表現する文学形式として、聖書の中で独

スターバト・マーテル　一三世紀に成立したとされるラテン語の詩。一八世紀の作曲家B・ペルゴレージ(一七一〇―三六)の「スターバト・マーテル」は霊性豊かな名曲であって、女性合唱曲として現在もよく演奏される。

自の位置を占めており、ここに聖書の人間理解がよく表わされています。人の命は、はかなく、戦争、飢餓、病気、自然災害など様々な危険に取り巻かれています。人間はどこまでも限界をもっている生き物です。その意味で人は神の前で心から嘆くことができるのであり、神は人間の嘆きを聴く御方なのです（詩一一三）。福音書において、イエスの十字架上のことばが嘆きであることも、このような聖書的人間理解をよく示しています。

並木浩一は、この文学類型について以下のように述べています。古代イスラエルにおいて「嘆き」は、文学として著しい発展をとげた。特に「個人の内面の表白様式」「個人の〈内なるドラマ〉を表出する抒情的言語の伝統を王国時代の中期から開拓したことが注目される*」と。

並木浩一『「ヨブ記」論集成』教文館、二〇〇三年、六四頁。

5　感謝の歌

H・グンケルは、詩篇一八、三〇、三二、三四、四一、六六、九二、一一六、一一八篇などを「感謝の歌」に分類しました。この類型は歴史的に見ると、元来、感謝の犠牲を聖所で捧げる儀礼と結合していたのでしょう（六六・一三、一一六・一三以下、一一七以下参照）。しかしながら、動物の犠牲を神に捧げる行為が、預言者によって批

ヴェスターマンは、グンケルが「感謝の歌」と名付けた類型を「報告的賛美」と呼んでいる。「感謝の歌」には、確実に「嘆き」の要素が含まれるが、全体として見たときに、「賛美」の一種であるとも考えられる。

判されたことの影響を受けて（ミカ六・六以下、アモス五・二一以下参照）、詩篇に収められている感謝の歌では、このような本来の「生活の座」が曖昧になってしまっているとグンケルは考えました。

左近淑は、感謝の歌の基本構造を嘆きの歌の場合と比較しています。詩篇一八篇で見ると、「宣言」（二節）、「序言的総括」（四節）、「回顧（苦しみの過去）」（五―六節）、「信頼の告白」（三節）、「救いの報告」（七節前半、七節後半―一六節、一七―二〇節）、「賛美」（五〇節）の要素が確認されます。ここでは細かい説明は省略しますが、嘆きの歌と共通する要素が多いことはすぐにわかります（例えば「信頼の告白」は両者に共通するし、「宣言」は、「神への呼びかけ」に相当する）。

過去に起こった苦しみを回顧する部分は、感謝の歌に特有のものですが、これは嘆きの歌では、祈り手の置かれた苦難の現実の中での「嘆き」に相当すると解釈されます。また嘆きの歌の場合の「嘆願」は、過去に起こった救いの報告の中に含まれることになります。以下に例として詩篇三〇篇の私訳を掲げておきます。

詩篇三〇篇

1 ダビデの詩。神殿奉献の歌。
2 私はあなたをあがめます、ＹＨＷＨよ、あなたは私を救い出され、

左近淑『詩編を読む』一一二―一一四頁。

敵が私に勝ち誇るのを、ゆるされなかったからです。
3 ＹＨＷＨ、わが神よ、私があなたに叫び求めると、
私をお癒しになりました。
4 ＹＨＷＨよ、あなたは　私の魂を陰府から引き上げ、
墓穴に下る所であったのを、生き返らせて下さいました。
5 ＹＨＷＨをほめ歌え、彼の聖徒たちよ。
その聖なることを覚えて　感謝せよ。
6 その怒りのうちには　ひととき、その恵みのうちに一生。
夜どおし泣いてすごしても、朝には喜び。
7 私は平穏なときに言いました。
「永久に私はぐらつかない」と。
8 ヤハウェよ、御恵みをもって、あなたは私をゆるがぬ山のように、
立たせてくださいましたが、
あなたが御顔を隠されたので、すっかり取り乱してしまいました。
9 「あなたに向って、ＹＨＷＨよ、私は叫びます。
わが主に憐れみを乞います。
10 私が穴に下って行くならば、私の血は　何の役に立つのでしょう。
塵があなたに感謝するでしょうか。あなたの真実を告げ知らせるでしょうか。

11 ＹＨＷＨよ、お聴き下さい。私を憐れんで下さい。
ＹＨＷＨよ、私の救助者となって下さい」。
12 あなたは、私の葬列を、輪舞へと変えられました。
私の粗布を解き、歓喜の帯でしめつけられました。
13 それゆえ、私の心は　あなたをほめ歌います。黙ってはいられません。
ＹＨＷＨ、わが神よ、とこしえに　私はあなたに感謝します。

詩篇三〇篇の構成は以下のようになっています。

一節　表題
二節　感謝の定式
三―四節　救いの報告
五―六節　礼拝への呼び掛け
七―一一節　苦難の経験を語る
一二―一三節前半　神の助けによる逆転
一三節後半　感謝の誓い

一三節の「私の心」と訳した箇所のマソラには「栄光」「栄誉」を意味する語（kbwd）があるが、「私の肝臓」（kbdy）＝「私の魂」「私の心」に読み替える。

感謝の歌における死からの救出

詩篇三〇篇のように、個人が感謝の歌を歌う形式では、「死」から救われた体験が語られることが多くなっています。この場合の死は、「私の魂を陰府から引き上げ」、また「墓穴に下る」（四節）、「穴に下って行く」（一〇節）とあるように領域的に把握された死です。また「敵」（二節）としても語られます（後述）。

詩篇一一六篇三節以下では、死からの救出の体験が次のように語られます。

3 死の綱が私を取り巻いた。
陰府の脅迫が私をつかまえた。
困窮と苦境に私は遭遇した。
4 そこで私はＹＨＷＨの御名を呼んだ。*
「ああ、ＹＨＷＨよ、私の命をお救いください」と。
5 ＹＨＷＨは恵み深く、義しい。
われらの神は、憐れみ深い。
6 ＹＨＷＨは未熟な者たちを守られる方、
私は無力だが、私を救助される。
7 わが魂よ、お前の憩いの場に帰れ、
まことにＹＨＷＨはお前を育ててくださった。

＊四節の「呼ぶ」は、未完了形（一人称単数）になっている。「私は叫ぶ」（新共同訳）や「呼ぼう」と訳すこともできる。

8まことに、わが魂を死からあなたは引き離してくださった。
私の目を涙から、私の足をつまずきから。
9ＹＨＷＨの前を私は歩む、
生ける者たちの地において。

詩篇一一六篇では、救いの報告と賛美（五、六節前半）とが一体化して表現されています。このような事情から、作品の構成を図式的に示すのは困難です。特徴的なのは同じモチーフが繰り返し出現することです。「死」（三、八、一六節）、「ＹＨＷＨの御名を呼ぶ」（四、一三、一七節）、回顧される「嘆き」（三、一〇後半、一一）が反復されます。一七節以下では、イェルサレムの神殿で神に「感謝の供犠」（ゼバハ・トーダー）が捧げられます。

詩篇における「死」と「敵」

現代人は「死」を「生」から離れる瞬間と考えるので、生と死は一つの時点でしか接点をもちません。脳死を死と考えるかどうかというような議論も、このような観点に立った上で成立しています。しかし古代イスラエル人は、死を点としてではなく、空間的に表象していました。死は、独自の領域をもっており、そこを「シェオール」、「陰府」「黄泉」と名付けたのです。シェオールは、「生ける神」からはもっとも遠い場所だという意味で、恐ろしい空間でした。詩篇で、「シェオールからは神を賛美することができない」と言われているとおりです。しかも「死の領域」は、しばしば「生の領域」に恐ろしい力をもって侵入してきたのです。その意味で「死は一つの勢力」でした。戦争、旱魃などの自然災害、病などは、生の領域に突然侵入してくる恐ろしい死の力でした。人に襲いかかってきたこのような悪しき力からの救済を求めるのが、「嘆きの詩」であり、このような悪しき力からの神による救済の出来事を報告し、神を賛美するのが「感謝の歌」であったのです。

「死」は、また擬人化されて「敵」の表象ともなります。詩篇には、敵を徹底的に打倒してくださいと祈る箇所がよくあります。このような表現には、違和感を抱かれる方も多いと思います。

まず考慮すべきなのは、古代イスラエル人が置かれていた歴史的な現実です。イスラエルは常に敵の侵入に脅かされていました。「カナン」と呼ばれている地にイスラエル諸部族が定住するようになった頃は、おそらく平穏な時代が続いたものと思われます——聖書のヨシュア記の記述などとは矛盾しますが、史実としては戦闘などほとんどなかったと思われます——。しかし、時には東や南の砂漠からアマレク人やミディアン人が略奪のために侵入してきました。やがてサムエルやサウルの指導のもとに、強力なペリシテ人と戦う時期を経て、ダビデの王国が出現しますが、ソロモンの死後王国は南北に分裂します。北王国イスラエルは、アッシリアによって滅ぼされ、

古代イスラエルにおける生と死の関係

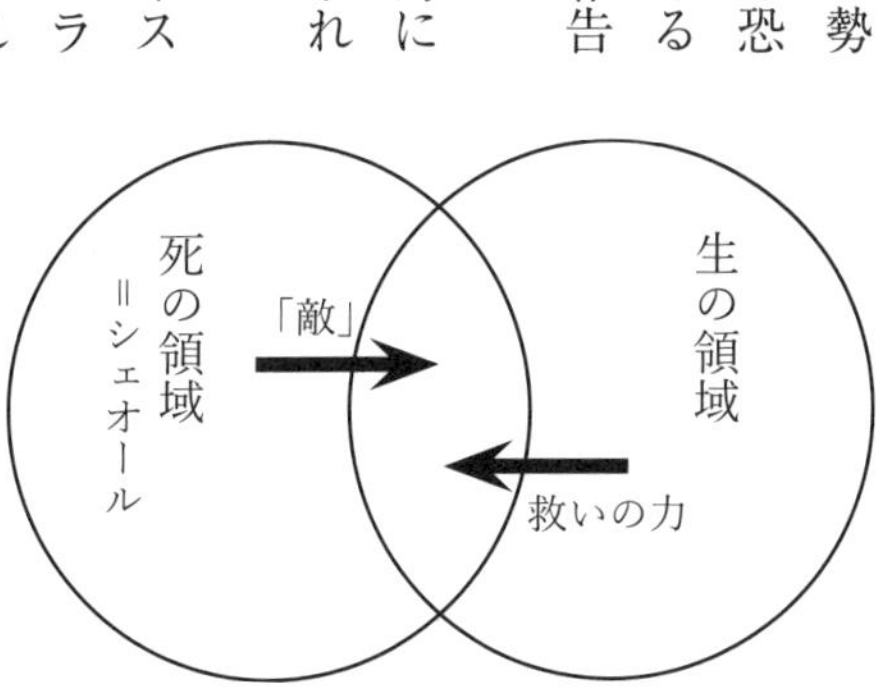

交差している領域に「敵」が侵入してくる。この時に救いを求める祈り手は「ＹＨＷＨの御名」を呼ぶ。

南王国もまた新バビロニアによって滅ぼされ、捕囚を経験します。

伝統的に詩篇の著者と考えられてきたのはダビデですが、このダビデはサウル王によって迫害されて、荒野での逃亡生活を送らねばなりませんでした。また王位についてからも愛する王子アブサロムの反逆にあって、内戦になりました。詩篇に収められている一五〇篇の作品は、実際には大部分がダビデ時代のものではなく、都のイェルサレムに神殿があった王国時代あるいは、捕囚後に再建された第二神殿時代のものと考えられます。つまり、ユダ王国と再建されたユダヤ人共同体の伝承を伝えているのが詩篇です。この中に周辺諸国を「敵」としている箇所があったとしても怪しむには足りません。

しかし、それよりも重要なのは、嘆きのなかで描き出されている祈り手の窮状が、類型的な表現をとって、高度に文学化されていることです。窮状、すなわち「敵」は様々なイメージをとって表現されます。頻繁に出てくるのは、「大水」「淵」「波」です（詩一八・五―六、四二・八、六九・二―三など）。「敵」は罠を仕掛ける漁師としても描かれます（五七・七、一〇・九など）。ライオンは、当時は珍しくない猛獣でしたから「敵」がライオンとして描かれている例は、かなりあります（詩七・三、一七・一一―一二など）。預言者ホセアは、他でもないヤハウェが猛獣のようにイスラエルに襲いかかると語りました（ホセ五・一四）。典型的な「個人の嘆き」である詩篇二二篇では、恐ろしい敵が、次から次へと「多くの雄牛」「バシャンの牛」「咆哮するライオン」「犬ども」「盗賊の一団」として出現します（一三―一九節）。孤独な「私」は「虫」に過ぎません（七―八節）。ですから、このようにイメージ化された敵を、特定の人物などと同一化しようとしても無駄なのです。これらの敵は、ひとの「いのち」＝「生」をむなしいものにしてしまうあらゆるものを指しているのです。

感謝の歌における賛美

詩篇一一六篇では救いの体験を語る報告と神への賛美の声が一体化しています。同じようなことは、詩篇六六篇でも起こっています。この作品の冒頭部は明らかに賛美の歌の特徴を示しています（「叫べ」のような二人称複数の命令形の連続）。しかし神の御業を描写する部分は「感謝の歌」に特徴的な報告であると解釈されます（三、五、六、七、一〇―一二節）。一三―二〇節は明らかに「感謝の歌」の特徴を示しています。同じく感謝の歌に分類される詩篇一一八篇の場合も、導入部（一―四節）は賛美の歌の特徴を示しています。

物語の中の感謝の歌、賛美

ルカによる福音書の「マリアの賛歌」（一・四六以下）は、文学類型の観点からは、感謝の歌とされます。そこでは、物語の中に詩文が挿入される形式がとられています。このように物語の文脈に登場人物が歌ったとされる詩文が挿入される形式「役者の歌*」(Rollenlieder)は、旧約や外典にその先行例が見られます。もっとも有名なものは「ハンナの祈り*」(サム上二・一―一〇)として知られるもので、「マリアの賛歌」のモデルとも言うべきものです。ヨナ書二章の「ヨナの祈り」も感謝の歌に属するとされます。歴代誌上二九章一〇節以下の「ダビデの祈り」、ネヘミヤ記九章五節以下の賛美から始まる長大な祈りも「役者の歌」の例です。

外典のトビト記、ユディト記、第一マカバイ記には、このような詩文が頻繁に出現します。「アザルヤの祈りと三人の若者の賛歌」はヘレニズム時代を代表する見事な詩文学です。これは詩篇一三六篇や一四八篇と類似しており、原文はヘブライ語だったと推定されます。

6　詩文によく出る説明を要する表現

詩篇に登場する「敵」が、単にわれわれ現代人が考えるような敵対者ではないことは、すでに述べました。このように説明が必要な表現や表象が詩篇や預言書などの詩文で書かれた箇所には多く出てきます。ここでは、このような語句をいくつか説明することにします。

詩篇に限らず、旧約には、神の「目」「耳」「手」「腕」「足」などの表現が頻繁に出

「役者の歌」
Rollenliederという術語を雅歌解釈で最初に用いたのはヴュルトヴァイン(Ernst Würthwein, 一九〇九―一九九六)とされる。オペラの中で登場人物が長々とアリアを歌うのと似ており、このような歌の挿入で物語の筋は中断されるが、読み手を楽しませる役割もあったのだろう。

ハンナの祈り
ハンナはサムエルの母となった女性。サムエルの誕生の次第はサムエル記上一章で物語られている。

てきます。聖書の神を、「超越的な一者」であると現代風に考えてしまうと、かなりずれてしまうことになります。聖書の神様は、私たちの祈りに「耳を傾ける」御方です。このように聖書の神が、人間の姿をとっているかのように表現されていることを「アンスロポモルフィズム」（Anthropomorphism）と言います。日本語では「神人同形法」「擬人神観」などと訳されます。

勝村弘也『旧約聖書に学ぶ』日本基督教団出版局、一九九三年、三二頁以下参照。

神の顔――　「御顔の光」とか「御顔を隠す」という表現が、詩篇だけではなく聖書にはよく出てきます。祈禱書や聖歌にもこのような表現はかなり出てきます。日本語で「顔を出す」というのは、その場に居合わせることを意味します。「神の顔」は、神の臨在を表わしているのです。ヘブライ語の「パニーム（顔）」は、常に複数形で用いられます。これには何か特別な意味がありそうです。「顔」は人格そのものを表現するからでしょう。この「顔」に前置詞「レ」がつくと「前」の意味になります。従って「神の前」は、「神の顔」でもあるのです。宗教の歴史を考えてみますと、「神の前に出る」とは、元来、神の像が置かれている場所に行くことだったのでしょう。しかし、わたしたちがこの表現を使う時のように、次第に「神を礼拝する」の意味に変化しました。「御顔をたずね求める」（詩二七・八、一〇五・四）も、「神殿に詣でる」の意味から転じて、「神の意思を知ろうとする」のような意味になりました。

「御顔が輝く」「御顔の光」（詩四・七、三一・一七、八〇・四、八、二〇など多数）では、神の好意、恵みの業、祝福が私たちに向けられていることを表現しています。カルヴァンは、この光が私たちの心のうちで輝くときに、「希望と信頼が生み出され」、「愛の思いが私たちにまで到達して」、「確かな喜び」で満たされると述べています。これとは逆の表現が「御顔を隠す」です（詩一〇・一一、三〇・八など）。神と人との人格的な交わりが途絶えたことを意味します。これは神が沈黙することでもあります。しかし詩篇では「神の沈黙」が絶対的な仕方で語られることはありません。神が顔を隠すのは、一時的なものなので、祈り手は「いつまでなのですか」と神に問うのです（詩一三・二、四四・二五）。

神の腕――申命記二六章五節以下は「小信仰告白」としてよく知られていますが、そこに「ヤハウェは、強い手と伸べた腕と大いなる恐怖としるしと不思議とをもって、エジプトから私たちを導き出されました」という表現があります。詩篇や預言書にも「伸べた腕」という表現が出てきます（詩一三六・一二、エレ二七・五、三二・一七など）。神の「腕」は、詩篇七七篇一六節、七九篇一一節、九八篇一節などに出てきます（他にイザ五一・五、九、五二・一〇、五三・一など多数）。どの箇所もエジプトからのイスラエルの脱出を意識した表現のようです。古代エジプトのファラオが敵を撃ち破り征服したことを物語っている碑文などには、頻繁に「強い腕」「偉大な腕」という表現が出てきます。トトメス二世（在位前一四九二―一四七九）の称号には「偉大な力、強い腕」や「偉大な腕」が使われています。シリア、パレスティナに何回も遠征したトトメス三世（在位前一四七九―一四二五）の戦勝記念碑には「わが腕は悪を追放せんがために挙げられたり」とあります。出エジプト物語を書き記した人は、このようなエジプトの表現を知っていて、ヤハウェの腕は、ファラオの腕よりも強いと言いたかったのでしょう。

シオン、シオンの娘（娘シオン）――イェルサレム観光に行きますと、「シオン山」と称している場所があって、そこにはシトー派の修道院があります。しかしここは旧約の言うシオンではありません。元々シオンは、イェルサレム南東部の丘を指したようですが、詩篇に出てくるシオンは、ほとんどの場合、イェルサレムの町全体を指しています。イェルサレムでもっとも重要なのは、神殿ですから、神殿の建っている聖域を指す場合もあります。文学類型としての「**シオンの歌**」（詩四六、四八、七六、八四、八七、一二二）は、この神殿の立っている聖域、あるいは神殿のある町の美しさを賛美することによって、間接的にヤハウェ神を賛美するものです。

都市は現代でも女性としてあつかわれますから、姉妹都市という表現があります。兄弟都市とは言いません。そこから「シオンの娘」「娘シオン」の意味が想像できます。イェルサレムが擬人化されて「娘シオン」となります。この表現は、哀歌に頻繁に出てきます（新共同訳では「おとめシオン」、協会共同訳では「娘シオン」）。「シオンの娘」の場合は、「イェルサレムの住民」の意味になります。私が哀歌を翻訳したときには、伝統的な表現である「シオンの娘」にこだわりました。いろいろな方から、それは文法的には間違いであって「娘シオン」であるとの指摘をいただきました。この意見はもっともなのですが、私は譲らず「シオンの娘」で押し通しました。これには理由があるからです。まず、哀歌で問題になっているのは、擬人化されたイェルサレムの町の物理的破壊なのではなく、そこに暮らしていた住民が経験した筆舌につくしがたい苦難だからです。とりわけ女性は、敵軍によって暴行、凌辱されました。ですから、文法的には正しい訳としての「娘シオン」だとそのイメージが弱くなります。実際に哀歌では、文字通りの「シオンの娘」、つまりイェルサレムに住んでいた若い女性の意味になる場合もあります。哀歌は詩文学ですから、翻訳に際しては文法上の正確さよりも訳文から喚起されるイメージの方を重視したのです。

竪琴――ダビデは竪琴《キンノール》の名手であったとされ、詩篇に収められている作品の表題などにも「竪琴」が出てきます。これはどのような楽器であったのでしょ

勝村弘也訳「哀歌」『旧約聖書XIII ルツ記 雅歌 コーヘレト書 哀歌 エステル記』岩波書店、一九九八年。英訳では daughter of Zion となっている。

うか。キンノールは、四弦のある弦楽器の一種で小さいけれどもよく響きました。羊飼いが野外で演奏するのに適しており、持ち運びも簡単でした。現代ヘブライ語では、キンノールはバイオリンを指します。これも軽くて持ち運びが簡単、小さいのに大きな音が出ます。ユーディ・メニューヒン（Yehudi Menuhin, 一九一六―一九九九）などユダヤ系の優秀なバイオリニストが多いのは、これと関係がありそうです。

7　詩篇の編集

祈禱書としての詩篇の編集

新共同訳や協会共同訳には表記がありませんが、口語訳には、例えば第一篇の前に「第一巻」、第四二篇の前に「第二巻」など巻数が記されています。これは詩篇が、祈禱書あるいは聖歌集としてまとめられた発展の最終段階で五つの巻物に分けられていたことを示しています。五巻に分けたのは「モーセ五書」に倣ったものと考えられます。各巻の末尾には「アーメン、アーメン」で終わる「頌栄」が置かれています（後述）。このような五巻への分割よりも前に、一定のまとまりが存在したことは、「ダビ

ケルビムの意匠の玉座に座す王へ睡蓮を手渡す王妃（?）。ダビデの竪琴は、王妃の後ろで男が演奏している楽器のようなものと思われる。
（メギド出土の象牙細工より。前13世紀頃）

デの歌*」「アサフの歌」「コラハの子らの歌」のような表題が示しています。このような表題をひとつの手掛かりにして、詩篇の編集の歴史を明らかにしようとする研究がありますが、ここでは省略します*。

詩篇が正典の中に入ったのは、ユダヤ教諸文書の正典化の最終段階であると考えられています。イエスも弟子たちも礼拝で、詩篇を用いたのですが、おそらく当時は、わたしたちが知っている一五〇篇からなる文書としての詩篇は存在しませんでした。なおマソラでは一五〇篇ありますが、七十人訳には、第一五一篇が存在しています。イエス時代には、正典としての「詩篇」がまだ完成していなかったことは、クムランから発見された複数の詩篇巻物が証明しているようです。ここでは死海文書に含まれている詩篇の巻物について説明します。

死海文書のなかの「詩篇の巻物」

クムランの洞穴からは非常に多くの詩篇の巻物や断片が発見されていますが、ここでは第一一洞穴から発見された11Q5（11QPs^{a}）について説明します。

11Q5は死海文書全体のなかで代表的な長い巻物に属し、その保存状態もかなり良好です。六つの断片と第一―二八欄を含む巻物全体の長さは約四・二メートルあり、現在保存されている巻物の幅（高さ）は約一五―一八センチあります。元の幅は二三―二五センチ（行数は二一―二三行）、長さは七メートル以上と推定されています。写

「ダビデの歌」
この標題を持つまとまりとしては、三―四一篇、五一―七二篇、一三八―一四五篇の少なくとも三つの「歌集」ないし「詩集」が考えられる。

詩篇の編集の歴史の詳細については、飯謙「詩篇」（『新版総説旧約聖書』日本キリスト教団出版局、二〇〇七年）四二三頁以下参照。

クムランから発見された写本や写本断片には、それぞれ識別記号が付けられている。「11Q」はクムラン第一一洞穴から発見されたことを表示し、その中で「5」に分類される複数断片が「11Q5」と呼ばれる。かなり大きな詩篇巻物なので「11QPs^{a}」（Psは詩篇の略号）とも呼ばれる。『死海文書Ⅷ詩篇』（ぷねうま舎）には、次頁の表にある正典外の詩篇がすべて訳されている。

本の製作年代は「ヘロデ期」一世紀前半と推定されています。以下に示すように、この巻物に含まれている詩篇の配列順序が正典のそれとはかなり違っていることもあり（異読も多い）、サンダース（J. A. Sanders）による本格的な研究の始まった一九六〇年代以来、特に詩篇の編集に関連して多数の研究が発表され、論争が続いています。

11Q5は第一欄から第二八欄までを含む巻物とAからFまでの記号が付けられた六つの断片から構成されます。これには第一〇一篇以下の多数の正典詩篇が含まれていますが、以下に示すように、その配列順序は正典のマソラの場合とはかなり異なっている点が注目されます。その他にヘブライ語版シラ書五一章の一部、従来シリア語訳で知られていた詩篇外典（七十人訳の詩篇一五一篇を含む）などが含まれています。

断片A、B、Ｃｉ　詩一〇一・一―一〇二・二
断片Ｃⅱ　詩一〇二・一八―一〇三・一
断片Ｄ　詩一〇九・二一―三一
断片Ｅｉ　詩一一八・二四―二九、一〇四・一―六
断片Ｅⅱ、Ｆ　詩一〇四・二二―三五、一四七・一―三
断片Ｅⅲ　詩一四七・一八―二〇、一〇五・一―一一
第一欄　詩一〇五・二五―四五
第二欄　詩一四六・九、Ｘ*、一〇、一四八・一―一二

＊正典詩篇（マソラ）には存在しない箇所を「Ｘ」で示す。

第三欄　詩一二一・一―一二三・二
第四欄　詩一二四・八―一二七・一
第五欄　詩一二八・四―一三一・一
第六欄　詩一三二・八―一八、一一九・一―六
第七欄　詩一一九・一五―二八
第八欄　詩一一九・三七―四九
第九欄　詩一一九・五九―七三
第一〇欄　詩一一九・八二―九六
第一一欄　詩一一九・一〇五―一二〇
第一二欄　詩一一九・一二八―一四二
第一三欄　詩一一九・一五〇―一六四
第一四欄　詩一一九・一七一―一七六、一三五・一―九
第一五欄　詩一三五・一七―一三六・一六
第一六欄　詩一三六・二六、一一八・一、一五―一六、八―九、X、二
　九、一四五・一―七
第一七欄　詩一四五・一三―二一
第一八欄　詩一五四・三―一九（＝シリア語詩Ⅱ＊）
第一九欄　救済への嘆願

＊シリア語訳聖書で伝承されてきたが一五〇篇からなる正典詩篇には含まれていないもの。これらの詩篇のヘブライ語原文が発見されたことになる。

第二〇欄　詩一三九・八—二四、一三七・一
第二一欄　詩一三七・九—一三八・八、シラ書五一・一三—一九
第二二欄　シラ五一・三〇、シオンへの励まし、詩九三・一—三
第二三欄　詩一四一・五—一〇、一三三・一—三、一四四・一—七
第二四欄　詩一四四・一五、一五五・一—一九（＝シリア語詩Ⅲ*）
第二五欄　詩一四二・四—一四三・八
第二六欄　詩一四九・九—一五〇・六、創造主への賛歌
第二七欄　サムエル記下二三・七、ダビデの作品、詩一四〇・一—五
第二八欄　詩一三四、一五一A、一五一B*

この一覧表から、何がわかるでしょうか。これはそもそも詩篇の巻物なのでしょうか、すでに完成していた「詩篇」（マソラ）から何かの目的のために抜粋したものと考えることもできそうですが、本文をよく読むと正典詩篇との異読が多いのでこの説は受け入れられません。おそらくこの巻物が作成された時代には、私たちが持っている正典の「詩篇」はまだ確定していなかったと考えるべきでしょう。興味深いのは、シリア語で伝承されてきた詩篇がこの中に含まれていることです。

一五一Aは、七十人訳やシリア語訳で伝承されてきた詩と一致する。一五一Bは、サムエル記上一七章のダビデとゴルヤトの戦いと関係する短い文章。七十人訳とは内容がかなり異なっている。

8　頌栄

詩篇各巻の末尾に置かれた「頌栄」

私たちがよく知っているのは、礼拝で歌われる頌栄です。キリスト教会の礼拝では、いずれの教派の礼拝式においても終結部に「父、子、聖霊」の三一神への賛美が歌われます。また「主の祈り」の末尾でも神に永遠の栄光があるようにと祈られます。すでに非常に古くからキリスト教会の祈禱には、頌栄が付けられました。新約には様々な形式の初代教会の頌栄が保存されています。このような神に栄光があるようにとの定型的な祈りの起源は、古代ユダヤ教に求められます。三一神への賛美はラテン語で以下のようになっています。

Gloria Patri, et Filio, et Spiritui Sancto.
　　Sicut erat in principio,
　　et nunc, et semper, et in saecula seculorum.　Amen.

「アーメン」が「まことに」「確かに」を意味するヘブライ語であることは言うまでもありませんが、「世々に」ないし「代々に」を意味する in saecula seculorum は、

「頌栄」doxology
doxa はユダヤ教起源のギリシャ語で、「(神の) 栄光」の意味にもなるヘブライ語のカーボード (重さ) に相当する。古典ギリシャ語におけるドクサは「憶見」のようなやや否定的な響きをもつ語であったが、七十人訳でカーボードの訳語となり新しい意味を獲得した。キリスト教では「……に、栄光が、とこしえに、アーメン」という定式をもつ。

「願わくは、父と子と聖霊に栄えあらんことを。始めにありしごとく、今もいつも、世々にいたるまで。アーメン」(『教会ラテン語への招き』サンパウロ、二〇〇二年による)。

聖書ヘブライ語の「ドール・ワードール*」（詩四五・一八、一四五・一三、イザヤ六〇・一五等）、「レドール・ワードール」（詩三三・一一、一〇六・三一、一三五・一三、イザヤ三四・一七等）などの表現に遡ると考えられます。Sicut erat 以下の表現全体を詩篇に含まれている頌栄（後述）の末尾と比較することもできます。例えば詩篇四一篇一四節と一〇六篇四八節は「とこしえより、とこしえまで」となっています。類似した表現は、出エジプト記三章一五節、同一五章一八節（ミリヤムの勝利の歌）、エレミヤ書七章七節（神殿説教）、同二五章五節、申命記三二章七節（モーセの歌、ここでは過去）などにも見ることができます。

詩篇では編集の過程において、以下のように「バルーク」で始まる頌栄の挿入が行なわれました。このことによって、モーセ五書に倣って五つの巻物に区分されたのです。

バルーク　YHWH《アドナイ》　エロヘー　イスラエル……
祝されよ、主、イスラエルの神、とこしえより、とこしえまで。アーメン、
アーメン。
（詩四一・一四）

バルーク　YHWH《アドナイ》　エローヒーム　エロヘー　イスラエル……
祝されよ、主なる神、イスラエルの神、ただひとり不思議を行なう方

ヘブライ語の「ドール」は、元々「世代」を意味する。より厳密には男性が生まれてから息子をもうけるまでの期間を言う。

アドナイ　本書五五頁注参照。

ウバルーク　シェーム　ケボードー……
祝されよ、彼の栄光の名は、とこしえに。彼の栄光が全地を満たすように。
アーメン、アーメン。（詩七二・一八―一九）

祝されよ、主、とこしえに。アーメン、アーメン。（詩八九・五三）

祝されよ、主、イスラエルの神、とこしえより、とこしえまで。民はみな言う。アーメン、ハッレルーヤー。（詩一〇六・四八）

（五巻の末尾にあたる詩篇一五〇篇は詩篇全体の末尾として、様々な楽器が出てくるハレルヤ詩篇となっており、バルークで始まる定型表現はない）。

七二篇二〇節は、第二篇から第七二篇までの祈禱集がここで終わったことを示している。この祈禱集は、ダビデ王の名と結び付けられており、王の詩篇で始まり、王の詩篇で終わっていたことになる。

預言書における頌栄

預言書の中にも頌栄が現われます。これについて述べる前に、考察を要するのは、出エジプト記三章一四節と一五節です。モーセに神の名が告知され、それがとこしえに唱えられるべきであると命じられるのです。

14神はモーセに言った、「エヒイェ　アシェル　エヒイェ*」。
彼は言った、「お前は、イスラエルの子らにこう言え。
『エヒイェが私をお前たちに遣わしたのだ』と」。
15神はさらにモーセに言った。
「お前は、イスラエルの子らにこう言え。
ヤハウェ、お前たちの先祖の神、アブラハムの神、イサクの神、ヤコブの神
が、私をお前たちに遣わしたのだ。これが、永遠に私の名、これが世々に
私の記念《ジクリー》である」。

一五節後半の詩文は、詩篇一三五篇一三節の「ヤハウェが、永遠にあなたの名、ヤハウェが世々にあなたの記念である」と比較されます（詩一〇二・一三とも比較）。一四節の「エヒイェ」は動詞ハーヤーの一人称単数形（未完了）です。これが三人称男性単数形になると「イヒイェ」(yhyh) となりますが、これを神名ヤハウェ（ＹＨＷＨ）と関連付けようとしているわけです。

アモス書には四章一三節、五章八（＋九）節、九章五―六節の三箇所に頌栄があります。末尾の「ＹＨＷＨがその名」は、出エジプト記三章一五節と呼応しています。

まことに、見よ。

* 「エヒイェ　アシェル　エヒイェ」をどう訳すかは難問である。アシェルは関係詞、エヒイェは文法的には動詞ハーヤーの未完了形一人称単数なので、英語では I am who I am などと訳される。問題のひとつはエヒイェがなぜこのような形で繰り返されるのかである。もう一つの問題はヘブライ語のハーヤーがヨーロッパ諸語のように単に「存在」を表わすのではないことにある。ハーヤーは、むしろ出来事が「起こる」「生起する」と言う意味であり、ひとが主語になったときには「ある」よりも「いる」と訳した方がよい。有賀鐵太郎の「ハヤトロギア」では、このようなエヒイェには使役の意味が含まれるとして「私があらしめる」と解釈する。ヤハウェは「万物を**あらしめる**」神であり、歴史的出来事を「引き起こす」神である（有賀鐵太郎『キリスト教思想における存在論の問題』創文社、一九六九年参照）。

山々を形造り、風を創造する方、
人にその計画の何であるかを告げ知らせる方、
曙〔と〕暗闇《エーファー》を造る方、
大地の高台を踏み行く方、
万軍の神、ＹＨＷＨがその名。

（アモ四・一三）

すばるとオリオンを造る方、
暗黒《ツァルマーウェト》を朝に転じる方、
昼を夜に暗くする方、
海の水に呼びかける御方、
彼はそれを大地の表に注ぐ。
ＹＨＷＨがその名。

（アモ五・八）

アモス書五章九節は非常に難解な箇所で釈義家を悩ませています。鈴木佳秀訳（岩波版）は九節を「堅固な砦に破壊をもたらす方。破壊が要塞を訪れる」と訳し、ここも頌栄の一部と解釈しています。新共同訳は、頌栄の一部とは見ていません。二〇世紀の初頭に預言者研究で有名であったＢ・ドゥーム*がこの箇所に天体の名前を読み取り、ギリシャの詩人ヘシオドスを参照しながら以下のように訳してみせました。

アモス書五章九節の解釈については、論争が続いている。星の名を読みとる者はドゥーム以外にもいる。

Ｂ・ドゥーム
(Bernhard Duhm, 一八四七—一九二八)。スイスのバーゼル大学教授として活躍した旧約学者。預言文学の美的側面に注目するなど独自の観点から預言書を研究した。イザヤ書四〇—五五章から「僕の歌」を取り出したのはドゥームが最初である。

タウラスをカペラとともに昇らせ、
ゲンマをアルクトゥルスとともに据えるお方。

タウラス（Taurus）すなわち牡牛座は冬の星座であり、カペラ（Capella, ぎょしゃ座のα星）も冬の星です。かんむり座ゲンマ（Gemma, 別名アルフェッカ Alphecca）は夏の星、アルクトゥルス（Arcturus）は、牛飼い座のα星であって、やはり夏の星として有名です。つまり、ここでは季節の交替が問題になっていることになります。

アモス書九章一節以下は、この時代にパレスティナを襲った地震に言及している興味深い箇所ですが、これを以下の頌栄が受けています。

5 主〔なる〕万軍のＹＨＷＨ、
大地を振動させる御方、すると地は溶ける。
（そして、その中に住むすべての者は、嘆き悲しむ。
そのすべてがナイル河のように盛り上がり、
エジプトのナイルのように沈む）。
6 天にその高殿を築く御方、
青天井を地の上に据える。
海の水に呼びかける御方、

五節後半は八章八節の再録。二次的に挿入された可能性が強い。

彼はそれを大地の表に注ぐ。
ＹＨＷＨがその名。
（アモ九・五―六）

アモスのこのような頌栄は、神の力強い世界統治について語っています。人間にとっては、神の力はしばしば破滅的な災害をもたらします。このような神の「暴力」について語る仕方は、ヨブの弁論にもしばしばみられるものであって、興味深いものです（ヨブ一二・一三以下など）。アモス書のこれらの頌栄は、従来、後代の編集者による挿入であると見られていましたが、最近ではアモスの語る「審判預言」と緊密に関係していると考える研究者が増えています。これらもアモスのことばと考えて良さそうです。

新約における頌栄

新約にはヘブライ的伝統を踏まえた「頌栄」が非常に多く見られますが、ここでは比較のために若干の例を挙げるにとどめます。まず後代のキリスト教会の礼拝に大きな影響を与えることになったのは、ルカによる福音書二章一四節の天使の歌です。新共同訳では以下のようになっています。

いと高きところには栄光、神にあれ、地には平和、御心に適う人にあれ。

この天使の詞の後半部のギリシャ語「カイ・エピ・ゲース・エイレネー・エン・アンスローポイス・エウドキアス」の解釈をめぐっては、教派間で有名な論争が起こりました。ギリシャ語の「エウドキア」（主格形）は、ヘブライ語の「ラツォーン」の訳語として七十人訳の訳者が考え出した語です。「ラツォーン」の意味に相当するギリシャ語がなかったために「エウドキア」という語を造ったのですが、後代になって元のヘブライ語の意味が忘れられてしまったために、以下のような三種類の解釈が生じることになりました。

①「地の上には、善意の人々に平和があるように」
②「地の上には平和が、人々には満足（Wohlgefallen）があるように」
③「地の上では、御心に適う人々に平和があるように」

①はウルガタ訳が示しているように、カトリック的な人間理解に照応しています。つまり人間の善意は神によって報われるという考え方です。②はルター的な解釈ですが（エウドキアのドイツ語訳がWohlgefallen）、現在では正文批判（本文批評）の観点から成立しないとされます（欽定訳もこの解釈）。③は改革派的解釈とでも言うべきものです。神による選びの「意思」を強調しているからです。現在の聖書学者は、文法的に見てこれが正しいと考えるので、口語訳も新共同訳もこのように訳すのです。

しかし、ヘブライ語の「ラツォーン」の語義や旧約での用法に遡って考えると、①のカトリック的解釈を排除することはできません。以下、要点を述べておきます。このヘブライ語の意味は「好意」「意思」「恵み」「お気に入り」と訳せるように感情と意思とが融合したものです。その意味ではルターの「満足」（Wohlgefallen）は面白い訳語です。問題は神と人のどちらが「満足する」か「気に入る」かです。③の解釈では、神だけが「気に入っている」ことになります。私はラツォーンの用法を徹底的に調べた結果、神に捧げ物をするような時によく用いられることから、「神も人も満足する」という結論になりました。私たちの経験から見ても、神に良い捧げ物をするときには、――モノやお金ではなくて、ボランティアなどいろいろな奉仕活動を含みます――神が喜んで受け入れてくださるだけではなくて、人も喜ぶのではないでしょうか。この場合「人」というのは、捧げ物をした当人だけではなく、その人の周りにいる人々を含みます。「み心にかなう人々」とは「善意の人々」でもあります。

ローマ人への手紙一一章三六節も頌栄と考えられます。口語訳の方が新共同訳よりも優れていると判断しました。欽定訳も掲げておきます。

万物は、神からいで、神によって成り、神に帰するのである。栄光がとこしえに神にあるように、アァメン。

（口語訳）

For of him, and through him, and to him, are all things: to whom be glory for ever. Amen.

（欽定訳）

この頌栄は、見事に有賀鐵太郎の提唱する「ハヤトロギア」の論理*を示していま す。これとよく似た頌栄として、フィリピの信徒への手紙四章二〇節、テモテへの手紙Ⅰ六章一六節を参照してください。「イエス・キリストを通して」と加えられている場合としては、ローマの信徒への手紙一六章二七節、ユダの手紙二五節がありま す（エフェソの信徒への手紙三・二一も参照）。「イエス・キリストに栄光あれ」となっている場合がありますが、これは新約の比較的遅い時代に発生したと思われます（ペトロの手紙Ⅱ三・一八など）。

このように見ていきますと、私たちが礼拝で歌っている頌栄には、旧約時代から連綿と続く、長い長い伝承の歴史があることがわかります。

＊「ハヤトロギア」については、本書一四一頁注参照。

第四章　雅歌の世界

1　旧約神学における雅歌

旧約神学における雅歌の無視

第一章で旧約に中心があるかという論争については述べました。この論争において雅歌のような小さな作品に注目した神学者はいませんでした。二〇世紀を代表する何冊かの「旧約聖書神学」の中で雅歌がどのような位置をしめているのか調査してみたのですが、どの書物でも無視されていました。たとえばW・ツィンマリ『旧約聖書神学要綱』の索引を見ると雅歌への言及がまったくありません。W・H・シュミット『歴史における旧約聖書の信仰』は宗教史的な解説が多い大著ですが、索引を見るとやはりゼロ。G・フォン・ラート『旧約聖書神学』にかすかな望みをかけて調べましたが、Ⅱ巻には言及なし、Ⅰ巻に一箇所発見しました。索引に雅歌六章一〇節とあ

「雅歌」はヘブライ語で「シール・ハッシーリーム」。「歌の中の歌」すなわち「最高の歌」を意味する。英語ではThe Song of Songsと訳される。

W・ツィンマリ『旧約聖書神学要綱』樋口進訳、日本キリスト教団出版局、二〇〇〇年。

W・H・シュミット『歴史における旧約聖書の信仰』山我哲雄訳、新地書房、一九八五年。

りましたので、それを手掛かりに本文を探すと「イスラエルも人やその姿の美しさについて知っており、月の美しさを知っていた」（荒井章三訳、四八六頁）とありました。しかしこれだけです。雅歌の価値は、満月の美しさに喩えられる女性がいる（雅六・一〇）ということで認められているだけなのです。月の美しさについては、わざわざ聖書から教えてもらわなくても、和歌から学ぶ事の方がはるかに豊かです。フォン・ラートの『イスラエルの知恵』の方には、雅歌への言及があってもおかしくないと思って探してみましたが、注に一箇所（勝村弘也訳、四九四頁）言及されているだけでした。C・ヴェスターマンの旧約神学にも、やはり言及がありません。どうしてこのようなことになっているのでしょうか。

雅歌の無視は、旧約の中心を考えるどちらかというと神学的に保守的な立場をとる神学者にも、伝承史的方法をとる進歩的な神学者にも共通しています。旧約を救済史の観点だけから捉えるのではなく、知恵の世界にも独自の価値を認めたフォン・ラートですら雅歌はまともに扱っていないのです。そこには根の深い問題が存在するのではないかと思われます。

大きな物語、小さな物語

水野隆一は「大きな物語」と「小さな物語」との対比によって、このような事態を説明しようとしています。言うまでもなく、旧約の主流をなしているのは、イスラエ

水野隆一「雅歌、ルツ記、哀歌、エステル記」『新版 総説旧約聖書』日本基督教団出版局、二〇〇七年、四五五頁以下。
同「雅歌」『新共同訳旧約聖書略解』日本基督教団出版局、二〇〇一年、七二一頁以下。

ルの歴史的経験について語っているような大きな物語です。これに対して「雅歌は、最初から最後まで、個人の喜びや悲しみを、恋愛に託して歌いあげている」「小さな物語だけに関心を寄せる」抒情詩集です。聖書の読み手、ことに神学者は、小さな物語よりも大きな物語を優先させる傾向があり、小さな物語は大きな物語があってはじめて意味があるのだと考えてきたのではないか。そう考えると大きな物語とまったく接点をもたない雅歌は、読者に大いなる違和感を抱かせることになります。

同じように「小さな物語」に属するルツ記の場合は、物語の末尾でダビデ王との系図関係について語ることによって他の歴史文書との接点をもっています。哀歌の場合には明確にバビロン捕囚を背景としますから、やはり「大きな物語」とつながっています。ヨブ記の場合は、「苦難」や「嘆き」というテーマそのものが、イスラエルの歴史的経験とつながるだけではなく、新約との思想的関連をもつと考えられますから、神学者から注目されることになります。コヘレトのことばの場合は、この書の有する独特の思想傾向、たとえば「懐疑」に焦点を合わせる形で神学者によって論じられてきたと言えます。

雅歌の場合はどうなのでしょう。この書が「歴史」にも、通常考えられる意味での「政治」にも関心を示していないことは、たしかです。しかし、このことをもって雅歌が無思想あるいは思想的価値のない文学であると断じることはできません。聖書解釈の歴史を振り返ってみますと、雅歌は、長期にわたって、愛について語っている最

カール・バルトの弟子であるH・ゴルヴィツァーが雅歌を評価していることは注目に値する。『愛の讃歌　雅歌の世界』佐々木勝彦訳、日本基督教団出版局、一九九〇年。

高の「宗教」作品であると考えられてきたのです。

2　雅歌の構成、歌の分類

文学的統一性と構成

雅歌は長期にわたって比喩的（正確に言うと寓喩的）に解釈されてきました。聖書釈義の歴史を振り返りますと、だいたい宗教改革期に比喩的解釈から字義的解釈に移行していくのですが、雅歌の場合は宗教改革者たちも比喩的解釈を採っていました。近代における雅歌の字義的解釈は、一八世紀末のJ・G・ヘルダーの研究を一つの出発点とすることができます。それでも現代のような「恋愛歌集」であるとの認識は、なかなか一般には受け入れられませんでした。

古代からの寓喩解釈に代わって世俗的解釈が台頭すると、雅歌を特定の歴史的人物や架空の人物が登場する戯曲の脚本と見る解釈も現われました。しかし雅歌に収められた作品の語り手は、本来匿名です。ソロモン王やシュネムの女アビシャグ*とか、田園にいる二人の恋人たち（羊飼いと娘の羊飼い）のような少数の特定の語り手だけを作品の背後に想定する根拠は薄弱です。全体に一貫した筋を認めることは、無理な段落の配置替えを行なわない限り不可能です。これに多少関連しますが、雅歌の語る男

雅歌の最も重要と思われる注解書としてマーフィーの注解書が挙げられる。詳細な解釈史も記されている。Roland E. Murphy, *The Song of Songs*, Hermeneia, 1990.

J・G・ヘルダーについては本書九三頁参照。

アビシャグ　列王記上一章三節以下参照。

女の愛を婚約者だけ、あるいは夫婦だけに限定することもできません。

雅歌に劇的な筋を認めることはできませんが、他方でまったく雑多な詩歌の集成と見ることも誤りでしょう。雅歌全体の「文学的構造」については、一九七〇年頃からさまざまな分析がなされてきましたが、今日、学者の間に何か合意が見られるわけではありません。雅歌には、語句レベルから一定の長さの文、小段落のレベルに及ぶ繰り返し、モチーフやテーマの反復が認められますが、これらをどのように解釈するかによって、全体に異なった構造あるいは構成が認められることになるからです。ここでは、雅歌全体の構成を考えるに際して重要な、基本的な観察をしておくことにします。

まず、次のような抱擁のモチーフ(二・六、三・四、五・七、八・三)に続いて、「イェルサレムの娘たち」に対する祈願ないし誓願が一定の間隔で出現することが注目されます(二・七、三・五、五・八、八・四)。

彼の左手が、私の頭の下にあって、
彼の右手が、私を抱いてくれたら。
イェルサレムの娘たちよ、雌かもしかや野の雌鹿にかけて、
あなたがたに私はお願いします。
愛を覚ましたり、じゃましたりしないように、

十分に楽しむまで。

抱擁のモチーフの二章六節と八章三節は同一の文ですが、三章四節はモチーフとして類似しています。なお、「イェルサレムの娘たち」という表現は、他に三章一〇節、五章一六節にも出て来ます。「これ（「ゾート」、女性形の指示代名詞）はだれ」という表現も三回繰り返されています（三・六、六・一〇、八・五）。二章一六節の「愛する人は、私のもの。そして私は、彼のもの」という表現は、六章三節と非常に似ていますし、七章一一節もこの表現のヴァリエーションと見なせるでしょう。

三章一節以下の乙女の夢想の場面が、五章二節以下ときわめて似ていることもすぐに観察できるでしょう。この他に、庭園のモチーフ（四・一二以下、六・二以下、六・一一）や葡萄畑のモチーフ（一・六、一・一四、二・一五、七・一三、八・一一以下）が繰り返されていますし、葡萄、柘榴《ざくろ》、なつめ椰子などの果樹、睡蓮などの花、香料類が頻繁に登場します。羚羊や鹿、鳩のような動物も盛んに出ます。このような繰り返しは、後に述べる同一の文学類型の配置具合と合わせて考察しなければなりません。

このような観察からわかるのは、現在の雅歌テクストが、何の編集方針もなしに様々な恋愛歌あるいは恋愛詩をただ収集したのではないということです。このことは、冒頭に置かれている作品に「王様」（一・四）が出てくるのに対して、後ろから二番目の作品の八章一一節では「ソロモンの葡萄畑」と「ぼくの自分の葡萄畑」が対

「私は彼らの所から行き過ぎるとすぐに、私の愛する人を見つけた。彼を捕まえた。もう彼を放さない。私の母の家に、私を身ごもった人の部屋に、彼を連れて行くまでは」（三・四）。

比され、末尾となる八章一四節には「跳んで逃げて!」と読者をからかうようなことばが置かれていることでもわかります。冒頭と末尾の作品ではいずれも女性が語っています。しかし、全体の「構造」というようなことを問題にしようとすると、どの反復を重要と見るかによって、多様な解釈が存在することにならざるをえません。

以上に述べたことに関連して、雅歌全体の段落への区分の仕方、ないし雅歌には一体いくつの作品が含まれているのかに関して、学者の間に意見の一致は見られません。私は岩波版での雅歌の翻訳に際して、一応の段落分けを行ないましたが、これには十分な根拠があるわけではないことをことわっておきます。*

文学類型に関する議論

ここでは、雅歌を官能的な内容をもつ多数の恋愛歌の集成と見た場合の個々の作品の文学類型について論じます。これらの作品の多くは、元来は音楽を伴う詩歌として実際に歌われたものだったのでしょう。「ワツフ」*(wasf)に分類される作品のような場合には、詩行数が比較的多くなりますが、数行から構成されるような非常に短い作品も存在すると思われます。一九三五年の論文でF・ホルストは、当時知られていたアラブ世界の恋愛歌などを参照して、雅歌を構成する作品を以下の八つの類型に分類しました。このホルストによる分類法は、基本的には今日まで議論の叩き台として有効と見なされていますので、私訳を交えて最初に詳しく説明し、その後で多少の補

勝村弘也訳「雅歌」『旧約聖書XIII ルツ記 雅歌 コーヘレト書 哀歌 エステル記』岩波書店、一九九八年。並木浩一もこのような見解を支持する。「旧約聖書におけるパストラル」(『パストラル』ピケナス出版、二〇一三年)一〇〇頁参照。

「ワツフ」については、本書一五八頁参照。

Friedrich Horst, *Die Formen des althebräischen Liebeslied*, Orientalische Studien, Leiden: Brill, 1935, 43-54.

足を行なうことにします（なお見出しの（　）内には、まずドイツ語での名称を、次にマーフィによる英語名を示しておきます）。

（一）恋人を称賛する歌（Das Bewunderungslied: poem of adomiration)

すべて男性の側からの恋人への語りかけで始まるとされる歌（一・九―一一、一・一五―一七、二・一―三、四・九―一一、七・七―一〇等）。ただしこの場合、二章一節の扱い方が問題になります（ホルストは、マソラの「私は」を「君は」に変更している）。そこでは相手の女性の魅力が称賛されます。称賛というよりも、むしろ突然、感嘆の声が上がると言った方がよいでしょう。これらの歌の第二部では、相手の魅力ないし美しさがもたらす効果が、願望、合一への期待と喜びなどへと展開されます。この類型には男女の交唱からなっているものが含まれますが、この点に関しては批判的考察が必要です。なおホルストは、最初に女性の側から男性の魅力が称賛されるような例が、雅歌には見当らないと述べています。

9　ファラオの戦車隊の中の雌馬に、
　君をたとえよう、ぼくの恋人よ。
10　かわいいね、耳飾りの間の君の頬、
　ビーズの連なる君の首も。

11 金の飾り輪をぼくたちは君に作ろう、
銀をちりばめて。（一・九—一一）

【注解】一九節の「ファラオの戦車隊の中の雌馬」について。カデシュの戦い（前一四五〇年頃）において、トトメス三世が率いるエジプトの戦車隊の中に敵軍の将軍が一頭の雌馬を送り込み、撹乱を謀ったという記録がある。男たちを狂わせるほどの魅力があるという意味であろう。

次の二章一—三節の場合は、女性の語りかけからはじまっているとするのが妥当でしょう（ホルスト説に反対）。

1 「私は、シャロンの百合、
低地の睡蓮*」。
2 「いばらの中の睡蓮のように、
ぼくの恋人は、娘たちの中にいる」。
3 「森の木々の中の林檎のように、
私の愛する人は、若者たちの中にいる。

ヒッタイト軍の籠城するダブル（デビル？）要塞を戦車で攻撃するラメセス２世。
（テーベ、ラメセイオンの浮彫）

彼の木蔭に、私はほんとに座りたい。
彼の果物は、私の口に甘い」。（二・一―三）

睡蓮
原語はショシャナー。この訳については、O・ケールの図像学的研究に従った（後述）。

【注釈】女性にとっての男性の恋人を意味するヘブライ語の「ドーディ」を「私の愛する人」と訳した。これは男性にとっての恋人の女性「ラアヤティ」を「ぼくの恋人」と訳して区別するためである。

（二）比喩と寓喩（Vergleiche und Allegorien: 欠）

一章一三―一四節、四章一二―一五節は、比喩に分類することができます。「寓喩《アレゴリー》」としてはまず、二章一五節、六章二節が挙げられます。

私たちに狐たちを捕まえて！　小狐たちを、
葡萄畑を荒らす者たちを！　私たちの葡萄畑は、花盛り。（二・一五）

ホルストが、このような歌を寓喩と言う場合、古代から行なわれて来た、いわゆる寓喩的解釈が問題なのではありません。ここでは若い女性が、花盛りの葡萄畑に喩えられているのです。葡萄畑を荒らす「小狐たち」は、恋がたきを意味すると解釈されています。O・ケールは古代エジプトの恋愛歌では、狐が色好みの男性を意味することを指摘します。この歌では狐たちは「殺してくれ！」ではなくて「捕まえて！」と言われています。この場合の「捕まえる」は、三章四節の「彼を捕まえた」を参照すれば、まじめに取られるべきではないでしょう。

O・ケールの雅歌研究については「3　雅歌の図像学的研究」参照。

【注釈】一章一二節や二章一六—一七節も寓喩に数えられているが、ホルストのように寓喩を一つの類型として扱うことは、従来の寓喩解釈と混同される危険があるからだろうか、他の研究者からの支持がない。なお、ホルストは雅歌の寓喩を士師記一四章のサムソンの婚宴での謎と比較しているが、面白い観点である。「比喩」も雅歌のあらゆる箇所で認められるわけであるから、類型概念としては不適切である。マーフィーは、「比喩」「寓喩」に対応する類型は認めない。再考の必要がある類型である。

(三)　身体の描写の歌、「ワツフ」(Das Beschreibungslied; description of the beloved's physical charms)

ワツフはJ・G・ヴェッツシュタインやG・ダルマンによって発見された類型であり、研究史上、重大な意義をもっています。この発見はその後の雅歌とアラブ文学

ヴェッツシュタインとダルマンによるワツフの発見については本書一八三頁を参照。

や、さらには古代オリエント文学（特にエジプト文学）との比較研究をおおいに刺激しました。

四章一―七節、五章一〇―一六節、六章四―七節、七章一―六節の四作品が雅歌に見出されます。ワツフでは、女性ないし男性の身体の美しさが描写されます。この類型は、「恋人を称賛する歌」の一変種とも考えることができますが、内容構成において独自の明確な特徴をもっています。そこでは相手の身体の各部位が、上から下へとあるいは下から上へとカタログ風に列挙され、それらの特徴が自然界や工芸の領域からとられた比喩を用いて描写されます。

1　ほんとに君は美しい、ぼくの恋人よ。
ほんとに君は美しい。
君の眼は鳩、
ヴェールのうしろから見える。
君の髪は、ギルアドの山から跳び下《くだ》る
山羊の群れのよう。
2　君の歯は、洗い場から上ってくる
毛を刈られた羊の群れのよう。
それらはみな双子を産んで、

子を取られたものはいない。
3 君の唇は、紅の糸のよう。
君の話している口は、かわいい。
君の頬は、ヴェールのうしろから見える
柘榴《ざくろ》の裂け目のよう。
4 君の首は、整然とした石積みの
ダビデの塔*のよう。
千の盾がそこには掛けられている、
みな勇士たちの円い盾が。
5 君の二つの乳房は、二匹の子鹿、
双子のかもしかのよう、
睡蓮の間で草を食んでいる。
6 日が息をして、蔭が逃げ去るまでに、
没薬*の山に、
乳香*の丘に、ぼくは行こう。
7 君は全部美しい、ぼくの恋人よ。
君には何の傷もない。

（四・一—七）

「石積みのダビデの塔のよう」な首

右（ハトホル女神を描いたエジプトの木彫。前1300年頃）

左（キプロス島の墓から出土した石灰岩の彫像の一部。前6世紀頃）

【注釈】一節の「山羊の群れ」については、パレスティナには毛の真っ黒な山羊がいることに注意する必要がある。波打つ黒く長い女性の髪の魅力について語っている。二節の「歯」は、左右対称にきれいにそろった白い歯について語る。五節の「睡蓮の間で草を食んでいる」「かもしか」は、自然界の描写ではない。かもしかと睡蓮の組み合わせは、エジプト、シリアなどの工芸品にみられるモチーフである（後述）。六節の「没薬の山」「乳香の丘」は、恋人である女性の身体の比喩である。
このような比喩は、古代エジプトの恋愛詩にも見られる。

没薬（モール）
新共同訳では「ミルラ」とも。カンラン科の常緑樹。Commiphora myrrha. あるいはその樹液を固めた芳香樹脂をさす。南アラビア、エチオピア、ソマリア島に産する。香油や薫香として用いる。

乳香（レボナー）
南アラビア、ソマリランドに分布するカンラン科Boswellia属の灌木。芳香のある乳白色の樹脂が葉から滲み出るが、樹皮に傷をつけると多量に集められる。香油や薫香として広く用いられたが、そのまま噛むと虫歯の予防になる。

（四）自己描写（Das Selbstschilderung; self-description）

一章五―六節、八章八―一〇節の二作品が挙げられます。これらの歌には、乙女と兄弟が登場する。一章五―六節では乙女と兄弟の順序（全体が乙女の独白）ですが、八章八―一〇節では最初に兄弟たちが発言してから妹が答える形式になっています。厳密には一〇節だけが自己描写です。

8 「ぼくたちには、小さな妹がいる。
彼女には、乳房がまだない。
ぼくたちの妹に何をしてあげようか、

彼女が言い寄られた時には。

9 もしも彼女が城壁ならば、
彼女の上に銀の鋸壁《きょへき》を造ろう。
もしも彼女が扉なら、
香柏の板でその上から封鎖しよう」。

10 「私は城壁です。
私の乳房は、塔のようです。
でも、私は彼の眼には、
降伏した者のようになりました」。

（八・八—一〇）

【注釈】九節の「鋸壁」は、城壁の上部にあって敵からの防備に備えるための凸凹。これは妹の装身具の比喩にもなっている。兄たちは、男たちからの妹への接近を城に対する攻撃に喩えて、しっかり守ってやろうという。しかし妹は、すでに自分は成熟した一人前の女性なのだと答える。

（五）ほら吹き歌（Das Prahllied; boasting）

六章八—九節、八章一一—一二節では、王の所有する莫大な財産と、「ぼくの鳩」

（六・九）「ぼくの自分の葡萄畑」（八・一二）である素敵な一人の恋人が対比されます。男性が自分の恋人を自慢している歌です。六章八節では王妃六〇人、側室八〇人が王の所有する女性とされていますが、八章一一―一二節ではソロモン王のハレムにいる女性が隠喩的に「葡萄畑」として歌われています。ソロモンの葡萄畑があるとされるバアル・ハモーンなる地名は、おそらく実在する場所ではありません。この名は「多くの（富）の所有者」を意味するからです。

11 ソロモンには、バアル・ハモーンにぶどう畑があって、
そのぶどう畑を見張りたちに任せた。
おのおのは、ぶどうの実に代えて銀一千を納めるでしょう。
12 ぼくの前には、ぼくの自分のぶどう畑。
ソロモンよ、あなたにはあの一千、
ぶどうの実を見張る者たちには、二百。
（八・一一―一二）

（六）からかいの歌（Das Scherzgespräch: tease）

一章七―八節がこの類型に属します。逢瀬の望みを語る乙女に対して、羊飼いがからかい半分の答えをしていると解釈されます。八節の答えには、いかにも相手を突放したような皮肉な調子があります。しかし、これが一体誰によって発せられたことば

なのかが明瞭でないために、ここにどのような意味のからかいがあるのかに関して、複数の解釈の可能性が生じます。ホルストは、八節を乙女の恋人である羊飼い本人のことばであるとして、そこに「動物的な本能に従って行きなさい」のような意味にとります。第三者によるからかいのことばとして見た場合の解釈を注釈に示します。二章一四―一五節もからかいを含む男女の対話としても読むことができるとします。

7
「私に教えて、私の魂の愛する人よ。
あなたはどこで、群れを飼うの。
あなたはどこで、真昼に群れを休ませるの。
どうして私は、あなたの仲間たちの群れのそばで、
さまよい歩く者のようにしなければならないのでしょう」。
8
「もしもあなたが知らないのなら、
女たちの中でもっとも美しい人よ、
羊の群れの足跡をたどり、
羊飼いたちの住みかのそばで、
あなたの子山羊を飼いなさい」。

（一・七―八）

【注釈】七節の「私の魂」は単に「私」の意味でもあるが、「私の魂の愛する人」は

「私が心の底から愛している人」を含意する。八節の「子山羊を飼う」は、デートにおける乳房の愛撫を暗示する（四・五参照）。つまり、相手の男性の仲間たち（やはり羊飼い）の近くで、逢瀬を楽しんでもかまいませんよと女性をからかっているのである。

（七）経験の描写（Die Erlebnisschilderung; description of experience）

「私」が自分の経験を詩的な物語をとって語るのが、この類型です。二章八節と二章九節後半は、女性が相手の男性の夜の訪問について語っており、これは元来独立した歌でしたが、後で二章一〇—一三節と結合されたのだと、ホルストは考えています。五章二—六節の乙女の夢の場面でも、恋人の夜の訪問のモチーフが重要な役割を演じています。五章七節以下は、ホルストによれば二次的に付加されたものとされます。三章一—四節途中まで（拙訳の「私の魂の愛する人を見つけた」まで）も「経験の描写」です。六章一一—一二節、八章五節後半（「林檎の木の下で」以下）もこの類型に数えられます。二章一一節以下は、パレスティナの春の情景を描き出した美しい詩になっています。

8　私の愛する人の声、

ほら、あの人が来る。
山々を跳び越えて、
丘の上を跳びはねて。
9 私の愛する人は、かもしかや若い雄鹿のよう。
ほら、私たちの壁の後ろで立っている。
窓からのぞき、格子窓から見つめている。
10 愛する人は語りかけて、私に言います。
「立っておいで、ぼくの恋人、
きれいな女よ、さあおいで。
11 ごらん、冬は過ぎ去った。
雨は止み、過ぎて行った。
12 花々は大地に現われ、
剪定の時がやって来た。
山鳩の声が、ぼくたちの地に聞こえるよ。
13 いちじくのその実は、熟れて、
花盛りのぶどうの木は、香りを放つ。
立っておいで、ぼくの恋人、
きれいな女よ、さあおいで。

（二・八―一三）

「丘を飛び越えて来る鹿」（アッシリアの円筒印章。前13世紀頃）

【注釈】八節の「声」と訳したヘブライ語の「コル」は、聴き手の注意を喚起する感投詞であるとも解釈できる。「ほら」や「ねえ、聴いて」とも訳せる。元々、八節だけで独立した歌だったのかもしれない。この類型に属する歌がいくつあるのかに関して、学者の間で多少の意見の相違がある。また「経験」の概念も明確であるとは言えず、この点からも再考の余地があるように思われる。

（八）憧憬の歌（Sehnsuchtslieder; poem of yearning）

ホルストはまず、「千一夜物語」のようなアラブ文学に頻繁に登場する同種の歌と比較します。そこではしばしば失恋や別れによる嘆きと結合しているのですが、雅歌にはこのような例がまったく見られません。これは雅歌に収集された歌が、婚宴で歌われたことに起因すると、彼は説明しています。「憧憬の歌」に数えられるのは、一章二―四節、二章四―五節、二章一〇―一三節、四章八節、七章一二―一四節、八章一―二節、八章六―七節の七歌です。これらの歌には、一定の形式的特徴が見られます。

6　私をあなたの心臓の上に、印章のようにつけてください、
　印章のようにあなたの腕に。
愛は、死のように強く、

二章一〇―一三節に関して並木は次のように述べている。「美しい花が、小鳥の姿が、いちじくの実が単に『そこにある』のではない。花は咲き出で、香り、鳥は鳴き、果樹の実は熟して口を開け始める。この動的な自然が人間の躍動する美に響き合う。そこは神によって善なるもの、美しいものとして創造された被造世界への賛美と感謝が根底にある。このような間接的な形で雅歌は神とかかわっている」（「旧約聖書におけるパストラル」一一七頁）。

情熱は、陰府のように苛酷なのです。
その炎は、燃えあがる炎、強烈な炎。
（八・六）

2 彼の口のくちづけで、彼が私にくちづけしてくれたら。
あなたの愛は、ぶどう酒よりもずっといいわ。
3 あなたの香油のにおいって、いいわ。
あなたの名前は、さわやか香油。
だから、乙女たちはあなたを愛しているの。
4 あなたの後に、私を引き寄せて！　急いで行きましょう！
王さまは、自分の部屋へ私を連れて行った。
私たちは歓を尽くし、あなたのもとで喜びましょう。
あなたの愛を、ぶどう酒よりもほめたたえましょう。
ひとすじに彼女たちは、あなたを愛しています。
（一・二―四）

【注釈】まず冒頭に、相手に対する命令形での願望の表明があって、その後にヘブライ語の「キー」で導入される根拠付けの部分が来る。一章二―四節を見ると、二節前半でまず乙女の口から接吻の願望が発せられる。二節後半はキーで始まって、その根拠付けが行なわれ、三節はその展開部になっている。四節には「あなたの後に、私を引き寄せて」と勧誘のことばが来る。

このような観察に従ってホルストは、二章四節の冒頭部を「私を葡萄酒の館に連れて行って！」と読み替えている。このような読みは、七十人訳の支持がある（私訳はマソラに従う）。ともかくこの類型には、話者による願望や勧誘（二・一〇参照）とその根拠付けという二つの構成要素が認められる。

ホルストは、論文の最後で、おそらく雅歌には当時歌われていた恋愛歌のすべての類型が収められているわけではないだろうと述べている。たしかに、愛の嘆きや離別の歌、慰めの歌のようなものは含まれていない。そこに、編集者の意図を読み取ることもできるであろう。

以上のような分類は、どこまでも議論の前提になるたたき台であって、現在では多くの研究者によって様々な修正が加えられています。それらの中からいくつかを紹介します。

G・クリネツキは、まず「イェルサレムの娘たちよ」で始まる二章七節、三章五節、八章四節を「誓願の歌」と名付ける独自の類型に数えます。三章一〇節の「イェルサレムの娘たちよ」以下と五章一節の「恋人たちよ、食え、飲め、そして愛に酔え」も「歓喜への勧誘」という独自の類型に属するとします。重要なのは、ホルストの「比喩と寓喩」という問題の多い類型に変えて、「形象歌」（Bildlied）という別の類

G. Krinetzki, Kommentar zum Hohenlied, Frankfurt am Main, Bern, 1980.

型を立てたことです（一・一二、一・一三―一四、二・一五、二・一六、二・一七、四・一二、四・一三―一五、六・三、七・一四、八・一三―一四の合計一〇歌）。

M・フォーク（Marcia Falk）は、雅歌の中の「抒情詩」の型についても独自の観察に基づいて分類しています。彼女は、「我―汝関係」が成立しているか否かを一つの基準として、独白と対話に分けるのです（一・二―四、一・九―一一、一・一二―一四、二・四―七等）。半分以上の作品が「愛の独白」（love monologue）とされます。これらの詩においては、「私」が恋人に向かってあるいは恋人に関して、称賛のことばや愛の行為への勧誘などを語っているとします。聞き手は明瞭ではないわけですが、その場合でも相手の恋人が聞き手として暗示されます。次に六つの詩が、「愛の対話」（love dialogue）とされます。二人の恋人の会話（一・七―八、一・一五―一七、二・一―三、二・八―一三、四・一二―五・一、八・一三―一四）がこれに属するとします。ここには称賛や勧誘ばかりでなく、はにかみ等も見られます。

また「戸口の嘆き」（二・一〇―一四と五・二後半）という別の類型を設ける研究者もいます。戸口の嘆きは、すでにアマルナ時代のエジプトの恋愛詩に現われており、Paraklausithyron（ギリシャ語）としてギリシャ・ローマ時代の詩に影響を与えたとされています。しかし、これは一つのモチーフなのであって、類型として独立させる必要はありません。

3　雅歌の図像学的研究

近年、めざましい形で登場してきたのが旧約の図像学的研究です。この研究法は、聖書テクストが成立した時代とあまり離れていない時代の図像をカタログ風に収集し、聖書テクストの解釈に役立てようとするものです。このような研究法は、いわゆる「宗教史学派」に属するH・グレスマン*が一〇〇年ほど前に始めていますが、近年注目されているのが、スイスのカトリックの旧約学者O・ケール*によるものです。詩篇に関連する図像研究書は、すでに日本語訳が出版されています。ケールは、これと同じような図像研究を雅歌でも行なっているので、それをいくつか紹介します。

（一）ショーシャナとは何？

雅歌には「ショーシャナ」と呼ばれている植物が何回も出てきます。「百合」などと訳されてきた植物です。二章一節には、花の名として「ハバッツェレト」と「ショーシャナ」が出てきます。

わたしはシャロンのばら、谷のゆりです

（口語訳、欽定訳。協会共同訳もほぼ同じ）

H・グレスマン
（Hugo Gressmann, 一八七七―一九二七）。旧約学者。博学で知られ、J・ヴェルハウゼンなどの主流派の文献学的研究とは一線を画した。古代オリエント各地の図像を集めた*Altorientalische Bilder zum Alten Testament*（Berlin and Leipzig, 1927）は長く旧約研究者の必携書とされた。

O・ケール
（Othmar Keel, 一九三七―）。詩篇については『旧約聖書の象徴世界』（山我哲雄訳、教文館、二〇一〇年）が、雅歌についてはO. Keel, Das Hohelied, Zürcher Bibelkommentare, 1992; ders., Deine Blicke sind Tauben, SBS 114/115, Stuttgart, 1984 がある。

わたしはシャロンのサフラン、谷のゆりの花（新改訳）
わたしはシャロンのばら、野のゆり（新共同訳）
わたしはシャロンの水仙、谷間のゆり（フランシスコ会訳）

ルター訳ではハバッツェレトを「花」（eine Blume）とするだけです。ハークとエリガーの示す訳文ではショーシャナについては「花」としているだけです。

Ich bin die Narzisse des Scharon, die Blume in den Tälern.
（私はシャロンの水仙、谷間の花です）

二つの花について訳語が分かれるのは、パレスティナの植物を調査した学者たちが、聖書に出てくる花は、これに違いないと論じたことと関係があります。ショーシャナについては、百合以外に「アネモネ」と解釈した植物学者もいます。このように花の種類に関しては論争が続いていますが、注目すべきなのは、図像学的観点からショーシャナを「睡蓮」と考えているO・ケールの意見です。彼は、聖書のショーシャナは、単なる自然の花としては説明できず、当時の工芸、建築、音楽なども参照する必要があるとしました。古代エジプトの工芸品には、睡蓮の間から鹿が首を出している場面やカモシカが睡蓮の間で草を食んでいる様子を描いたものなどがあり

Herbert Haag und Katharina Ellinger, Wenn er mich doch küßte... Das Hohelied der Liebe: Mit Bildern von Marc Chagall, Benziger, 1944 は、カトリック圏の雅歌解釈を批判的に検討している興味深い著書で、ドイツ語訳とシャガールの絵画が収録されている。

ます。* これは自然界の写実画ではありえません。雅歌は高度な芸術性をもつ詩文学ですから、そこにはファンタスティックな光景が出てきても不思議ではありません。「ショーシャナ＝睡蓮」説には、他に有力な証拠があります。雅歌ではこの植物は、匂いとも関係しています。エジプト人は、宴席などでは睡蓮の匂いを楽しんでいます。雅歌には、色々な芳香植物が出てきますから、重要な見解です。また古代エジプト語では、睡蓮は「シェシェン」(ššn) でした。

拙訳の「谷間」と訳した語について説明しておきます。谷間というと日本語では切り立った崖の間の渓谷を連想しますが、聖書ヘブライ語では、「平野」と訳されることもあります。パレスティナは山国ですが、日本のような険しい山地ではありません。平野と言っても広大な場所ではなく、山々に囲まれているような場所を意味します。従って、谷間は「盆地」でもあるわけです。

＊一七六頁図①―③参照。

(二)「君の眼は鳩」

四章一節には直訳すると「君の眼は鳩」という表現が出てきます。女性の眼について語っている箇所です。これを眼の形のことだと考えると理解できません。ケールは、鳩が描かれている絵を集めました。そこでは、鳩が男女の間を飛んでいます。*「眼」は、ここでは「視線」の意味と解釈されます。他にも「眼」のヘブライ語の「アイン」は「視線」を意味する場合があります（箴二三・三一では「杯の中の酒が視

＊一七七頁図④⑤参照。

線を送る」）。

（三）「軟膏の塔」

この奇妙な表現は、五章一三節に出てきます。古代エジプト人が頭の上に軟膏をのせている場面は、壁画などに描かれています。前一四〇〇年頃のテーベの「ナクトの墓」の壁画では、宴席の男女が「軟膏の塔」を頭上にのせて、睡蓮や恋なすの香りを楽しんでいます。*頭上の良い匂いがする軟膏は体温でゆっくり溶けてきて、体全体を快適にするのでしょう。このようなアロマ文化を理解しないと、雅歌の妖艶な世界は理解できません。

＊一七八頁図⑥⑦参照。

（四）命の木のモデルは？

「命の木」は、創世記にも（二・九、三・二二、二四）箴言にも何回か出てきます（三・一八、一一・三〇、一三・一二、一五・四）。もちろんこれは比喩ですから、必ずしも特定の植物をさしているわけではありませんが、雅歌ではナツメヤシがまず問題になります（七・七以下）。ナツメヤシのモチーフは、後代のキリスト教美術にも大きな影響を与えました。古代エジプトでは、イチジクも命の木として描かれました。

ナツメヤシ　一七九頁図⑨⑩、一八〇頁図⑪⑫参照。
イチジク　一七八頁図⑦参照。

（五）「塔」の比喩

「君の首は、ダビデの塔のよう」（四・四）、「君の首は、象牙の塔のよう」（七・五）。
このような表現は、当時の装身具を見てみるとイメージできるでしょう。

一六〇頁図参照。

（六）柘榴のモチーフ

「君の頬は、ヴェールの後ろから（見える）柘榴の裂け目のよう」（四・三、六・七）
という表現が出てきます。この箇所の比喩がどのような意味で使われているのかは、よくわかりません。頬の赤さが問題なのでしょうか。しかし、ここでは視覚ではなく、柘榴の甘い香りが問題なのかもしれません。四章一三節の柘榴は、ヘンナ、ナルド、肉桂、乳香のような芳香植物と並べられているからです（他に六・一一、七・一三参照）。柘榴はパレスティナの代表的な果樹として、民数記一三章二三節、申命記八章八節などに出てきます。また柘榴を意味するヘブライ語「リンモン」は地名にもなっています（民三三・一九）。より重要なのは、祭司の着る服につける「柘榴」のような工芸品のモチーフになっていることです（出二八・三三以下、三九・二四以下、代下四・一三など）。また柘榴の花は、「鈴」（ヘブライ語「パアモーン」）のモデルになりました（出二八・三三以下、三九・二五以下）。日本では柘榴の実が甘いという感じがしませんが、私がイェルサレムで飲んだ柘榴のジュースは、香り豊かで美味でした。種子が多いということとも関係すると思われますが、柘榴は地中海世界やエジプトか

一七九頁図⑩、一八〇頁図⑪参照。

①「ショーシャナ（睡蓮）」
中央に睡蓮とパピルスを束ねたものが描かれている。
（ツタンカーメンの墓出土の象牙板より。エジプト、前 14 世紀）

②「ショーシャナ（睡蓮）」
睡蓮の花からレイヨウが顔を出す。
（ナクトのパピルス挿絵より。エジプト）

③「ショーシャナ（睡蓮）」
睡蓮の間で草を食むレイヨウ。子が乳を飲んでいる。
（ファイヤンス製の皿。エジプト、前 1190 年頃）

④「君の眼は鳩」
男女が差し向かいで酒を酌み交わしている。鳩が男から女へ向かって飛ぶ。右のライオンと鹿、見つめ合うスフィンクスの図が現実描写でないことを示す。（シリアの円筒印章。前 1750 年頃）

⑤「君の眼は鳩」
鳩は女から男に向かって飛ぶ。ヴェールを広げて男に美しさをアピールする女が描かれている。（アッシリアの円筒印章。前 1750 年頃）

⑥「軟膏の塔」
上段「軟膏の塔」を頭にのせ、恋なすの匂いを嗅ぐ女たち。
下段「軟膏の塔」を頭にのせ、睡蓮や蓮の香りを楽しむ男たち。右側中央は睡蓮や蓮に囲まれた葡萄酒の壺と小麦の山。
(ナクトの墓の壁画。エジプト、テーベ、前 14 世紀頃)

⑦「軟膏の塔」
擬人化された命の木（イチジク）から、墓の主である死者たちが命の水を受ける。夫婦の頭上には「軟膏の塔」がのっている。(センネジェムの墓の壁画。エジプト、前 14-13 世紀)

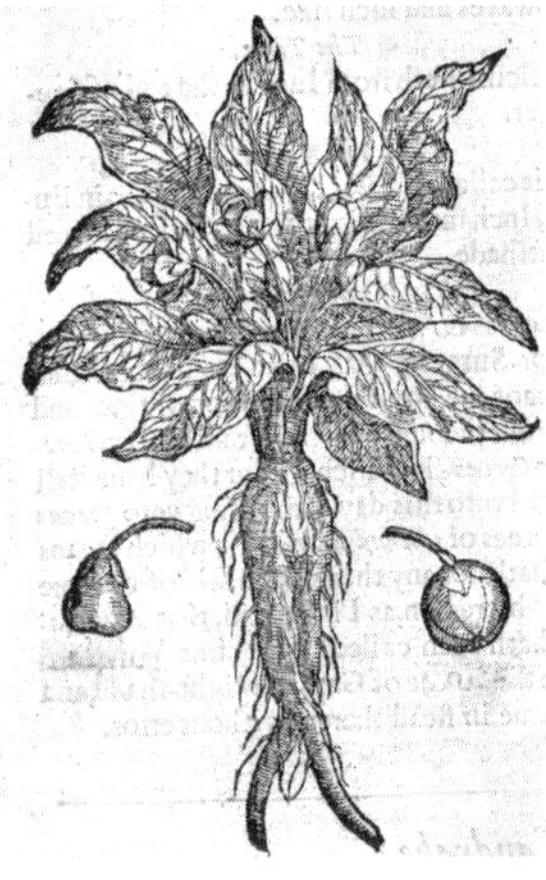

⑧「恋なす」
別名マンドレーク
(J. ジェラード『本草書』1633 年より)

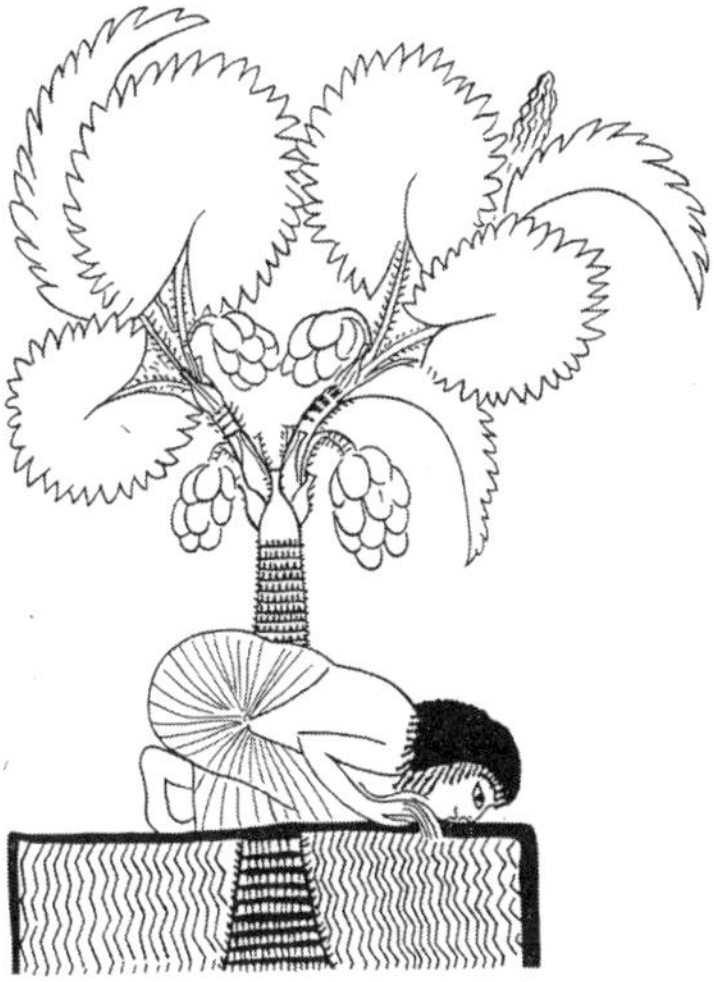

⑨「命の木」としてのナツメヤシ
(アメンナクトの墓。エジプト、前 14-12 世紀)

⑩「命の木」としてのナツメヤシ
果実を収穫するために２人の男が上っている。(カルタゴの浮彫より。前 4-2 世紀)

⑩「命の木」としての柘榴の木
山の神（肩から４つの河が流れ出ている）が中央に立つ。
(アッシリアの象牙細工。前 13 世紀)

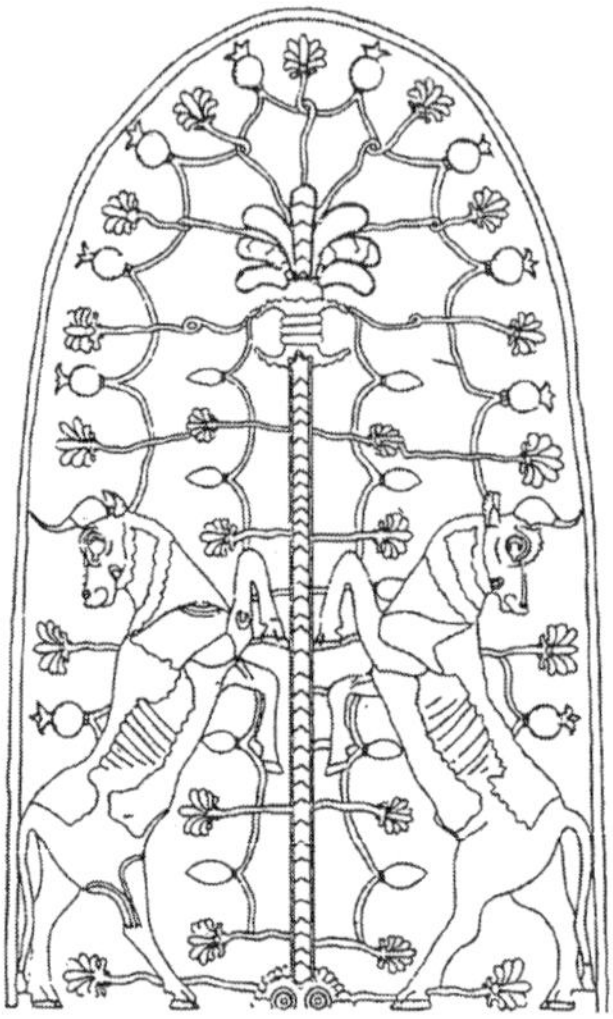

⑪「命の木」としてのナツメヤシと柘榴
中央にナツメヤシ、2頭の雄牛が両側に立ち、背景を文様化された柘榴が取り囲む。（ニムロデ出土のファイヤンス製タイル。アッシリア、前840年頃）

⑫モチーフとしてキリスト教美術に受け継がれた「命の木」
3人の博士（右からガスパル、メルキオール、バルタザール）の背後にナツメヤシが描かれている。（サンタ・ポリナーレ・ヌオヴォ聖堂のモザイク画。ラヴェンナ、6世紀）

らペルシャに到る広大な地域で神聖な植物と見なされていました。

4　雅歌解釈の歴史

（一）古代中世の寓喩的解釈

有名なオリゲネスの『雅歌注解』、ニュッサのグレゴリオスの『雅歌講話』、それからシトー会の修道士であったクレルヴォーのベルナルドゥスの雅歌に関する説教、これらが比喩的解釈、特にアレゴリア（寓喩）解釈の代表例となります。これらの著作では、雅歌の中の愛し合う男女の関係や、「キリストと教会」の関係や、「キリストと信仰者の魂」の関係に置き換えて解釈していきます。ユダヤ教でも伝統的にアレゴリア解釈が行なわれていました。ユダヤ教側の解釈の特徴は、雅歌の中の色々な出来事をイスラエル史の中の歴史的事件と関連させて解釈する所にあります。つまり、歴史的・寓喩的解釈です。

これらの解釈で、非常にすぐれているのがオリゲネス*のものです。紀元後二四〇年頃の著作とされる『雅歌注解』の序文には「この書は祝婚歌（epithlamium）、つまり婚礼をことほぐ歌であり、ソロモンの手によってドラマ形式で書かれた」とあります。オリゲネスは、字義通りの意味にとれば雅歌は花婿と花嫁が主役として登場する

ニュッサのグレゴリオス『雅歌講話』大森正樹他訳、新世社、一九九一年。

オリゲネス
一八五頃―二五四頃。アレクサンドリア学派の代表的なギリシャ教父。『諸原理について』など膨大な著作を残した。ヘブライ語原典（マソラ）と同時代に流布していた聖書のギリシャ語訳写本を照合したヘクサプラ（Hexapla「六つの欄」）を作成するなど聖書の文献学的研究の祖でもある。神学者としては、アウグスティヌス（三五四―四三〇）と同様にプラトン哲学から大きな影響を受けた。アウグスティヌスの神が人を罪から救う「恵みの神」であるのに対して、オリゲネスの神は「万物の父」なる神であるとされる。彼の祈禱論については、有賀鐵太郎『オリゲネス研究』（創文社、一九八一年、および小高毅訳『雅歌注解・講話』創文社、一九八二年）参照。

世俗的な祝婚歌であると考えていました。このような戯曲説は近代に入っても支持者がいました。オリゲネスの解釈の特徴は、聖書テクストの意味を重層的に捉えるので、字義的解釈を否定するのではなく、まずは字義から意味を解き明かし、それから比喩的解釈に移っていく点にあります。

(二) 宗教改革者たちの解釈

宗教改革によって、聖書全般についての字義的解釈への方向転換が起こりました。ところが雅歌の場合には、宗教改革は解釈の根本的な変化を引き起こさなかったのです。たしかに宗教改革は、人間の身体性に関してカトリックとは根本的に異なる理解を提示しましたから、結婚観には変革が起こりました。しかしエロティックな内容をもつ詩歌をそのまま字義通りに読むことはできなかったのです。J・S・バッハのカンタータを聴きますと、雅歌の中のフレーズが出てくることがありますが、すべて比喩的に解釈されて用いられているのです。*

(三) J・G・ヘルダーの字義的解釈

ヘルダーはロマン主義の祖とされる思想家です。時代的には文豪ゲーテの時代と重なっています。ゲーテは中部ドイツのヴァイマール公国の宰相でしたが、ヘルダーはその宮廷教会の牧師だったのです。彼は、雅歌をはじめて世俗的な男女の愛を歌った

バッハのカンタータ Wachet auf, ruft uns die Stimme (BWV 140) の第二曲のレチタティーヴォでは「花婿」=「終末時に現われるイエス」が「丘の上を跳び越えてくる若い鹿」(雅二・八―九)に喩えられている。第五曲には「印章のように私の腕につけてください」(八・六)、「私の左手にあなたが憩い、私の右手であなたに口づけできたら」(二・六)とあり、第六曲には「私の友は私のもの、そして私は彼のもの」(二・一六、六・三)とある。

ヘルダーの思想についてはアイザック・バーリン『ヴィーコとヘルダー』(小池銈訳、みすず書房、一九八一年)、およびカール・バルト「ヘルダー」(『カール・バルト著作集一二 十九世紀のプロテスタント神学(中)』安酸敏眞訳、新教出版社、二〇〇六年、一七六頁以下)参照。

文芸作品であるとしました。雅歌は古代イスラエル民衆の声であり、それゆえに最高の芸術作品であるのです。雅歌を世俗的な恋愛歌ないし祝婚歌であるとする見解は、時間はかかりましたが、現在では多少のニュアンスの差はあれ、基本的には旧約研究者の支持を得ていると言ってよいでしょう。なお、彼がヘブライ詩のもつ独特のリズムに注目し、そこにしばしば民衆の舞踏を読みとったことは注目すべき事柄です。

(四) 民俗学的研究

雅歌が民衆的な愛の歌の集成であるとするヘルダーの理解は、アラブ世界と接触するようになった西欧人によって補強されるようになります。プロイセン領事としてシリアに滞在していたJ・G・ヴェッツシュタイン（Wetzstein）は、ダマスコ近郊の農村で興味深い出来事に遭遇しました。花婿と花嫁が婚宴の開かれる七日間、儀礼的に王と王妃として打穀板の上に座る風習を観察したのです。打穀板というのは麦を打穀するために牛などに引かせるかなり大きな板のことで、一定の重量をかけるために板の上に座席を設けることもあります（イザ二八・二七―二八では、車輪のついた打穀板）。この宴席では、アラビア語で「ワッフ」と呼ばれる女性の身体の美しさを褒める歌が歌われ、ダンスが行なわれました。彼は一八七三年にこの出来事を「シリアの打穀板」と題して民族学雑誌 Zeitschrift für Ethnologie に発表しました。ヴェッツシュタインの報告は、すぐに聖書学に導入されます。当時有名な旧約学者であった

K・ブッデは『雅歌注解』（一八九八年）において、雅歌が婚礼歌集であるとの見解を表明しました。その後、パレスティナに滞在して民俗学的調査を行っていたG・ダルマン*は当地の民衆が歌っていた愛の歌（アラビア語でディワン Diwan という）を多数収集しました。彼の収集した恋愛歌には女性および男性の身体の美しさを描写するワッフも含まれていますが、これらの歌は直接的には婚礼とは関係がないとしています。

なお、東アジアには、春に男女が歌を掛け合う「歌垣*」（カガイ、ウタガキ）の風習がありました。これは、我が国の『風土記』に記録されているだけではなく、中国の少数民族（ペー族、ミャオ族、イ族など）の習慣として現存することが近年判明しました。このような風習は、文化大革命によって破壊されたため、歌の伝承者が著しく減少しましたが、工藤隆が一九九四年から数年間かけて雲南省で歌垣の模様を記録することに成功しました。従来、色々と学者たちが想像たくましく議論してきた歌垣の実際の姿が目撃されたことは重要です。この風習は「歌のワザ」を競い合う「公的な」性格をもつ行事だと工藤はしています。そこに記録されている男女の即興での掛け合いの歌が、どこか雅歌と類似しているのは実に興味深いことです。

（五）宗教史からの研究、古代エジプトの恋愛詩との比較研究

古代オリエント世界に関する知識の増大にともなって、雅歌を神話的・祭儀的背景から解釈しようとする試みも現われました。雅歌に収められた作品の中には、たしか

K・ブッデについては、本書九七頁の注を参照。

G・ダルマン

（Gustaf H. Dalman, 一八五五—一九四一）。ヘブライ語、アラム語、アラビア語に卓越した能力を示したドイツの聖書学者。イエスと彼の弟子たちがヘブライ語ではなくアラム語を話していたと論じたことで有名な学者である。パレスティナに定住して、同時代のこの地の人々の暮らしについて写真を含む詳細な記録を残した（8巻の Arbeit und Sitte in Paläsitna, 1928-42）。

歌垣

工藤隆『歌垣と神話をさかのぼる——少数民族文化としての日本古代文学』新典社、一九九九年。

に神話的な背景をもっているものがあります。たとえば花嫁の魅力を歌う四章八節は、猛獣と女神との連想関係を前提にしています。それにも拘わらず雅歌を祭儀テクストと考えることはできません。雅歌はどこまでも人間的な愛をテーマとする作品群であって、第一義的に宗教的な内容をもつ文書ではないからです。

古代エジプト文学の研究が進むにつれて、新王国時代のエロティックな内容をもつ恋愛歌と雅歌の類似性が指摘されるようになりました。G・ヘルレマンの注解書では、雅歌を基本的にエジプト文学や造形芸術の影響下にある芸術的な恋愛歌集であると見ています。彼の解釈に従うと、世俗化の進行したソロモン時代の宮廷人たちがこのような洗練された抒情的な詩歌を創作したことになります。しかし、語彙などの言語的特徴から判断すると雅歌の最終的な編集が行なわれたのは前四―三世紀とするのが妥当であるように思われます。雅歌を構成する個々の作品の成立年代には、かなりのばらつきがあるようです。恋人たちの活動の場について考察すると、都市的な環境よりも農村の方が優勢ですから、宮廷を主な創作の場とすることはできないでしょう。ヘルレマン以外にも、古代エジプトの恋愛詩と雅歌の類縁関係を指摘する研究者は存在し、両者の関係を否定することはできません*。

(六) フェミニズム神学の影響

M・フォークによる研究のところでフェミニズム神学の影響については詳しく述べ

G. Gerleman, Ruth: Das Hohelied, Biblischer Kommentar XVIII, 1981^{2}.

雅歌の成立年代
「遊園」「楽園」を意味するパルデス（英語のパラダイス）という語（雅四・一三）が、ペルシャ語からの借用語であることなどから雅歌の最終編集年代は前四―三世紀とされることがある。

並木浩一「旧約聖書におけるパストラル」九八頁参照。

ます。その前に「雅歌の中の食物のイメージ」に関する研究を紹介します。これもある種のジェンダー研究としての性格をもっているからです。

愛の食べ物、雅歌における食物のイメージ

アタルヤ・ブレンナーは、まず雅歌に出てくる食物がすべて菜食主義を思わせることに注意しています。次に恋人である女性が「乳と蜜」や「柘榴」に喩えられることは、トーラーの語っている「約束の地」を連想させるとします。「葡萄」「葡萄園」もまた「約束の地」と関係しています。さらに預言者の語っている比喩において「愛」と「食物」の関係が問題になりますが、そこではヤハウェが食物の提供者です（ホセ二章参照）。雅歌では、男性の恋人に食物を提供するのは主に女性です（逆は少ない）。ブレンナーの主張が、正しいとすれば、水野が言う「大きな物語」と「小さな物語」が関連付けられることになります。ここでは以下に、ブレンナーが作成した三つの表を示しておきます。

Athalya Brenner, The Food of Love: Gendered Food and Food Imagery in The Song of Songs, Semeia, 1999, p. 101ff.

表1　雅歌に出てくる食べ物

胡桃	六・一一
葡萄菓子	二・四
蜂蜜	四・一一、五・一

表2　食物の関連語

恋なす（マンドレーク）	七・一四
乳	四・一一、五・一、一二
小麦	七・三
葡萄酒	一・二、四、二・四、四・一〇、五・一、七・一〇
芳香葡萄酒	八・二
混ぜ合わせた葡萄酒	七・三
水	四・一五、五・一二、八・七
滴る蜂蜜	四・一一
果汁	八・二
柘榴	四・三、一三、六・七、一一、七・一三、八・二
油（オリーブ油）	一・三、四・一一
イチジク（木）	二・一三
イチジク（堅い実）	二・一三
ナツメヤシ	七・八、九
アンズ（または林檎*）	二・三、五、七・一〇、八・五
房*	一・一四、七・八、九

林檎
古代イスラエルに「林檎」があったかについては論争が続いている。ヘブライ語「タップアハ」は地名にもあるが、これが何の木なのかはわからない。雅歌では果実が甘く、良い香りがするとされる。植物学者モルデンケは「タップアハ」は「あんず」（Prunus armeniaca L.）とする。あんずの原産地には中国説とアルメニア説がある。アルメニアなら、聖書時代にパレスティナで栽培されていても不思議ではない（H&A・モルデンケ『聖書の植物』奥本裕昭編訳、八坂書房、一九八一年、二六―二八頁）。

（葡萄の）房
「（葡萄の）房（エシュコル）」は「約束の地」の象徴とされる（民一四―一六章）。

葡萄の木	二・一三、六・一一、七・一三
蜜蜂の巣	五・一
房の枝*	七・九
果実	二・三、四・一三、一六、八・一一、一二

表3　甘さの関連語

良い、うまい	一・二、四・一〇
とても甘い	五・一六
甘い	二・三
心地よい	二・一四

雅歌のトポス

すでに考察したように、雅歌に収められた作品を、恋人を称賛する歌、ワッフ（身体の描写）、からかいの歌、ほら吹き歌、憧憬の歌のようないくつかの型に分類することはできますが、厳密な意味で「生活の座」を規定することは困難です。これらの歌が直接的に結婚と関連するのか否かという議論もあまり意味はないでしょう。

雅歌には「からかい」や「すれ違い」はあるが、失恋や愛し合う男女の離別の嘆きのようなものはありません（これはアラビアンナイトの場合とは違っています）。それで

房の枝　ナツメヤシの房。

は雅歌の世界が「愛のユートピア」なのかと言うと、少し違うようです。恋人たちは楽園の中で愛し合っているようにも見えるのですが、「社会的コンテクストがまったく欠けているわけではない」とされます（R・マーフィ*）。王、王妃、側室、隊商、軍人、夜警、羊飼い、そしてイェルサレムの娘たちと様々な人々が登場し、葡萄園や庭園とともに要塞化された町も出てきます。貧富の差も存在しているのです（八・一一以下）。

M・フォークは雅歌を構成している作品が置かれている基本的なコンテクストとして以下の四つを挙げています*。

①農作物が栽培されている、ないし居住可能な田園
②荒涼とした、ないし人里離れた自然風景（およびそのような要素）
③屋内の環境
④街路

雅歌の最大の魅力は、比喩の面白さとともに聖書文学には珍しく情景描写がきわだって美しいことにありますが（たとえば二・八以下）、そのような美しい場面は、上記の①と②に現われます（情景描写は日本文学の特徴）。雅歌に登場する植物を列挙すると、葡萄、ナルド、乳香、没薬、ヘンナ、香柏、糸杉、ユリ、睡蓮、茨、リンゴ、

R・マーフィ
（Roland E. Murphy, 一九一七―二〇〇二）。アメリカのカルメル会に属するカトリックの聖書学者。優れた雅歌注解を残した。
The Song of Songs, Hermeneia, Fortress Press, 1990.

M. Falk, *Love Lyrics from the Bible*, Sheffield, 1982 参照。さらに、フォークによる「雅歌注解」（勝村弘也訳、J・L・メイズ編『ハーパー聖書注解』教文館、一九九六年）五六一―五六四頁参照。

イチジクとなります。そこでは視覚のみではなく、しばしば聴覚や嗅覚が問題になることが重要です。動物は、まず小家畜の「群れ」から始まって、子山羊、雌馬、鳩、雌レイヨウ、野の雌鹿、レイヨウ、若い牡鹿、山鳩、狐とつづきます。これらの動植物はたいていの場合、果樹園、庭園、牧場、泉のような人間の生活圏に出現します。このように自然が人間にとって友人のように身近に存在している世界なのです。

しかし、自然が恐ろしい様相を示すこともあります。猛獣のヒョウやライオン、「灼熱する太陽」「蜃気楼」さらには「荒野」「大水」「夜の闇」、これらは、苛酷なまでの情熱、恋する者の不安、愛のデモーニッシュな力を象徴し、また暗示するのです。

雅歌には「女性の声」が頻繁に登場します。これが女性の研究者を引き付けました。時としてその声は家父長制的な束縛からは自由です。たとえば、想像上の出来事でしょうが、あるおとめは、夜中に街路や広場を徘徊して夜警に見つかっています（三・二以下、五・七）。しかし、彼女が道徳に反しているとは語られません。また、「私の母の家」という表現も注意を引きます（三・四、八・二）。聖書には「父の家」が随所に出てくるのとは対照的です。「母の家」は、未婚の女性がふだん生活している空間のことでしょう。そこに恋人を連れて行き、「あなたに芳香葡萄酒と私の柘榴の果汁を飲ませてあげる」と言うのです。このことも何も非難されていません。なお、葡萄酒や柘榴の果汁に別の意味があることは、女性が「私の」とことわっていることが示しています。

雅歌では結婚は主要な問題ではない

雅歌の描いている男女の愛は、結婚を前提にしているかどうか、と問うことにはあまり意味はありません。これは雅歌の世界に結婚が存在していないという意味ではありません。結婚は第一義的には社会制度です。雅歌の描き出す男女の愛は、そのような枠を超越してしまっているのです。もしも結婚という社会制度の枠を前提にすると、旧約の世界は家父長制の世界ですから、男性が、女性を管理している世界ということになります。父親がまず娘を管理しており、夫は妻を管理している。というよりも、女性は男性の財産でした。女性のセクシュアリティが男性に管理されている、これを「性の抑圧」ということばが的確に表現しているのかどうかはわかりませんが、そういう現実があったのが古代イスラエルの世界でした。雅歌は、しかし、「こういうことをしてはいけない」とか「こうしなさい」というような禁止や命令を一切語らないのです。「こうである」「こうあってほしい」と言うだけで、「こうしなさい」とは誰も命令しない。いっさい命令のない世界。おそらく夫婦愛においても理想的な状態として、そういう関係が考えられるでしょう。お願いはあっても、命令はない。本当に愛し合う者たちの世界というのは、そういうものではないでしょうか。この命令や抑圧のないこととの関係で、雅歌には父親のイメージが欠けているのだと私は思います。母がいるのに父がいない。そこにいるのは、まず若い男性と女性のカップル。それから羊飼いやら王様やらイェルサレムの娘たちが登場する。そして母親と兄弟も顔を出すのです。しかし父親は出てきません。

5 雅歌の開く聖なる世界

雅歌は第一義的な意味での宗教的文書ではなく、徹底的に世俗的な恋愛歌集です。しかし、互いに愛し合う男女の歌い交わす愛の歌は、彼らを取り巻く環境世界と互いに溶けあい、共鳴します。人と人とが共鳴し、人と動植物が共鳴する。そして宇宙が共鳴する。このような被造世界における共鳴は、必然的に人間と自然と万物の創造者である神との共鳴をも喚起するのではないでしょうか。それは、たとえばヴィヴァルディのヴァイオリン曲が、鳥のさえずりや風の音や小川のせせらぎを模倣するときに、その楽音が自然と共鳴し、そのことによって、そこに「聖なる世界」が啓かれてくるのと同じではないでしょうか。このような音楽は、単に心地よいだけではなく、神賛美としての性格をも合わせ持っています。そして、そこに現成することになる「聖なる世界」は、もはや通常の意味での宗教の次元を超えたものなのです。

すべての雇い人が死ぬまで働くのよりも、花嫁のキスのほうが、はるかに神に貢献する。
（アンゲルス・シレージウス、中世の神秘主義者）

真のエロティックな愛は、愛する者たちの心と精神を、他者に向かって開く。
（ドロテー・ゼレ、現代ドイツの女性神学者）

第五章　コヘレトのことば

1　文学的表現の面白さ

「コヘレト」の思想については、現在も研究者の間で論争がつづいています。そのことが示すように、「コヘレトのことば」は一筋縄ではいかない文書です。ギリシャ思想の影響を受けた、いわゆる「ヘレニズム時代」の作品であること、つまり旧約の諸文書の中ではもっとも遅い時代に成立したこと、他の文書のような「古典ヘブライ語」ではなくて、少し変化した新しいヘブライ語で書かれていることなどは確かですが、正確な成立年代や成立地はよくわかりません。また、このテクストの背後に、一人の著者がいるのかどうかも不明です。おそらく一人ではないでしょう。このような問題とは別に、文芸作品として見た場合に、表現の面白さ、巧みさに魅力を感じる人も多いようです。そこでまず、そういう意味で面白い箇所をいくつか取り上げてみましょう。

4世は**過ぎ行き**、また世は来る。
だが、地は永遠に立ち続ける。
5太陽は昇り、太陽は没する。
そして自分の場所へと喘ぎ〔下り〕、
そこ〔から〕昇ってくる。
6南へと**吹き行き**、また北へと巡り、
巡りめぐって、風は**吹き行く**。
風は巡りつづけて、また戻る。
7すべての川は、海に**流れ行く**。
だが、海が満ちることはない。
川はその**流れ行く**場所に、
そこへと繰り返し**流れ行く**。
（一・四―七）

訳ではうまく表現できませんが、原文ではすべての動詞が分詞形で用いられています。これは、ここで問題になっている現象が、繰り返し起こる、現在も継続していることを示しています。まず原文で目立つのは、全体を通して動詞「行く」（ハーラク）

が反復されていることです。*「行く」のは、「世」（ドール）、「風」「川（複数形）」です。「行く」の反対語は「来る」（バー）ですが、この語は四節では「世」、五節では「太陽」に対して用いられます。ヘブライ語の「来る」は、もともとどこかに「入る」ことを意味します。ですから太陽は、毎日自分の場所から昇ってきて、また「入る」わけです。六節の「風」の話題では、「巡る」が四回反復されます。風の捉えどころのない様をよく表現しています。これは、地中海を巡る季節風のことを言っている可能性があります。

「世」（ドール）については、多少の説明を要します。この語は、元々抽象的な意味での「時間」を意味するのではなく、「世代」あるいは「一定の継続する期間」を意味します。先に取り上げた頌栄に出てくる「代」「世」の意味です。*旧約の伝統的な考え方からすると、前の世代が経験したことを次の時代の人々が確認し、継承していくのが歴史です。このような歴史的経験を「世々に」と表現しました。しかし、コヘレトは、太陽、川、風のように反復し、循環する自然現象と並べて、このような歴史的時間を見ています。この関連で問題になる「地は永遠に立ち続ける」という命題には、何か深淵な意味がありそうです。

一章四―七節は、自然界における「循環」を冷静な目で観察しています。ここでは時間もまた循環するのです。「コヘレトのことば」はエジプトのアレクサンドリアで書かれたとする説がありますが、そうすると尽きることなく滔々と海に水が流れ込む

＊訳文では太字で表記。「過ぎ」「吹き」「流れ」は意訳的な付加。

＊本書一三九頁以下参照。

ナイル河や、地中海を循環する季節風を見ていることになります。しかし、このような自然現象の観察は、コヘレトの中で独立しているのではなくて、前後の別の詩によって囲い込まれ、そのことによって別の意味が生じています。二節の「空」（へベル）を反復する作品全体の序詞に続いて、三節では「太陽の下で労苦するすべての労苦は、人間に何の益があるのか」と語られています。この「労苦」（アーマール）は、コヘレト全体の鍵語であり、名詞で合計二二回、動詞で一三回用いられています。「益」と訳した語「イットローン」も鍵語であって一〇回の用例がありますが、旧約の他の文書には出てきません。イットローンは、「残る」を意味する動詞からの派生語です。一生懸命働いて手元に残る「利益」「稼ぎ」「もうけ」のことです。大阪の商売人が言う「もうかりまっか?」を連想させることばです。「そんなに苦労して働いても、もうかりまっか?」というのが、三節の意味ということになります。ここでは訳しませんが、八節以下には三節と同様、厭世的な気分が漂っています。一章四―七節の自然現象に関する詩は、このような文脈に配置されることによって、まったく別の意味を生じています。

　次に取り上げるのは、全体の末尾に置かれた老年に関するアレゴリー（寓喩）です。

あなたの若き日々に、あなたの造り主を覚えよ。
悪い日々が来て、

空（へベル）「コヘレトのことば」全体の鍵語（後述）。

「私にはそれが気に入らない」とあなたが言う歳になるまでに。
太陽と光と、月と星々が闇となり、
雨の後に雲が戻って来ないうちに。
その日には、家の番人は震え、力強い男たちは身を曲げる。
粉ひき女たちは、数が減って仕事を休み、
窓越しに眺める者は、暗くなる。
通りに面する扉は、閉ざされて、
粉ひきの音は、低くなる。
小鳥の声には眼を覚ますが、
歌うたう娘たちはみなはっきりしない。
彼らは高所を恐れる。道にはびっくりするものが居る。
アーモンドの花は咲き、バッタはのろのろ歩き、
ケーパーの実ははじける。
まことに、人は永遠の家に赴き、泣く者たちが通りを行き巡るのだ

（一二・一—五）

「太陽と光と」以下では、雨期に入る冬が老年に喩えられています。「その日には」とは「老年になると」の意味です。以下にアレゴリーが続きます。老いた人の身体

が、ゆっくりと壊れて行く家あるいは町の様子に喩えられるのです。「家の番人」は「手」、「力強い男たち」は「足」のことです。「粉ひき女」とは「歯」のことです。たしかに、だんだんと数が減っていきます。次に「窓越しに眺める者は、暗くなる」で視力の衰えが表現されます。「通りに面する扉」は、「耳」あるいは「唇」でしょう。通りはにぎやかなのに、「耳」が遠くなると特に低音が聞こえません。次の「小鳥の声には眼を覚ます」は、比喩ではなく、老人の早起きの現実を語っています。「歌うたう娘たち」とは、早朝にさえずる小鳥たちのことだと解釈されます。小鳥のさえずりのような高音は聞こえるのですが、ぼんやりと聞こえるだけです。「高所を恐れる」も道路が危険になるのも現実でしょう。「アーモンドの花は咲き」からは、季節が春になっています。アーモンドは白い花を咲かせるので、白髪を暗示します。バッタは跳びはねるものです。少年時代には跳びはねていた人も、歳をとると肥満になって足が弱り、歩行困難になるということでしょうか。「ケーパーの実ははじける」は、意味が判然としません。ケーパーの蕾は酢漬けにしますが、これは食欲や精力を増進させます。ケーパーの効き目がなくなるという意味に取る人がいます。「永遠の家」は、墓のことです。葬送の行列が「通りを行き巡る」場面がこれに続きます。

アーモンド
ヘブライ語ではシャーケード。「目覚め（ショーケード）」「見張り」に通じるので、将来に向かって開かれた心、鋭い感性や機敏な判断力を象徴する木となった（エレ一・一一―一二）。アーモンドの花には二色あり、「白い花からできる実は苦く、ピンク色の花が結ぶ実は甘い」とされる（池田裕『旧約聖書の世界』）。コヘレトが見ていたアーモンドの花は白かったに違いない。

2　書名、著者、成立年代など

ヘブライ語原典では「コヘレトのことば」で始まるので、新共同訳は「コヘレトの言葉」を書名としました。コヘレトは「集まる」「集会を開く」を意味する動詞や「集会」「会衆」を意味する名詞と同一の語根から派生した語です。「コヘレト」は著者の名前として一章一、一二節以外に、一章一二節、七章二七節、一二章八、九、一〇節にも登場しますが、この語は明らかに人名ではありません。コヘレトは文法上、女性名詞ですが、著者が女性であったとはまったく考えられません。そこで著者の「職能」「職務」を表わしているのだとも説明されています。「知恵」が女性として人格化される伝統とも関係しているのでしょう。知恵の教師であった著者が用いた一種のペンネームなのでしょうか。しかし「藤子不二雄」のように複数の著者の可能性があります。

コヘレトがダビデ家の王であるかのように語る箇所からは、読者は、知恵者であって栄華を極めたソロモン王を思い浮かべます。しかしこれは「文学的虚構」です。むしろ彼は政治的権力に対しては無力な一人の知識人です（五・七以下、八・二以下、一〇・四以下など）。「あとがき」の部分からは、彼が知恵の教師であったことがわかります。

書名
口語訳聖書での書名「伝道の書」はルター訳が「説教者ソロモン」（Der Prediger Solomo）としたような伝統からきている。

「知恵」を意味するヘブライ語「ホクマー」は女性名詞である。

知恵文学
古代エジプトでは非常に古い時代から、王の遺訓という形式をとった知恵文学が存在したことが参考になる。

二章五節の「パルデス」（庭園）、八章一一節の「ピトガム」（判決）はペルシャ語からの借用語であり、アラム語からの影響も明瞭です。コヘレトのヘブライ語は大部分の旧約諸文書で使用されている古典ヘブライ語よりは、ミシュナなどで用いられている中期ヘブライ語に近いとされます。一九世紀の高名な旧約学者フランツ・デリッチ*は「もしもコヘレト書がソロモン時代のものだとすると、ヘブライ語には言語の歴史がなかったことになる」との名言を残しました。その言語的特徴から判断して、この書が旧約のもっとも遅い時代の著作であることは確実です。

「コヘレトのことば」が直接的にその成立年代に関して言及している箇所はありません。思想内容から見ると、ヘレニズム時代の人生哲学――ストア派*やエピクロス派*――の影響が考えられ、最近の論文には、同時代の哲学者のことばと比較した研究が多くあります。八章二節の「誓約」には、ユダヤ人がプトレマイオス一世に誓った忠誠の約束が反映されているという意見があります。本書の全体的な雰囲気からは、貨幣経済が著しく発展した前三世紀のプトレマイオス朝以降の時代が考えられます。他方、マカベア時代に起こった、ユダヤ的伝統がヘレニズムと激しく衝突する深刻な事態を直接的に想起させるような箇所は見られません。このようなコヘレト書全体の雰囲気からは、前三世紀末を成立年代とする説が妥当とされています。しかしながら、近年、コヘレトの思想を「黙示思想」との対決という面から捕えようとする試みが出てきました。この説に従って、成立年代を前二世紀とする者もいます。

F・デリッチ
(Franz J. Delitzsch, 一八一三―一八九〇)。一九世紀ドイツの聖書釈義家。タルムードなどのユダヤ教文献に関する知識と並外れたセム語全般への知識を駆使して、C・カイルとともに旧約全巻の注解書を刊行した。この注解シリーズは英訳されて広汎な読者を獲得した。

ストア派
学派の創始者はゼノン。柱廊（ストア・ポイキレー）を備えた建物で教えていたので、ストア派と呼ばれた。ゼノンは「アキレスと亀」の喩で有名なパラドクスを説いた。このような常識に反する逆説的な教えを説く点はコヘレトにも共通するところがある。なお、「禁欲」「冷静」を指す「ストイック」はストア派の禁欲主義的な生活態度から来ている。

エピクロス派
独特の快楽主義的な教えを説いたエピクロス（前三四一

本書では「黙示」とは何かについては、あえて詳しい説明を省略します。なぜなら「黙示とはなにか？」というテーマほど学界で論争されている事柄はないからです。K・コッホは日本語訳では『黙示文学の探求*』となっている本を書きましたが、原著の題名は「黙示、それはどうにもならん」というような意味です。しかし、「どうにもならん」では、以下の論述が理解できない方もおられると思いますので、簡単に説明します。善悪二元論的な発想があって、邪悪な者と敬虔な者が明確に区分される。将来起こることは神によって決定されている（決定論）。将来に関する秘義がわかる者には歴史を鳥瞰することができる。敬虔な者には死後の救済が定められている。ざっとこんなところでしょうか。ダニエル書の思想と考えれば、ほぼ当てはまります。

著者が民衆を教えた職業上の教師であったとしても、どのような意味でそうであったのかが問題です。古代イスラエルにおける教育制度については、よくわかっていません。先に読んだ一二章一節以下からは著者が高齢であったとの推定も成り立つかもしれません。しかしこれもおそらく「文学的虚構」でしょう。古代ギリシャのソフィスト*のように定住地を持たない遍歴教師であったのかもしれません。そう考えると、この著者には思想的な一貫性がないとの非難は当たらないでしょう。教える相手によって違ったことを語るのは、「生活のために」教師をやっている人間にはよく起こることだからです。

―二七〇）を祖とする学派。彼の説いた快楽は飲食や性の交わりのような活動からえる一時的なものではなく、「静的な」喜びである。心の「平静」を乱すような活動を拒否して幸福な人生を実現しようとした。コヘレトとは個人主義という点では共通するが、快楽に関しては異なっている。

K・コッホ『黙示文学の探究』北博訳、日本基督教団出版局、一九九八年。

ソフィスト
前五世紀にギリシャ語圏で活動した知識人たちを指すので、教えの内容はそれぞれ異なっている。彼らは故郷を離れて諸都市を訪問し、金銭をとって様々な知的技術を教えた職業教師であった。コヘレコヘレトが駆使するさまざまな文学的手法からすると、古代イスラエルおよび周辺文明諸国の知恵文学の伝統を熟知したすぐれた文学者の姿が浮かび上がってきます。彼はよく格言や諺の類から引用しています。例えば一章一八節には「多くの知恵には、多くの苛立ち。知識が増せば、苦痛も増す」とあります。この節の前半は、元々独立した格言であった可能性があります。その意味は、「苛立ち」（「カアス」、現代風に言えば「むかつき」）や労苦なしには、学習の成果は得られないことを生徒に諭すためのものであったようです。ところがこれに後半部を付けくわえてコヘレトは、まったく別の意味に変えてしまいました。これではまるで、教師稼業が楽ではないと皮肉を言っているようです。二章一四節前半でも格言が引用されているようです。「賢い者の眼はその頭にあり、愚か者は闇を歩む」は元来、「賢者はその知恵によって危険を回避することができるが、愚者は死の危険に曝されている」という意味だったのでしょう。しかし、コヘレトは賢者にも愚者にも同じ死の運命が臨むことを強調することばに変えてしまいました。もしかすると、ここでは、原発事故では賢者にも愚者にも同じように放射能が降り注ぐ、というような冷酷な現実が語られているのかもしれません。神に選ばれた者たちだけが、救われるとするような宗教思想――つまり黙示思想――が根底から批判されているのかもしれません。

トも職業教師という点では共通するところがある。ソフィストたちは、弁論術と論争の技術を得意としたので――テレビに登場する現代の政治評論家たちと似ている面がある――、後に「愛知（フィロソフィー）」を説くプラトンによって激しく論難されることになった。

3　コヘレトの教えから

ここでは、「時に関する教え」など、コヘレトの思想をよく表わしていると思われるいくつかのことばを取り上げて、解説することにします。

「昔は良かった」というのは愚か者

私を含め、人は高齢になるほど「昔は良かった」と考えがちです。それに冷や水を浴びせるのが以下のことばです。

10 なぜ往時の日々に起こった事の方が、これらの事よりも良かったのか、と
言うな。
あなたがこのことについて問うのは、知恵から〔出たの〕ではないからだ。

13 神の業を見よ、
まことに彼が曲げたものを、だれがまっすぐに出来ようか。
14 良き日には、良きもののうちにおれ、
災いの日には、〔しっかりと〕見よ。

これに対してはあれをも、神は造った。
人間は自分の後のことは少しも見つけられない、ということの故に
（七・一〇―一四）

おそらく一一―一二節は、位置が違っているのでしょう。一〇節を一三節以下に続けて読みました。不幸な時代に生きていると思う者は、「昔は良かった」と言う。しかし、それは賢者の考えることではない。コヘレトは、「時」にはそれぞれ固有の「時」があることを説いているのです。われわれには、われわれの生きている固有の時があります。人間はどこまでもこの時の制約のもとで生きているのであって、時の全体を見ることはできません。これに対して「黙示思想」は、歴史全体を展望できるという立場をとります。「自分の後のこと」つまり未来に起こることについては、人間は何も知らない（箴二七・一をも参照）。人間はこの意味で相対的存在であるから、良い時代に生きていようが、災いの時代*に生きていようが、そこにたいした違いがあるわけではないというのです。

地震や水害が起こると災害ボランティアに行く人が増えました。ボランティアに出掛ける人に対して、口ではその人を立派だと褒めていても、心の中では自分とは直接関係がないことだとか、自分と関係のない他人の世話まで見る変な人と思っている人もいるようです。そう思う人は、きっとどこかで「自分は災害に遭わない」と信じて

災いの時代
「ヤハウェは、すべてのものを自分の目的のために造った。邪悪な者をも、災いの日のために」（箴一六・四）。「方丈記」の著者、鴨長明は、彼が目撃した災害の驚くべき冷静な観察者であったと、堀田善衞『方丈記私記』（ちくま文庫、一九八八年）は述べている。コヘレトも鴨長明も伝統的な価値観が破壊されてしまった戦乱の時代に生きていた。両者の思想に共通するところがあるのは、そこに起因すると思われる。

いるのです。しかし、それは大きな間違いでしょう。そういう人は、まったく偶然にまだ災害に遭遇していないだけで、それは明日、自分の身に降りかかることなのかもしれない。そういうことは「知りえない」というのもまた一つの重要な認識です。「自分はあんな大災害には遭わない」と思っていた人ほど、想定外の不幸に遭遇すると「昔は良かった」と言うのでしょう。

幸福な時代もあれば不幸な時代もあるのだから、自分がたまたま不幸な時代に生きているからと言って、文句を言うのはやめよう、時を決定するのは神の業であるから、人間にはどうしようもないとコヘレトは言います。

このような考え方を一概に「諦念」、つまり「あきらめ」と言えるでしょうか。「不信仰」と決めつけるわけにもいきません。神は、あれ（幸せな日々）もこれ（災難が振りかかる日々）も作ったとする思想こそが、まさに知恵の思想なのです（箴一六・四参照）。その意味ではコヘレトは、イスラエル的な知恵の思想の伝統の中で生きていました。不幸な時代には、まさにその災いを「見よ」と勧告しているようです。人間は将来について何も知らないのだから、眼前の災難から眼をそらすようなことをしてはならないと教えているようです。多くの研究者は、コヘレトを少しニヒルな考え方をする富裕な知識人と見ていますが、どんなものでしょうか？

不慮の事故？

いわゆる「不慮の事故」については、九章一一節以下で語っています。これは誰にも臨む可能性があります。一〇章八節以下は、専門家の陥る危険について皮肉な口調で語っています。特殊な技能をもつ職人には、彼らに特有の事故が起こるというのです。

8 穴を掘る者が、その中に落っこち、
石垣を崩す者を、蛇が咬む。
9 石を切り出す者は、石によって怪我をする。
木を割る者は、木に用心しなければならない。
鉄〔の刃〕がなまってしまったら、〔それの表面が研がれていないので〕、
うんと力を出して頑張らなくてはならない。
役に立つ有益さこそが知恵なのだ。

八節の「穴を掘る者」は、人間の一般的な労働の例として挙げられているのではなくて、穴掘り職人のことです。彼は危険な労働を専門にしているのです。悪事を企んだ者が報いを受けることの比喩として、穴をうがった者が自分の掘った穴に落ちる例がよく挙げられます（詩七・一六、九・一六、箴二六・二七）。しかしここでは、事故

の危険がある仕事の例として穴掘りが挙げられているのです（現代のマンホール内での作業を思い浮かべよ！）。「石垣を崩す」もきわめて危険で専門的な仕事です。それ自体が危険な仕事の上に、大きな石の裏に蛇が隠れていて、うっかり手を突っ込むと咬まれるというわけです。石（複数）を切り出す仕事は、建設労働の代表例です。石を扱うために石で怪我をすることが起こります。木を割るときも同じ道理です。九節の後半は、仕事に使う用具である「鉄」をしっかり手入れしておかないと、役に立たないと言っています。道具にはメンテナンスが大切です。

チェルノブイリや福島での原発事故のような破滅的状況を念頭において、コヘレトを読んでいきますと、普段は気がつかなかったような読み方が成立します。原発には原発だけがもっている危険性があります。その運転が極度に専門的な技術の上に成立しているという、まさにそれゆえに危険なのです――原子炉の中を直接のぞくわけにはいかないような特殊な技術です――。メンテナンスをいいかげんにすれば、後で「うんと力を出して頑張らなくてはならない」。福島原発で起こっているのはまさにそれです。原発安全神話を語ってきた者たちに関連してすぐに思い出すのは、箴言二七章一節です。そこにはこう書かれています。「明日のことで自慢するな、一日が何を生み出すか、お前は知らないからだ」。

時に関する教え（1）

コヘレトの思想を黙示思想との対決という視点から解釈する小友聡が考察の出発点としたのは、八章一―九節です。

小友聡「コヘレトの反黙示思想」（『旧約学研究』第八号、二〇一一年）四一頁以下。

また誰が事象の解釈（ペシュル・ダーバール）を知っているか。（八・一）

まことに、何が起こるかを知っている者はいない。（八・七）

名詞「解釈」（ペシェル）は、旧約のヘブライ語での用例はここだけですが、ダニエル書のアラム語部分には頻出する語です。ダニエル書二―七章では三二回も用いられています。ちなみに死海文書にもよく出現する語です。このことは、コヘレトがダニエル書を意識してこの語を使ったことを暗示します。さらに「（将来）何が起こるのか」というテーマは、ダニエル書に限らず黙示文学がさかんに語っている表現です（ダニ二・二八、二九、四五参照）。黙示思想においては、未来の予知が真剣な問題となります。黙示の立場からすると予知は可能であり、そのことは神に選ばれた「賢者」だけが、特別な方法によって知ることができるのだと主張します。コヘレトは、未来について何も知りえないことに関しては、人間はみな同じなのだとしています。ここには、ほとんど原理的な対立があります。

ダニエル書には「秘義《ラズ》」（新共同訳では「秘密」）という重要な語が二章一八節以下に出てくるが、コヘレトには出てこない。死海文書の『教訓』と『秘義』では、「起こるべきことの秘義（ラズ・ニフヤ）」という表現が術語的に用いられ、しかも頻繁に出てくる。コヘレトを「反黙示」という線だけで解釈することは、この点では少し無理があると言える。

賢者の心は、時《エート》と正法《ミシュパート》を知っている（八・五）。

ここで問題になっている「時」は、ひとが何事かをなそうとする場合の適切な「時」、つまりタイミングのことです。このような時については、次に挙げる三章一節以下が定式化しています。コヘレトが「時」と並んで「ミシュパート*」を持ち出すのは示唆的です。なぜならこの語は「審判」をも意味するからです。黙示が「最後の審判」について語ることを意識しての発言とも読めます。

時に関する教え（2）

コヘレトの「時*」に関する教えの中でもっともよく知られているのが、三章一節以下の教訓詩です。ここではまず理論的に定式化されたテーゼが掲げられますが、その

起こるべきことの秘義　勝村弘也訳と解説『死海文書X　知恵文書』（ぷねうま舎、二〇一九年刊）を参照。

「正法」（ミシュパート）　ヘブライ語の「ミシュパート」は「裁く」を意味する「シャーファト」（√ špṭ）から派生した名詞。「裁き」「公義」「法」などと訳されるが、箴言やコヘレトのことばなどでは抽象化されて用いられているので「正法」と訳す。

時・時間　聖書時代のヘブライ語には、われわれが使っている「時間」に相当する語がない。「時節」と訳した「ズマーン」は、祭りの「期間」のような場合に用いる。「時宜」「時」と訳した「エート」は「時期」「機会」と訳すこともできる。

意味はこれだけでは判然としません。この意味を明確にするために、一連の相互に反する時に関する命題が掲げられます。人間には常に二つのうちの一方だけをなすことが可能であると言います。人が何をなすべきであるかを知るためには、「すべてのことにはそれにふさわしい時がある」ことを知らなければならないのです。この意味でこの時に関する教えは、きわめて実践的なものです。

すべてのことには時節《ズマーン》があり、
天の下のすべての企てには時宜《エート》がある。
生まれる時《エート》と死ぬ時、
植える時と植えられたものを抜く時、
殺す時と救う時、
破壊する時と建設する時、
泣く時と笑う時、
嘆く時と踊る時、
石を投げる時と石を集める時、
抱く時と抱くことから遠ざかる時、
捜す時と失う時、
保存する時と投げ捨てる時、

引き裂く時と縫う時、
黙る時と語る時、
愛する時と憎む時、
戦う時と平和の時。

（三・一―八）

人間は過ぎゆく時間の中に生きているのですから、ある特定の行為がいつでも同じ効果をもたらすというわけではありません。このことで人間は、時によって制約され、限界づけられています。人間はこのような時の条件を受け入れる以外に道はありません。人間の経験は、いつでもどこでも何らかの仕方で条件付けられているので、「絶対的な妥当性をもつものを確定することはできない」のです。

コヘレトが語っている時宜に関する教えは、彼の心に突然わいてきた思想なのではなくて、預言者や伝統的な知恵の教えにすでに見られたものでもあります（エレ八・七、箴一五・二三、ヨブ五・二六、イザ二八・二三―二九など参照）。

日本人の場合は、時の移り変わりを、花や虫、鳥のような生き物や、風物との関係で感じ取る伝統があります。「花が咲いた」「うぐいすが鳴く」「紅葉が美しい」「コオロギが鳴く」「初雪が降った」というような具合です。これに対してコヘレトは「時」をすべて人間の「企て」との関連で語っています。

時に関する教え（3）――人は老いて死ぬ

すでに考察した一二章一節以下（老年の比喩）の他に、三章一六―二二節が一五節までの「時」に関する詩を受けて、人間に臨む「運命」（ミクレ）について語っています。ここでは人間は、他の「動物」と同列に置かれています。死んで「塵に帰る」ことにおいては、人間も動物と同じで、動物よりもすぐれていることはないのです。人間、特に神に選ばれた敬虔な者だけが、死後、神のもとに行き永遠の命を得るとするような思想を批判している可能性があります。このような一種の「選民思想」への批判は、すでに預言者の思想に見られたものです（アモ九・七、イザ二一・一二―一七など）。

コヘレトの一連の「時に関する教え」は、次のような箴言の中の格言と比較することができます。そこでは人間のすべての企てや計画が神のもとで相対化されています。この意味で、コヘレトは旧約的な知恵の伝統を発展させたものと言えるでしょう。

人の道は皆、自分の眼には潔い。
だが、精神を試験するのは、ヤハウェである。　（箴一六・二。二一・二も参照）

ヤハウェは、すべてのものを自分の目的のために造った。

邪悪な者をも、災いの日のために。（箴一六・四）

人の心は、その道を考え出すが、
その歩みを導くのは、ヤハウェである。（箴一六・九）

4　コヘレトの思想

コヘレトの論敵？

木田献一は、コヘレトの思想的特徴を「人生の無常と虚無を強調する点にある」とし、仏教の説く無常観と共通する面があると述べています。木田の解釈は、この書に繰り返し現われる「空」（へベル）の語義——元来は、気息、蒸気など「はかないもの」を意味する——を仏教用語の「空」と比較することによっています。「空」は単なる「無」ではなくて、あらゆる現象が実体性を欠いていること、実体を欠く現象は常に変化し、無常であることを意味します。そこのところが似ているというのです。木田は成立年代については「厳密な設定を試みることは困難である」として、通説に従って「ヘレニズム時代になって、懐疑主義や悲観的な無常観が一般的になった時代

木田献一「コヘレトの言葉」（『新共同訳旧約聖書略解』日本キリスト教団出版局、二〇〇一年）七〇六頁以下。

のものと考えられる」としているだけです。筆者も『新共同訳旧約聖書注解』において成立年代に関しては簡単な考察で済ませ、前三世紀後半とする多数意見に従っています。その根拠としたのは、ユダヤ的伝統がヘレニズムと激しく衝突したマカベア時代の危機的な状況を直接的に思わせるような箇所がないという点でした。

「コヘレトのことば」がその表現の過激さや皮肉な論調から見て、論争的な傾向を持っていることは、否定できませんが、どのような思想と対決しているのかについては、必ずしも明らかではありません。新しい時代状況に合わなくなった伝統的な知恵の立場を批判しているのではないか、その時に槍玉に挙げられているのは、応報思想ではないのかといった議論がよく行なわれます。また、著者の思想には「懐疑主義」というレッテル貼りがなされるばかりではなく、ヘレニズム思想の影響を強く受けて、伝統的なユダヤ教の信仰を失ってしまったのではないかとの疑念もしばしば表明されます。しかし、それではこの書が正典に加えられている事情が説明困難となるばかりか、コヘレトの思索が実はきわめて「ユダヤ的」であるという側面が無視されてしまいます。なお、フォン・ラートは『イスラエルの知恵』において、コヘレトは伝統的な信仰からは離れたとしますが、その思想が伝統的な知恵の立場を継承している面があることも強調しています*。

ところが近年になって、コヘレトが論争相手としているのは、実は黙示思想ではないかとの意見が出てきました。小友聡は、近年の欧米の研究者の意見を参照して、コ

勝村弘也「コヘレトの言葉」（『新共同訳旧約聖書注解Ⅱ』日本キリスト教団出版局、一九九四年）二二〇―二二三頁。

* G・フォン・ラート『イスラエルの知恵』（勝村弘也訳、日本キリスト教団出版局、一九八八年）三四一頁以下。

ヘレトは、同時代の黙示思想を徹底的に批判しているとの見解を示しています。* このような見解は、死海文書の研究が進むにつれて、前二世紀ごろの黙示思想の解明が進んできたことと関連しています。

前節で行なった「時に関する教え」の解説では、このような見解を参照しました。

一昔前までは、旧約で黙示と言えば、まずダニエル書が問題でした。ところが死海文書と総称される膨大な写本群からは、黙示的傾向の強い文書がいくつも見つかっています。コヘレトと黙示思想を関係づけるとなると、不可避的に死海文書を問題にせざるをえません。この関連で、死海文書の主要な製作者であったと想定される「エッセネ派」の思想をコヘレトが論駁しているのではないかとの仮説が成立しそうにも思われます。もしもそうだとすると、コヘレトが正典に入っている理由も説明しやすくなります。

以下の議論は、かなり専門的になりますが、「コヘレト」=「反エッセネ派文書」という仮説は成り立たないということについて述べておきます。

すでに注意したように昔から学術用語として使われてきた「黙示」という概念が定義不可能であるために、この概念で何かを説明しようとすると混乱が起こります。もう一つの問題は、その黙示思想の代表的な担い手と見なされる「エッセネ派」が歴史的にいつ出現したかが不明なことです。これまでよく言われてきたのは、「邪悪な祭司」に対抗して「義の教師」が現われ、死海のほとりのクムランに教団を創設したと

* 小友聡「コヘレトの反黙示思想」参照。

いう説です――つまりこの時点でパレスティナのユダヤ教が深刻な形で分裂したことになります――。私はこのようないささか出来過ぎたストーリーには懐疑的ですが、仮に教団の指導者の一人に「義の教師」がいたとしても、彼がいったい、いつ頃の人物なのかについては、これまでに色々な説が出されていて判然としません。ですから、コヘレトが黙示思想に批判的であったとは言えるにしても、義の教師の登場と「クムラン教団」の創設とを関連付けて、コヘレトの成立年代を設定する試みは、成功する見込みがありません。また、死海文書のなかの『秘義』*についてては、成立年代が前二〇〇―一五〇年頃とされ、エッセネ派文書とは考えられていないのです。いわゆる黙示思想は、特定の宗教団体――しかもセクト的な教団――だけのものだったのではありません。

コヘレトは「非ユダヤ的ユダヤ人」？

ユダヤ思想の大きな特徴は、典型的にユダヤ的と考えられている思想と衝突する思想を産み出す点にあると言えるのではないでしょうか。カール・マルクスの無神論やS・フロイトの精神分析学、レヴィ＝ストロースの文化人類学を思い出すのがよいのかもしれません。しかし、何といっても「キリスト教」こそが、「ユダヤ教」と正面衝突するユダヤ思想ないしヘブライ思想にほかなりません。このような一見すると正反対の思想を生みだすパワーこそがユダヤ思想の魅力であると考えると、コヘレトの

『秘義』

死海文書の『秘義』については二一〇頁参照。『秘義』がダニエル書と類似していることは確実である。この文書で問題になっている対立項は、イスラエルと異邦人の間に存在する。その意味で、愛国主義的である。ユダヤ社会内部での対立抗争は問題になっていない。これがマカベア反乱以前という成立年代を推定する手掛かりになっている。

ような異端児が出現したことに驚くことはないでしょう。そして異端児には十分な存在意義があるのです。

このことに関連して、池田裕は実に興味深い洞察をしているので、紹介しておきます。彼は、コヘレトが「ギリシャ思想と触れることによって、それまでのヘブライ思想にはあまり見られなかった個人主義のよい面を学んだかもしれない」*と指摘しています。伝統的なヘブライ思想では個人を民族と完全に切り離すことはありませんでした。個人は、どこまでも部族や民族の一員であったのです。コヘレトが生きていた時代のいわゆる「ヘレニズム思想」を特徴づけているのは、コスモポリタニズム（世界市民主義）とよばれる個人主義*でした。コヘレトもまたそのようなコスモポリタンであったのです。

彼は、世界の覇権を手に入れようとして軍事力のある権力者たちが絶えず抗争していた時代に生きていました。ある者は成り上がって絶大な権力を手に入れますが、すぐに没落してしまいました。このような時代には、大多数の人々は権力者の抑圧によって苦しめられ涙を流します（四・一以下）。賢い少年よりも愚かな者が権力を振り回すことも起こりました（四・一三）。コヘレトはこのような忌まわしい事態を観察しているのですが、昔の預言者のように権力者に抗おうとはしません。悩み苦しみ悲しんでいる弱者に寄り添うのでもなかったようです。その意味でも彼はどこまでも個人主義者でした。彼には「『わたし』はあっても、『われわれ』がなかった」ので

池田裕『旧約聖書の世界』岩波現代文庫、二〇〇一年、五九―六四頁。

個人主義
旧約において「個人」という概念がいつどのようにして出現したのかは興味深い問題である。私は預言者エゼキエルが繰り返し使っている単数形の「人の子（ベン・アダム）」という用語が、「個人」に相当するのではないかと考えている。同じ表現の「人の子」は、人間の尊厳について語っている詩篇八篇五節にも出てくる。

す。

池田は、しかしながら、コヘレトは民族の一員としての自分ではないが、「すべてのヘブライ人にとってもう一人の自分であった」と言います。それは「弱気の自分」でした。ヘブライ人は、このような弱気の「内なるコーヘレト」との対話を避けなかった。しかし、ヘブライ人は最終的にはその内なるコーヘレトに打ち勝たなければならないことを心に決めた民族である」と池田は述べています。最終的には克服すべき思想であったとしても、そのなかに普通の人が気づくことのない真理、簡単に受け入れたくはないが、実際にその通りである真実が含まれているのならば、それを無視して棄て去ることはできません。そのようなコヘレトの思想を正典の中に収めることにしたことにユダヤの知恵が現われています。そこには本当の意味での強靭な精神が現われているのです。

主な参考文献（特定の章に関係なく参照されている文献もある）

第一章　旧約の原典をめぐって

G・フォン・ラート『旧約聖書神学Ⅰ』荒井章三訳、日本基督教団出版局、一九八〇年。
G・フォン・ラート『旧約聖書神学Ⅱ』荒井章三訳、日本基督教団出版局、一九八二年
ドロテー・ゼレ『働くことと愛すること――創造の神学』関正勝訳、日本基督教団出版局、一九八八年
木田献一『旧約聖書の中心』新教出版社、一九八九年
ゲルハルト・リートケ『生態学的破局とキリスト教――魚の腹の中で』安田治夫訳、新教出版社、一九八九年
R・C・ムーサフ＝アンドリーセ『ユダヤ教聖典入門』市川裕訳、教文館、一九九〇年
E・シュミート『旧約聖書文学史入門』山我哲雄訳、教文館、二〇一三年
The Leningrad Codex. A Facsimile Edition, Eerdmans, Brill, 1998

第二章　創世記の父祖物語を読む

L・ケーラー『ヘブライ的人間』池田裕訳、日本基督教団出版局、一九七〇年
R・バルトなど『構造主義と聖書解釈』久米博・小林恵一編訳、ヨルダン社、一九七七年
A・マルケーゼ『構造主義の方法と試行』谷口勇訳、創樹社、一九八一年
C・ヴェスターマン『創世記Ⅰ』山我哲雄訳、教文館、一九九三年
片倉もとこ『アラビア・ノート――アラブの原像を求めて』ちくま学芸文庫、二〇〇二年

M・ウェーバー『古代ユダヤ教（上）』内田芳明訳、岩波文庫、二〇〇四年
H. Gunkel, Genesis, Göttingen, 1901/1977[9]
H. Gunkel, *The Folktale in the Old Testament*, tr. by M. D. Rutter, Almond Press, 1987
K. Koch, Was ist Formgeschichte, Neukirchner, 1964/74
Cl. Westermann, Theologie des Alten Testament in Grundzügen, ATD Ergänzungsreihe 6, Göttingen, 1978

第三章　詩　篇

Ch・バルト『詩篇入門』畑祐喜訳、新教出版社、一九六七年
左近淑『詩篇研究』（新教セミナーブック）新教出版社、一九七一年
W・F・オールブライト『古代パレスティナの宗教』小野寺幸也訳、日本キリスト教団出版局、一九七八年
P・C・クレイギー『ウガリトと旧約聖書』津村俊夫監訳、小板橋又久・池田潤訳、教文館、一九九〇年
勝村弘也『詩篇注解』（リーフ・バイブル・コンメンタリーシリーズ）日本キリスト教団出版局、一九九二年
H. Gunkel, Psalmen, Göttingen, 1929/ 1965
Cl. Westermann, Der Psalter, Calwer, 1967
Cl. Westermann, Lob und Klagen in den Psalmen , 1977/ 83 (Cl. Westermann, *Praise and Lament in the Psalms*; tr. By K.R. Crim & R.N. Soulen, John Knox, 1981)
Hans-J. Kraus, Psalmen 1-59: Biblischer Kommentar Altes Testament XV/1, Neukirchner Verlag, 1978

Hans-J. Kraus, Psalmen 60-150: Biblischer Kommentar Altes Testament XV/2, Neukirchner Verlag, 1978

J. L. Kugel, *The Idea of Biblical Poetry. Parallelism and its History*, Yele University, 1981

W. G. E. Watson, *Classical Hebrew Poetry. A Guide to its Techniques*: JSOT Suppl. Series 26, 1984

第４章　雅歌の世界

オリゲネス『雅歌注解・講話』（キリスト教古典叢書10）小高毅訳、創文社、一九八二年

水野隆一「雅歌」『新共同訳旧約聖書略解』日本基督教団出版局、二〇〇一年

水野隆一「雅歌、ルツ記、哀歌、エステル記」『新版　総説旧約聖書』日本基督教団出版局、二〇〇七年

O・ケール『旧約聖書の象徴世界』山我哲雄訳、教文館、二〇一〇年

ジョン・G・スネイス『雅歌』（ニューセンチュリー聖書注解）日本キリスト教団出版局、二〇一一年

並木浩一「旧約聖書におけるパストラル」川島重成ほか編『パストラル――牧歌の源流と展開』ピナケス出版、二〇一三年

G. Gerleman, Ruth: Das Hohelied, Biblischer Kommentar Altes Testament XVIII, Neukirchener Verlag, 1981[2]

O. Keel, Deine Blicke sind Tauben. Zur Metaphorik des Hohen Liedes, Stuttgarter Bibel-Studien 114/115, Verlag Katholisches Bibelwerk, 1984

O. Keel, Das Hohelied, Zürcher Bibelkommentare, Theologischer Verlag Zürich, 1986

Roland E. Murphy, *The Song of Songs*, Hermeneia, Fortress Press, 1990

第5章　コヘレトのことば

G・フォン・ラート『イスラエルの知恵』勝村弘也訳、日本基督教団出版局、一九八八年
勝村弘也「コヘレトの言葉」『新共同訳旧約聖書注解Ⅱ』日本基督教団出版局、一九九四年
池田裕『旧約聖書の世界』岩波現代文庫、二〇〇一年
ジュリア・アナス『古代哲学』瀬口昌久訳、岩波書店、二〇〇四年
小友聡『VTJ旧約聖書注解　コヘレト書』日本キリスト教団出版局、二〇二〇年
A. Lauha, Kohelet, Biblischer Kommentar Altes Testament XIX, Neukirchener Verlag, 1978

あとがき

本書は二〇一八年度に開講された、信徒向けの講座「旧約聖書編」における計一〇回の講義をもとにしています。まず、この講義の機会を与えられたこと、そして『今さら聞けない!? キリスト教』シリーズの一冊として本書を刊行することができましたことに対して、黒田裕館長をはじめとする関係者のみなさまに深く感謝したいと思います。私は日本聖公会の信徒ではありませんが、聖公会と深いつながりのある神戸松蔭女子学院大学に三四年間務めておりました。また長く宗教主事としてチャペル活動に係ってきました。このようなご縁があって、十数年前からウイリアムス神学館で旧約の講義を担当することになりました。

旧約研究者としては、これまでに学術論文を多数執筆し、また近年は死海文書の翻訳など専門性の高い仕事に携わってきました。しかし、その一方で信徒向けあるいは一般読者向けの旧約入門書を書いてみたいとずっと考えてきました。今この願いがかなったわけです。

講義に際しては最初から講義計画を立てず、受講者の疑問に答える形で進める予定でしたが、初対面の方が多かったためか、質問があまり出ませんでした。その中で「旧約には同じような話が多いのはどうしてか?」という問いが印象に残りました。

この一見素朴な疑問は、重要な問題を含んでいるからです。本書がこの問いに十分応えられているかどうかはわかりませんが、この問いを重く受け止めていることは確かです。旧約からどの文書、あるいは個所を選ぶかにも頭を悩ませましたが、創世記の父祖物語には親しみがあると考えてまずそれを選びました。次に聖公会の礼拝で重要な役割を果たしている詩篇を取り上げました。その中で頌栄に一つの焦点を当てたのは、文字通り「今さら聞けない」の主旨に合致すると考えたからです。ここまで講義が進んだところで、残すところ後三回になってしまいました。本来なら預言書を取り上げるべきだったのかもしれませんが、文学的な価値が高く、受講者にも関心があると判断された雅歌とコヘレトを取り上げました。

本書では、旧約学の入門書では定石となっている歴史批評学的なアプローチには、重点を置いていません。もちろんこれは現代人が旧約を読み解く時の重要な方法ですが、これは他の入門書をお読みいただければ十分でしょう。それよりも文芸学的な方法を優先させました。雅歌解釈では、図像学的方法も取り入れました。これが本書の大きな特徴となっています。

最後になりますが、コロナウイルス蔓延のために何かと支障の多いこの時期に、本書刊行のために尽力してくださいました教文館の倉澤智子氏に、この場をお借りして厚く御礼を申し上げます。

二〇二〇年九月

勝村　弘也

神様との豊かな関係のため

――「ウイリアムス神学館叢書」発刊によせて

ウイリアムス神学館理事長　主教　ステパノ　高地　敬

教会での活動は、そのほとんどが、いや、そのすべてが神様との関係の中で成立しています。ただ、主日礼拝を中心とした信仰生活は長年の間に身に沁みついていて、その内容について意識的に考えることは少ないのではないでしょうか。神様との関係を大切に生かすためにも、教会でのすべてのこと、聖書、礼拝、信仰の内容、教会の歴史、その他の活動などを振り返ることはとても意義深いことです。それを通して、教会の活動の範囲だけでなく、私たちの生活もこの世界のすべても神様のみ手の中にあって、私たち自身が常に神様との関係の中に生き、生かされる存在であることを改めて心に留めることができるでしょう。

特に礼拝のことで言えば、そのそれぞれの要素の歴史や意味を学んで改めて普段の礼拝が生きてくることになります。ただ、礼拝の構成要素や一つ一つの言葉の意味は二千年の教会の歴史の中で発展してきていて、それが「伝統」となり、現代人の目からは矛盾や不合理として捉えられるものもあります。その矛盾や不合理をどのように受け止めるのか、悩みながらも考えをめぐらせて学ぶことができればと思います。

これら教会関係の学びのため、この度、ウイリアムス神学館叢書を発刊することとなりました。これは京都地方部でお働きになった永田保治郎師とその宣教の姿勢を記念する皆様から当神学館に多額の御献金をいただいたことがきっかけとなっております。神学館といたしましてその御趣旨を大切にし、「永田保治郎師記念基金」として研究や教育のために用いさせていただきます。神様のお働きの一端を至らないながらも担わせていただいている者として、関係の皆様に心より感謝いたしまして、教会の皆様と共に学ぶ機会が一層与えられたものと受け止めております。私たちの神学館は神学生が数人ととても小さなものですが、小回りの利く利点を生かして着実に叢書を発刊してまいります。どうぞご一読いただきまして、ご感想や不明な点などお聞かせいただければ幸甚に存じます。

神様と教会との関係をより一層豊かにするため、この叢書が少しでも多く役立てばと心から願っております。

《著者紹介》

勝村弘也　（かつむら・ひろや）

1946年兵庫県生まれ。旧約学およびユダヤ学専攻。京都大学農学部卒業後、文学部に編入学。京都大学大学院博士課程（基督教学）単位取得退学。1978年より2年半ハイデルベルク大学留学（Diakonisches Werk EKD 奨学生）。現在、神戸松蔭女子学院大学名誉教授、ウイリアムス神学館教授（旧約担当）。

著　書　『詩篇注解』（日本基督教団・宣教委員会「現代の宣教のための聖書注解書」刊行委員会、1992年）、『旧約聖書に学ぶ――求めよ、そして生きよ』（日本基督教団出版局、1993年）、「箴言」「コヘレトの言葉」（『新共同訳旧約聖書注解Ⅱ』日本基督教団出版局、1994年）、「ヨブ記」（『新版 総説旧約聖書』日本基督教団出版局、2007年）、『滅亡の予感と虚無をいかに生きるのか――聖書に問う』（新免貢との共著、新教出版社、2012年）。

訳　書　G.フォン・ラート『イスラエルの知恵』日本基督教団出版局、1988年。旧約聖書翻訳委員会訳『旧約聖書』シリーズ（岩波書店）において、第XIII巻『雅歌・哀歌・エステル記』（1998年）、第XII巻『箴言』（2004年）を、死海文書翻訳シリーズ（ぷねうま舎）では第VIII巻『詩篇』（上村静との共訳、2018年）、第X巻『知恵文書』（2019年）を担当。

今さら聞けない⁉　キリスト教 ―― 旧約聖書編

（ウイリアムス神学館叢書Ⅳ）

2020年10月30日　初版発行

著　者　勝村弘也

発行者　渡部　満

発行所　株式会社　教文館

〒104-0061 東京都中央区銀座4-5-1

電話 03(3561)5549　FAX 03(5250)5107

URL　http://www.kyobunkwan.co.jp/publishing/

デザイン　田宮俊和

印刷所　株式会社 真興社

配給元　日キ販　〒162-0814 東京都新宿区新小川町9-1

電話 03(3260)5670　FAX 03(3260)5637

ISBN　978-4-7642-9991-7　Printed in Japan

はじめに

この本を手に取ってくださった方の多くは、以下のように感じた経験があるのではないでしょうか？

□医療保険と介護保険で似たような制度があってややこしい
□使われている言葉が難しくてわかりにくい
□どれを覚えて、どれを覚えなくてよいかの優先順位が知りたい
□必要な情報が1冊にまとまっていないので、複数の書籍を見ないとわからない
□現場で活用する情報をまとめて知りたい、すぐに見返せるようにしたい

上記は筆者が常に抱えている悩みでもあります。
筆者は訪問看護経験ゼロの状態で管理者となりました。何から勉強し
らよいか、どのような情報が必要かもわからず現場対応を行った結
医療保険だと思っていた利用者が介護保険だったと発覚し、1年分
戻したことや、法律がわからず十分な会話ができないために関係者
に怒られたこともあります。そのような時に、「管理者になった時
れだけはしっかり見ておいて！」、また訪問看護に入職した方が
冊を勉強していれば頼りになる訪問看護師になれる！」という本
ばよいのに、と思いました。
同じ思いを持ち執筆してくださった株式会社FOOTAGE 大串優
締役とヴェクソンインターナショナル 兼久隆史代表取締役、
本間明子様、職員の皆様のお力もあり、その悩みを解決すべ
刊できました！

＊

看護における診療報酬について、医療保険と介護保険を見
間で学ぶことができ、できるだけわかりやすい表現で重要

2024年度
同時報酬
改定
対応

動画でまるっとわかる！

訪問看護師のための 診療報酬＆介護報酬 ポイントBOOK

出口貴大 のぞみ医療株式会社 取締役 COO
編著
大串
株式会社

Vexon International

た
果、
を迎
の方
に、
「この
があれ
今回、
太代表取
水口香様、
く本書を発
本書は訪問
開きページ展開
2

なポイントや、必ず覚えてほしい内容を簡潔にまとめています。また在宅領域で大事な指示書やケアプランなどの書類関連、公費関連をはじめ、在宅領域で困りやすい内容も記載しています。

そして、本書の一番の特徴が「動画でも学べる」ことです。それぞれの項目は動画でも解説しているので、自身が学びやすい方法で学習し、活用してください。また、事業所職員全体の研修としてもご活用いただけたらと思います。

本書が訪問看護ステーションの管理者や職員の皆様だけでなく、ケアマネジャーなど訪問看護に携わる多くの方の、制度や法律、現場の困り事についての理解を助け、現場対応にお役立ていただけますと幸いです。

2024年6月

のぞみ医療株式会社 取締役COO／看護師
S-QUE訪問看護eラーニング 総合監修
出口 貴大

目次

動画でまるっとわかる！
訪問看護師のための
診療報酬＆介護報酬ポイントBOOK

Part 2
頻出および押さえておきたい加算

頻出する加算

事業所によって算定する頻度が変わる加算

Part 3
訪問看護業務で押さえておきたい書類の扱い方

Part 4 訪問看護に関連する公費について

表紙・本文・付録デザイン　古屋真樹
表紙・本文イラスト　小松原梨菜
本文DTP　株式会社真興社

●本書の各項目には、さらに詳しい解説動画が見られるQRコードを掲載しています。なお、動画や解説の一部は「S-QUE 訪問看護 e ラーニング」(https://s-que.net/squekaigo/)より抜粋、および再構成・再編集しています。本書は同 e ラーニングの参考テキストとしても活用できます。

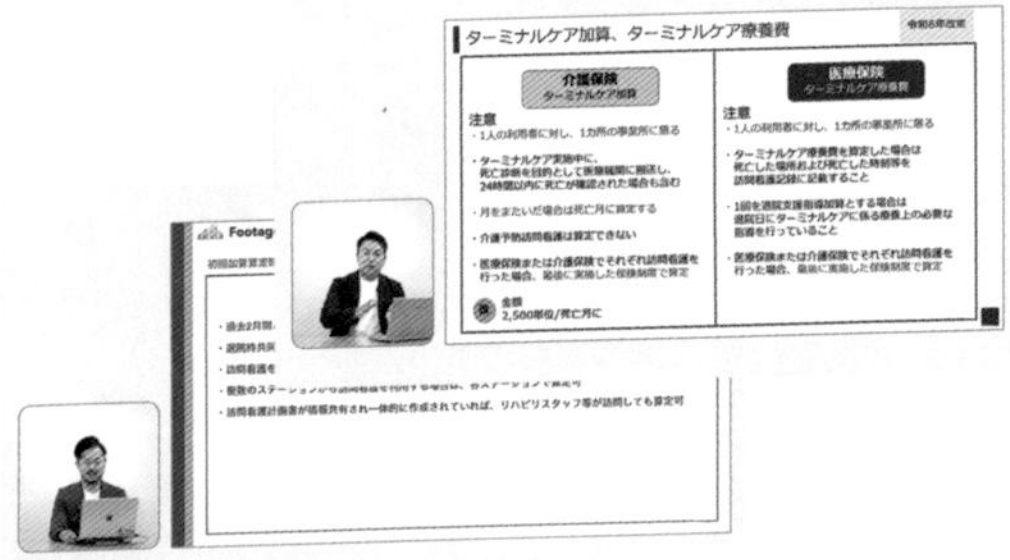

解説動画の例：「初回加算の注意点」(左)、「ターミナル加算、ターミナルケア療養費」(右)

「S-QUE 訪問看護 e ラーニング」の詳しい情報はこちらから！

本書の特長と使い方

本書は、**2024(令和6)年度診療報酬・介護報酬改定**を踏まえ、
訪問看護師が「これだけは押さえておきたい」**診療報酬・介護報酬**のポイントを、
動画解説QRコード付きでコンパクトにまとめています。

Part 0 介護報酬と診療報酬で押さえておきたい基本

p.15~

そもそも介護報酬とは？ 診療報酬とは？
といった「基本のキ」について解説しています。

Part 1 2024年度 介護報酬・診療報酬改定の概要とポイント

p.23~

改定の概要を一覧でわかりやすく示すとともに、
義務化対応についても解説しています。

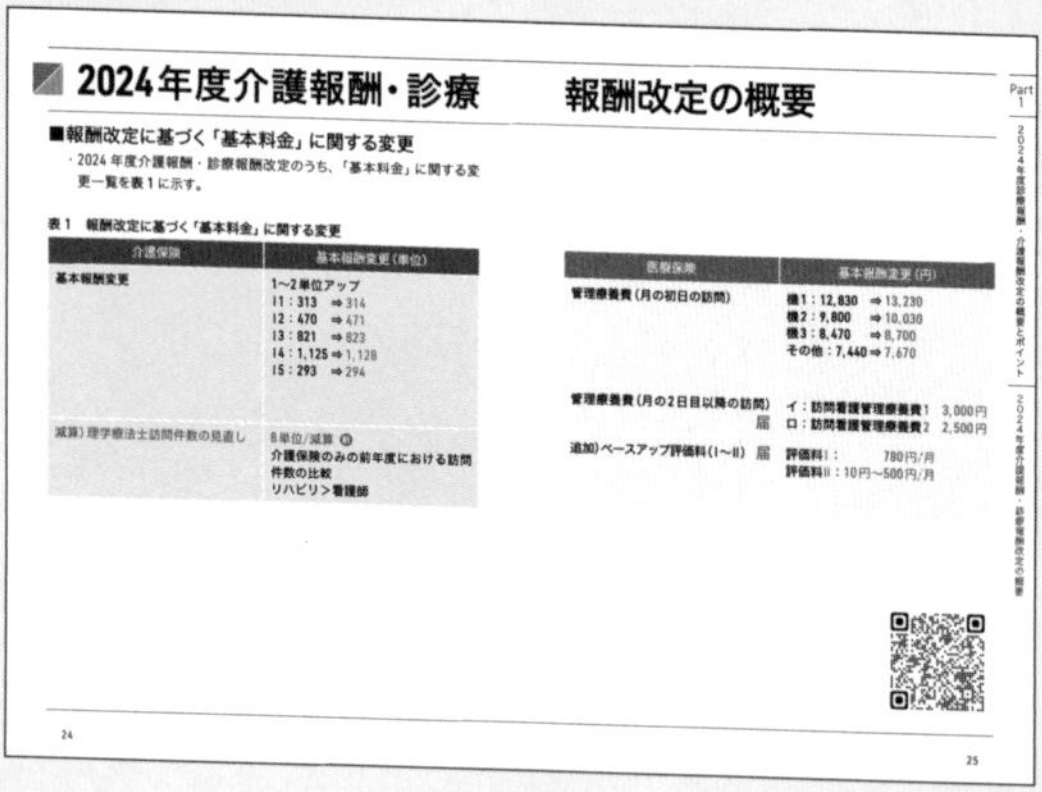

2024年度介護報酬・診療報酬改定の概要

■報酬改定に基づく「基本料金」に関する変更

・2024年度介護報酬・診療報酬改定のうち、「基本料金」に関する変更一覧を表1に示す。

表1 報酬改定に基づく「基本料金」に関する変更

介護保険	基本報酬変更（単位）
基本報酬変更	1~2単位アップ I1：313 ⇒314 I2：470 ⇒471 I3：821 ⇒823 I4：1,125⇒1,128 I5：293 ⇒294
減算）理学療法士訪問件数の見直し	8単位/減算 介護保険のみの前年度における訪問件数の比較 リハビリ＞看護師

医療保険	基本報酬変更（円）
管理療養費（月の初日の訪問）	機1：12,830 ⇒13,230 機2：9,800 ⇒10,030 機3：8,470 ⇒8,700 その他：7,440⇒7,670
管理療養費（月の2日目以降の訪問） 届	イ：訪問看護管理療養費1 3,000円 ロ：訪問看護管理療養費2 2,500円
追加）ベースアップ評価料（I~II） 届	評価料I： 780円/月 評価料II：10円~500円/月

Part 1 2024年度診療報酬・介護報酬改定の概要とポイント

24 25

Part 2　頻出および押さえておきたい加算

p.35～

介護報酬・診療報酬における加算項目について、「頻出する加算」「事業所によって算定する頻度が変わる加算」「精神科訪問看護で算定する加算」「複数事業所で介入する時に気を付けておきたい加算と事業所間契約」に分けて解説しています。2024（令和6）年度に改定された項目には「改」マークを、新設された項目には「新」マークを入れています。

介護保険・医療保険の違いがひとめでわかる！

新設・改定項目がすぐわかる！

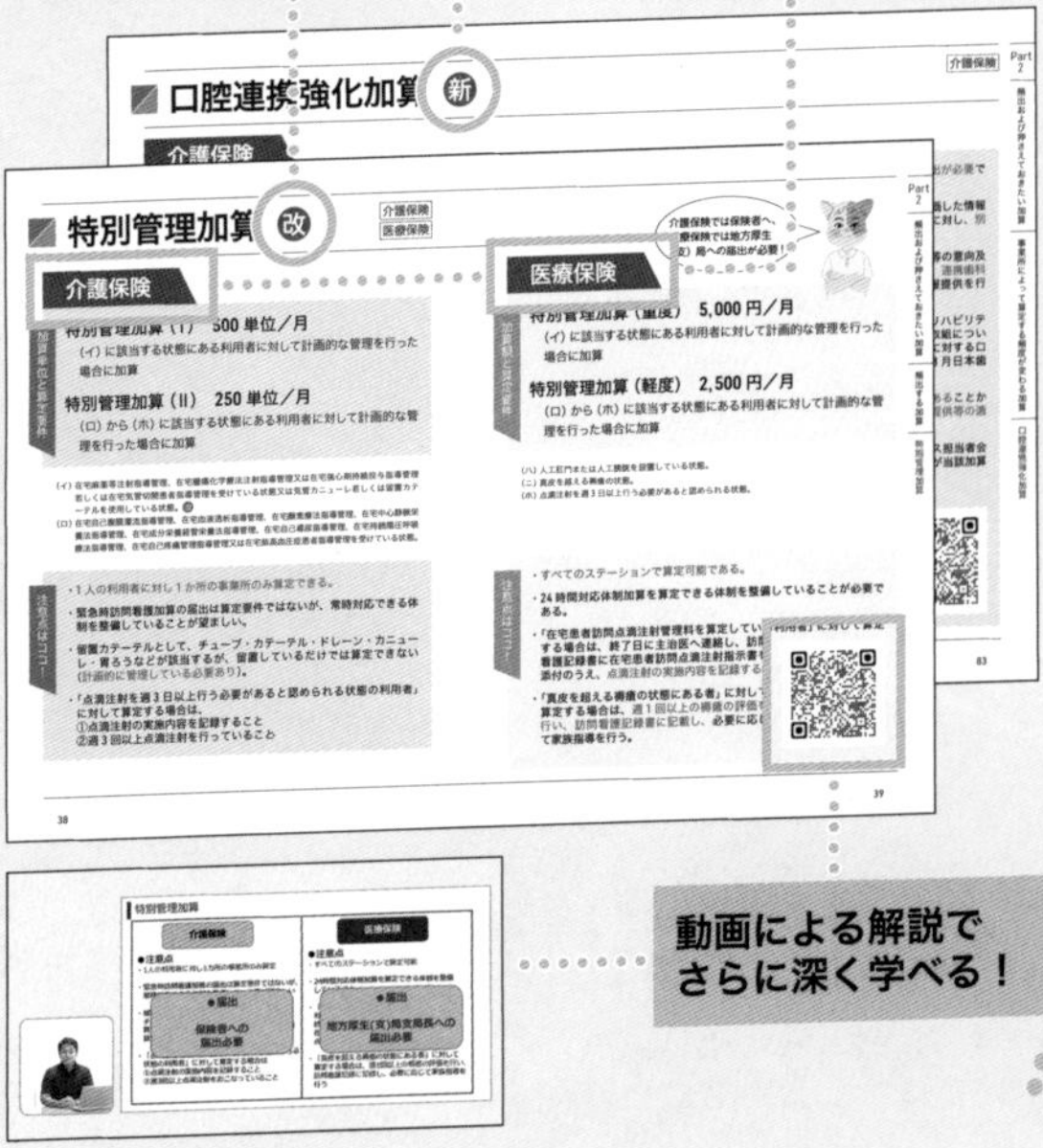

動画による解説でさらに深く学べる！

Part 3 訪問看護業務で押さえておきたい書類の扱い方

p.111～

訪問看護で必要となる各種書類について、
とくに「押さえておきたい」ものを取り上げ、
記載例や記載時のポイントなどを解説しています。
各書類はQRコード（p.142～143）から
ダウンロードできます。

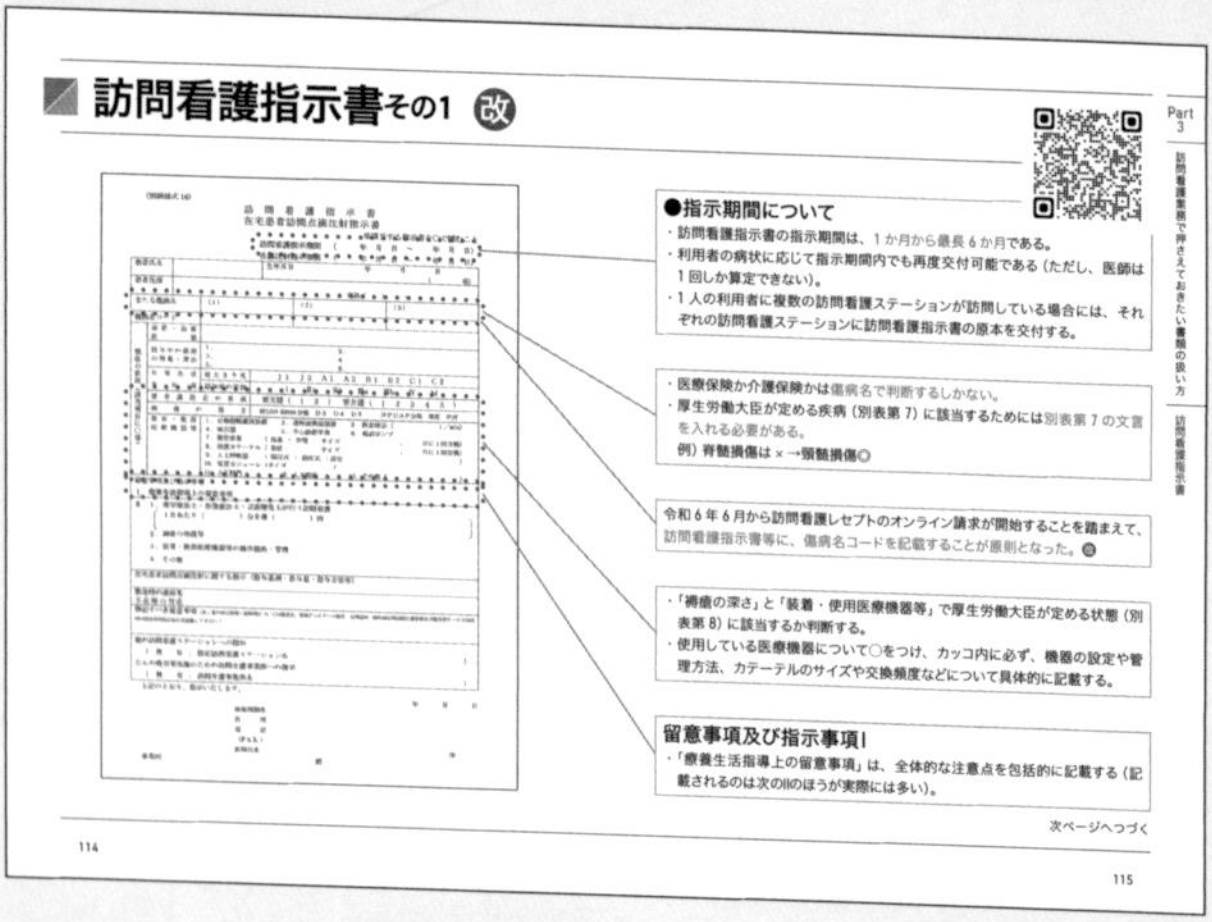
訪問看護指示書その1 改
Part 3
訪問看護業務で押さえておきたい書類の扱い方
訪問看護指示書
●指示期間について
・訪問看護指示書の指示期間は、1か月から最長6か月である。
・利用者の病状に応じて指示期間内でも再度交付可能である（ただし、医師は1回しか算定できない）。
・1人の利用者に複数の訪問看護ステーションが訪問している場合には、それぞれの訪問看護ステーションに訪問看護指示書の原本を交付する。
・医療保険か介護保険かは傷病名で判断するしかない。
・厚生労働大臣が定める疾病（別表第7）に該当するためには別表第7の文言を入れる必要がある。
例）脊髄損傷は×→頸髄損傷○
令和6年6月から訪問看護レセプトのオンライン請求が開始することを踏まえて、訪問看護指示書等に、傷病名コードを記載することが原則となった。
・「褥瘡の深さ」と「装着・使用医療機器等」で厚生労働大臣が定める状態（別表第8）に該当するか判断する。
・使用している医療機器について○をつけ、カッコ内に必ず、機器の設定や管理方法、カテーテルのサイズや交換頻度などについて具体的に記載する。
留意事項及び指示事項I
・「療養生活指導上の留意事項」は、全体的な注意点を包括的に記載する（記載されるのは次のIIのほうが実際には多い）。
次ページへつづく
114
115

Part 4 訪問看護に関連する公費について

p.149～

押さえておきたい公費の知識として、介護保険と医療保険の財源、
公費負担医療制度、自己負担上限額管理票について解説しています。

付録 保険制度 早わかりカード

訪問時など、いざという時にすぐ取り出して使える
ポケットサイズの折りたたみカードです。
下記の項目をコンパクトにまとめています。

保険制度 早わかりカード

❶年齢と介護保険の適応
❷医療保険における月額自己負担限度額
（高額療養費制度）
❸居住場所による条件
（介護保険・医療保険）
❹16特定疾病
（第2号被保険者が介護保険の給付対象となる特定疾病）
❺別表第7
（特掲診療料の施設基準等別表第7に掲げる疾病等）
❻別表第8
（特掲診療料の施設基準等別表第8に掲げる状態等）
❼介護保険・医療保険の訪問回数制限

動画視聴QRコードの読み取りについて

［閲覧環境］
●パソコン（WindowsまたはMacintosh）
●Android OS搭載のスマートフォン／タブレット端末
●iOS搭載のiPhone／iPadなど

・OSのバージョン、再生環境、通信回線の状況によっては、動画が再生されないことがありますが、ご了承ください。
・各種のパソコン・端末のOSやアプリの操作に関しては、弊社では一切サポートいたしません。
・通信費などは、ご自身でご負担ください。
・パソコンや端末の使用に関して何らかの損害が生じたとしても、自己責任でご対処ください。
・QRコードリーダーの設定で、OSの標準ブラウザを選択することをお勧めします。
・動画の配信については、予期しない事情により停止する可能性があります。

Part
0

介護報酬と診療報酬で押さえておきたい基本

介護報酬と診療報酬で

■介護と医療の報酬の違い（表1）

・介護保険での報酬を「介護報酬」という。介護報酬は「単位」で表され、1単位の金額は地域区分ごとに異なる。

・医療保険での報酬を「診療報酬」という。診療報酬はそれぞれ項目ごとに金額（円）で表される。

・介護報酬、診療報酬のいずれも、介護費および医療費の内容がわかる明細書を利用者に交付する義務がある。なお、訪問看護ステーションにおける明細書の発行について、令和6年6月（7月請求分）からオンライン請求が開始されたことを踏まえ、努力規定となっていた明細書の発行が義務化された（令和7年5月31日までの経過措置）。改

表1　介護報酬と診療報酬の違い

介護報酬	診療報酬
「介護保険」での報酬を介護報酬という	「医療保険」での報酬を診療報酬という
・介護と予防に分かれる ・単位で表す ・地域区分ごとに1単位の金額が変わる ・3年ごとに見直される	・円で表す ・2年ごとに見直される

押さえておきたい基本

■介護報酬と診療報酬の構造

介護報酬の構造（図1）

・介護報酬は時間と回数で料金が決まる。
・算定式は以下で示される。
介護報酬（円）＝[訪問看護費＋各種加算]×地域区分単価
・職種によって単位が変わる。
・要介護と要支援で料金が異なる。

図1　介護報酬の構造

訪問する職種・時間・回数で決まる料金 ＋ 加算

【職種による料金の違い】

看護師					
I1	20分未満	訪問看護	314単位	介護予防訪問看護	303単位
I2	30分未満	訪問看護	471単位	介護予防訪問看護	451単位
I3	30分以上1時間未満	訪問看護	823単位	介護予防訪問看護	794単位
I4	1時間以上1時間30分未満	訪問看護	1,128単位	介護予防訪問看護	1,090単位

セラピスト（理学療法士・作業療法士・言語聴覚士）					
I5	20分	訪問看護	294単位	介護予防訪問看護	284単位
I5×2	20分×2（40分）	訪問看護	588単位	介護予防訪問看護	568単位
I5 2超	20分×3（60分） 1日に2回を超えたら 要介護：1回につき90／100減算 要支援：1回につき50／100減算	訪問看護	795単位	介護予防訪問看護	426単位

※要支援の場合、介入して12か月を超えると5単位／回が更に減算

診療報酬の構造（図 2）

・月の訪問日数で料金が決まる。
・算定式は以下で示される。
　診療報酬（円）＝訪問看護管理療養費＋訪問看護基本療養費＋各種加算
・職種や訪問時間（30〜90 分／回）による料金の差はない。

図 2　診療報酬の構造

訪問看護管理療養費

■初日
機能強化型
1：13,230 円
2：10,030 円
3：8,700 円
機能強化型以外：7,670 円／日

■ 2 日目以降
イ．訪問看護管理療養費 1
　3,000 円
ロ．訪問看護管理療養費 2
　2,500 円

※管理療養費は事業所の体制に対する料金

＋

訪問看護基本療養費
1 日につき週 3 日まで 5,550 円
週 4 日以降　6,550 円
※理学療法士の場合
　週 4 日以降　5,550 円

＋ 加算

精神科看護基本療養費
1 日につき週 3 日まで 5,550 円
週 4 日以降　6,550 円

＋ 加算

※基本療養費は訪問に行くことに対する料金

■介護保険と医療保険のルール

介護保険のルール

- ケアプランに載っていない訪問看護ケアは行えない。
- 訪問看護の回数制限や事業所の制限はない。他事業所の同日の訪問も可能である。
- 同職種の場合、訪問看護の間は2時間空ける必要がある。
- セラピストの訪問は週120分までである。
- 理学療法士と作業療法士、言語聴覚士など異なる職種がそれぞれ40分ずつサービス提供を行っても、同日に入る場合は1.5・2超の算定となる(セラピストという括りで考えられている)。なお、他訪問看護のセラピストと自社訪問看護のセラピストが同日に入った場合も同じである。
- デイサービス前後でも訪問看護の提供は可能である。
- 訪問看護のリハビリと訪問リハビリテーションのリハビリが兼用できる。

医療保険のルール

- 原則1日1回、週3回、1事業所のみ(1人の利用者に対し、1か所の訪問看護)

→介護保険では回数や事業所の制限はない

- 別表第7、8、特別訪問看護指示書に該当する場合は、1日3回、週7日、2事業所(別の日なら)まで訪問できるようになる。
- 別表第7、8に該当し、週7日の訪問看護が計画されている場合、3事業所(別の日なら)まで訪問ができるようになる。

介護保険の場合、
訪問看護ケアは、必ず
ケアプラン(第2表)
に記載してもらうこと!

■介護保険・医療保険の訪問回数制限

・介護保険と医療保険の訪問看護について、その訪問回数制限を図3に示す。

図3　介護保険・医療保険の訪問回数制限

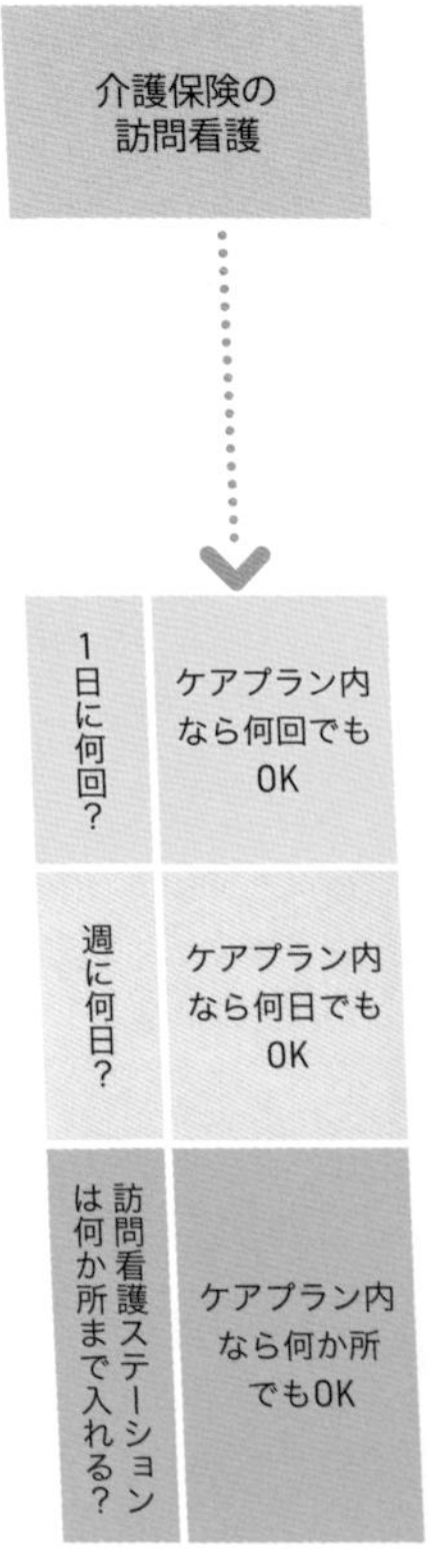

1日に何回？	ケアプラン内なら何回でもOK
週に何日？	ケアプラン内なら何日でもOK
訪問看護ステーションは何か所まで入れる？	ケアプラン内なら何か所でもOK

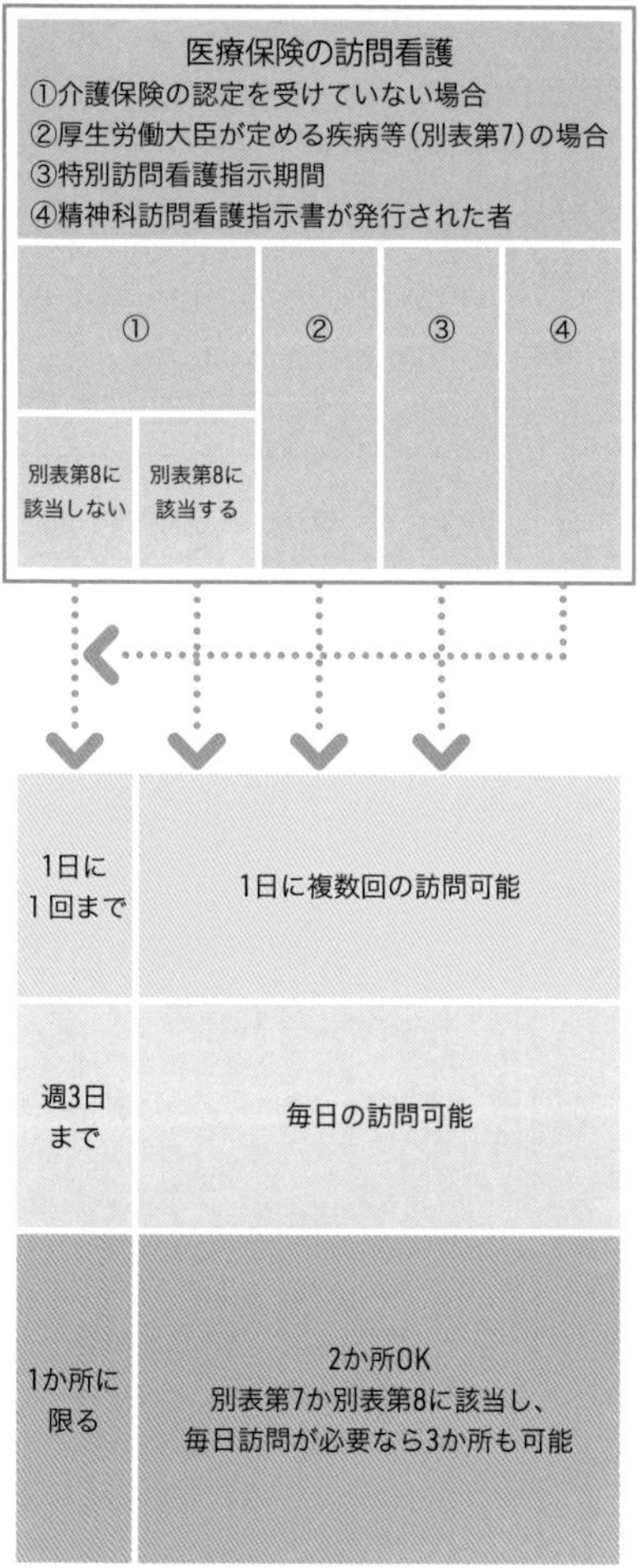
医療保険の訪問看護
①介護保険の認定を受けていない場合
②厚生労働大臣が定める疾病等(別表第7)の場合
③特別訪問看護指示期間
④精神科訪問看護指示書が発行された者
①
②
③
④
別表第8に該当しない
別表第8に該当する
1日に1回まで
1日に複数回の訪問可能
週3日まで
毎日の訪問可能
1か所に限る
2か所OK
別表第7か別表第8に該当し、
毎日訪問が必要なら3か所も可能

■別表第7（疾病等）と別表第8（状態等）について

・訪問看護における介護保険や医療保険では、保険を適用できる条件として訪問回数や訪問時間が定められているが、ある一定の条件を満たす重症度が高い利用者に対しては例外として、定められた時間・回数を超えても保険適用の範囲内で行うことができる。

・その条件となる疾病等が記載されているのが別表第7、および別表第8である。別表第7は疾病等を、別表第8は状態等を示している。

表2　別表第7および別表第8

別表第7（厚生労働大臣が定める疾病等）
1. 末期の悪性腫瘍
2. 多発性硬化症
3. 重症筋無力症
4. スモン
5. 筋萎縮性側索硬化症
6. 脊髄小脳変性症
7. ハンチントン病
8. 進行性筋ジストロフィー症
9. パーキンソン病関連疾患
10. 多系統萎縮症
11. プリオン病
12. 亜急性硬化性全脳炎
13. ライソゾーム病
14. 副腎白質ジストロフィー
15. 脊髄性筋萎縮症
16. 球脊髄性筋萎縮症
17. 慢性炎症性脱髄性多発神経炎
18. 後天性免疫不全症候群
19. 頸髄損傷
20. 人工呼吸器を使用している状態

別表第8（厚生労働大臣が定める状態等）改
1. 在宅麻薬等注射指導管理、在宅腫瘍化学療法注射指導管理又は在宅強心剤持続投与指導管理若しくは在宅気管切開患者指導管理を受けている状態にある者、又は気管カニューレ若しくは留置カテーテルを使用している状態にある者
2. 以下のいずれかを受けている状態にある者 在宅自己腹膜灌流指導管理 在宅血液透析指導管理 在宅酸素療法指導管理 在宅中心静脈栄養法指導管理 在宅成分栄養経管栄養法指導管理 在宅自己導尿指導管理 在宅人工呼吸指導管理 在宅持続陽圧呼吸療法指導管理 在宅自己疼痛管理指導管理 在宅肺高血圧症患者指導管理
3. 人工肛門又は人工膀胱を設置している状態にある者
4. 真皮を越える褥瘡の状態にある者
5. 在宅患者訪問点滴注射管理指導料を算定している者

※青字で示したのが改定箇所、赤字で示したのが間違えやすい箇所

Part 1

2024年度
診療報酬・介護報酬改定の概要とポイント

2024年度介護報酬・診療

■報酬改定に基づく「基本料金」に関する変更

・2024 年度介護報酬・診療報酬改定のうち、「基本料金」に関する変更一覧を表 1 に示す。

表 1　報酬改定に基づく「基本料金」に関する変更

介護保険	基本報酬変更（単位）
基本報酬変更	1～2単位アップ I1：313　⇒314 I2：470　⇒471 I3：821　⇒823 I4：1,125⇒1,128 I5：293　⇒294
減算）理学療法士訪問件数の見直し	8単位/減算 新 介護保険のみの前年度における訪問件数の比較 リハビリ>看護師

報酬改定の概要

医療保険	基本報酬変更（円）
管理療養費（月の初日の訪問）	機1：12,830 ⇒13,230 機2：9,800 ⇒10,030 機3：8,470 ⇒8,700 その他：7,440⇒7,670
管理療養費（月の2日目以降の訪問） 届	イ：訪問看護管理療養費1　3,000円 ロ：訪問看護管理療養費2　2,500円
追加）ベースアップ評価料（Ⅰ～Ⅱ） 届	評価料Ⅰ：　780円/月 評価料Ⅱ：10円～500円/月

■報酬改定に基づく「加算」の変更

・2024 年度介護報酬・診療報酬改定のうち、加算の変更についての一覧を表 2 に示す。

表 2　報酬改定に基づく「加算」の変更

介護保険	加算の変更（単位）
追加）緊急時訪問看護加算（I、II）　届	574 ⇒ I：600 ⇒ II：574
追加）初回加算（I、II）	300 ⇒ I：350 ⇒ II：300
追加）遠隔死亡診断補助加算　届	150 単位/回
ターミナルケア加算　届	2,000 ⇒ 2,500 単位/回
退院時共同指導加算の柔軟化	文書以外での方法が可
追加）専門管理加算　届	250 単位/月
追加）口腔連携強化加算　届	50 単位/月
特別地域加算の見直し	過疎地の見直し

医療保険	加算の変更（円）
追加）24時間対応体制加算（イ、ロ）　届	6,400円⇒イ：6,800円 ロ：6,520円
退院支援指導加算の見直し	退院時90分以上の訪問をした場合に8,400円 ＋ 同月に複数回訪問し、合計で90分以上訪問した場合、8,400円
R4～）遠隔死亡診断補助加算　届	1,500円/回
R4～）専門管理加算　届	2,500円/月
特別地域加算の見直し	過疎地の見直し
追加）緊急訪問看護加算（イ、ロ）	2,650/日⇒・月14日目まで2,650円 ・月15日目以降2,000円
乳幼児加算	1,500/日⇒・超重症児等1,800円/日 ・その他1,300円/日
訪問看護医療DX情報活用加算　届	50円/月
追加）別表第8項目	医療機関側の指導管理料追加

■体制で準備が必要、運営指導で指摘される変更

・2024 年度介護報酬・診療報酬改定のうち、体制で準備が必要、または運営指導で指摘される変更について**表 3** に示す。

表 3　体制で準備が必要、運営指導で指摘される変更

介護保険	体制の変更（単位）
緊急時訪問看護加算の体制　届	看護師の負担軽減
管理者の義務	**同一敷地内での兼務** ⇓ 管理上支障がなければ
減算）高齢者虐待と身体的拘束等の適正化の推進　届	**体制整えていなければ** 1/100 単位減算
減算）業務継続計画　届	**・令和 7 年 3 月 31 日まで 指導のみ計画** **・令和 7 年 4 月 1 日から** 1/100 単位減算
感染症対策	居宅基準 31 条の 3（衛生管理等）に追加
テレワークの取り扱い	改めて明示
書面掲示規制の見直し	**運営規定等の事業所内に提示** ＋ ホームページ or 情報公表での掲示が追加
人員配置基準のローカルルール	行政に対して
訪問看護指示書の見直し	傷病名コード追加

医療保険	体制の変更（円）
24時間対応体制加算の体制　届	看護師の負担軽減
管理者の責務	同一敷地内での兼務 ⇓ 管理上支障がなければ
高齢者虐待と身体的拘束等の適正化の推進	人員及び運営に関する基準に追加
業務継続計画	管理療養費条件に追加
機能強化型1　届	専門の研修を受けた看護師の配置が必須に 令和8年5月31日まで猶予
訪問看護指示書の見直し	傷病名コード追加
明細書無料発行の推進	明細書：努力義務⇒義務 令和7年5月31日まで

義務化対応に向けた準備

■義務化対応の全体像

「令和 3 年度介護報酬改定における改定事項について」（厚生労働省）において、令和 6 年（2024 年）3 月 31 日までを経過措置期間とした体制づくりが義務化された。**表 1** に示した項目が実施されていない場合、運営基準違反として運営指導の対象となる。

表 1　経過措置期間が令和 6 年 3 月 31 日までの「義務化対応」5 つの項目

①ハラスメント対策の強化
②看護体制強化加算
③感染症対策の強化
④業務継続に向けた取組の強化（BCP）
⑤高齢者虐待防止の推進

■義務化対応の詳細

1. ハラスメント対策の強化

職場におけるハラスメント対策は、下記の法律で義務付けられている。

・セクシャルハラスメント　→　男女雇用機会均等法

・パワーハラスメント　→　労働施策総合推進法

上記の法律で、事業主の方針等の明確化、**相談体制の整備等の雇用管理上の措置を講じる**ことが義務付けられた。

2. 看護体制強化加算

診療報酬における「看護体制強化加算」（p.71 参照）の算定要件の一部が、下記のように変更された。

・（介護予防）訪問看護の提供にあたる従業員の総数に占める看護職員の

割合が6割以上であることとする要件を設定（令和5年4月1日施行）

3. 感染症対策の強化

介護保険法にもとづく「指定居宅サービス等の事業の人員、設備及び運営に関する基準」に事業所として準備しなければならないことが示されている。それらをまとめると、以下のようになる。

【義務】

- **感染対策を検討するための委員会の開催（半年に1回）**
- **感染症対策のための指針の整備**
- **指針にもとづいた研修・訓練の実施**

4. 業務継続に向けた取組の強化（BCP）

感染症や災害が発生した場合であっても、必要な介護サービスが継続的に提供できる体制を構築する観点から、下記のことが義務付けられた。

【義務】

- **業務継続に向けた計画等の策定**
- **研修の実施**
- **訓練（シミュレーション）の実施等**

もしこれらが実施できていない場合、経過措置期間である令和7年(2025年) 3月31日までは「指導対象」、令和7年4月1日からは診療報酬における「減算（所定単位数の100分の1に相当する単位数）」となる。

5. 高齢者虐待防止の推進

2024 年度診療報酬改定において、高齢者虐待防止措置未実施減算（所定単位数の 100 分の 1 に相当する単位数を減算）が新設された。また、「身体拘束等の適正化の推進」についての運営基準も強化され、「緊急やむを得ない場合を除き、身体拘束等を行ってはならない」と明文化されている。こうした利用者の人権の擁護、虐待の防止等の観点から、下記のことが義務付けられている。

【期限】 令和 6 年 4 月 1 日から完全義務化

【義務】

- **運営規定に定める（重要事項説明書にも反映）**
- **担当者**
- **委員会の開催と従業員の周知**
- **指針の整備**
- **研修の実施　を定めること**

■現場への実践方法

1. 実践方法

実践のポイントとして、①**行うべき研修・訓練・委員会の**可視化、②スケジュール**と実行実績の把握**、③ **1 冊のファイルで管理（バラバラに管理しない）**、が挙げられる。**図 1** に管理ファイルの例を示す。

2. 研修・訓練内容の決め方

研修・訓練内容を決める際のポイントとして、①今の事業所の課題を明確化する、②義務化では内容までは強制されていないので、今の事業所で継続して行える内容を設定する、が挙げられる。**図 2** に内容一覧の例を示す。

図1　管理ファイルの例

ハラスメント	1月	2月	3月	4月	5月	6月
研修						
相談実績						
感染症	1月	2月	3月	4月	5月	6月
研修						
訓練						
委員会						
BCP	1月	2月	3月	4月	5月	6月
研修						
訓練						
高齢者虐待	1月	2月	3月	4月	5月	6月
研修						
委員会						

研修・訓練日時を記載する。

図2　内容一覧の例

	困り事・課題	研修内容
ハラスメント	・ ・ ・	・ ・ ・

	困り事・課題	研修・訓練内容
BCP	・ ・ ・	・ ・ ・

とくに押さえておきたい改定ポイント 新

2024 年度の報酬改定において、とくに押さえておきたい事項の一覧を下記に示す（詳細は解説動画参照）。

■加算以外のポイント

・別表第 8 項目の追加
・テレワークの取り扱い
・高齢者虐待防止措置未実施減算と身体的拘束等の適正化の推進について
・業務継続計画未策定減算について
・理学療法士等による訪問看護の評価の見直しについて
・「書面掲示」規制の見直し
・人員配置基準に関するローカルルール
・管理者の責務の明確化
・訪問看護指示書の見直し
・明細書無料発行の推進

■算定でのポイント

・訪問看護管理療養費の見直し

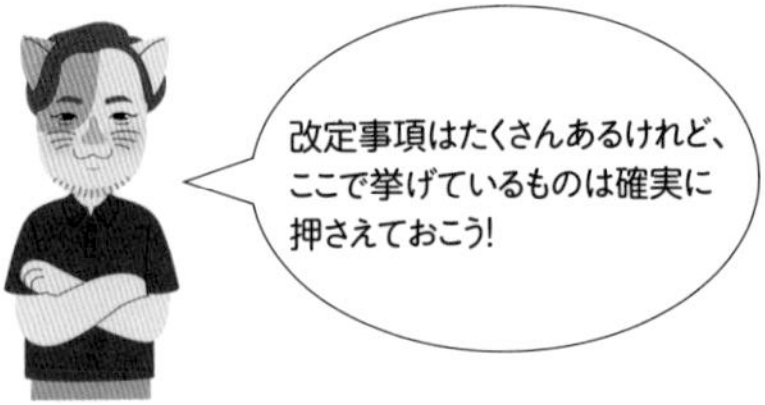
改定事項はたくさんあるけれど、ここで挙げているものは確実に押さえておこう!

Part
2

頻出および押さえておきたい加算

Part 2では、
加算について
大きく以下の4つの種類に分け
解説するよ！

初回加算 改

介護保険

介護保険

加算単位と算定要件

初回加算（I）　350 単位

初回訪問のタイミングが退院または退所した日

初回加算（II）　300 単位

初回訪問のタイミングが退院または退所した日の翌日以降

【算定の 3 つの要件】

①事業所にとって新規
②要支援↔要介護の変更
③暦月（れきづき）で 2 月間訪問がなかった
例）3 月終了の場合は 6 月以降再開していれば算定可能

注意点はココ！

- 複数ステーションで同一月に算定可能である。
- 医療保険からはじめて介護保険に切り替わる場合、算定できない。
例外）例えば「5 月末に医療保険で入院、6 月、7 月と 2 か月間訪問がなかった。8 月に退院が決まり、介護保険での介入となった」という場合は、2 か月間期間が空いているので、医療保険から開始になっているが初回加算の算定が可能である。
- 退院時共同指導加算を算定時は初回加算は算定できない。
- 初回加算（I）の算定は、看護師が訪問した場合のみ算定できる。

特別管理加算 改

介護保険
医療保険

介護保険

加算単位と算定要件

特別管理加算（I）　500単位／月

（イ）に該当する状態にある利用者に対して計画的な管理を行った場合に加算

特別管理加算（II）　250単位／月

（ロ）から（ホ）に該当する状態にある利用者に対して計画的な管理を行った場合に加算

（イ）在宅麻薬等注射指導管理、在宅腫瘍化学療法注射指導管理又は在宅強心剤持続投与指導管理若しくは在宅気管切開患者指導管理を受けている状態又は気管カニューレ若しくは留置カテーテルを使用している状態。改

（ロ）在宅自己腹膜灌流指導管理、在宅血液透析指導管理、在宅酸素療法指導管理、在宅中心静脈栄養法指導管理、在宅成分栄養経管栄養法指導管理、在宅自己導尿指導管理、在宅持続陽圧呼吸療法指導管理、在宅自己疼痛管理指導管理又は在宅肺高血圧症患者指導管理を受けている状態。

注意点はココ！

- 1人の利用者に対し1か所の事業所のみ算定できる。
- 緊急時訪問看護加算の届出は算定要件ではないが、常時対応できる体制を整備していることが望ましい。
- 留置カテーテルとして、チューブ・カテーテル・ドレーン・カニューレ・胃ろうなどが該当するが、留置しているだけでは算定できない（計画的に管理している必要あり）。
- 「点滴注射を週3日以上行う必要があると認められる状態の利用者」に対して算定する場合は、
  ①点滴注射の実施内容を記録すること
  ②週3回以上点滴注射を行っていること

介護保険では保険者へ、
医療保険では地方厚生
（支）局への届出が必要！

医療保険

加算額と算定要件

特別管理加算（重度）　5,000円／月

（イ）に該当する状態にある利用者に対して計画的な管理を行った場合に加算

特別管理加算（軽度）　2,500円／月

（ロ）から（ホ）に該当する状態にある利用者に対して計画的な管理を行った場合に加算

（ハ）人工肛門または人工膀胱を設置している状態。
（ニ）真皮を越える褥瘡の状態。
（ホ）点滴注射を週3日以上行う必要があると認められる状態。

注意点はココ！

- すべてのステーションで算定可能である。
- 24時間対応体制加算を算定できる体制を整備していることが必要である。
- 「在宅患者訪問点滴注射管理料を算定している利用者」に対して算定する場合は、終了日に主治医へ連絡し、訪問看護記録書に在宅患者訪問点滴注射指示書を添付のうえ、点滴注射の実施内容を記録する。
- 「真皮を超える褥瘡の状態にある者」に対して算定する場合は、週1回以上の褥瘡の評価を行い、訪問看護記録書に記載し、必要に応じて家族指導を行う。

緊急時訪問看護加算、24時

介護保険　緊急時訪問看護加算

加算単位と算定要件

①緊急時訪問看護加算（Ⅰ）　600 単位／月
②緊急時訪問看護加算（Ⅱ）　574 単位／月

【算定要件】改

利用者またはその家族等から電話等により看護に関する意見を求められた際に、常時対応できる体制をとっていて、かつ緊急時に訪問看護を必要に応じて行う体制にある場合に、利用者の同意を得たうえで月 1 回算定できる。上記条件に加え、緊急時訪問における看護業務の負担軽減に資する十分な業務管理等の体制の整備が行われている場合は①を、十分な整備が整っていない場合は②を算定する。

注意点はココ！

- 利用者 1 人につき 1 か所の事業所のみ算定可能である。
- 定期的な看護師の訪問がない場合、緊急時訪問看護加算のみの算定不可（自治体による）である。
- 月の途中からでも算定可能だが、月の途中までしか体制を提供することができなかった場合、算定できない。
- 算定要件にある「緊急時訪問における看護業務の負担軽減に資する十分な業務管理等の体制」の具体的な内容を p.42 に示す。

間対応体制加算 改

介護保険
医療保険

医療保険　24時間対応体制加算

加算額と算定要件

① 24時間対応体制加算（イ）6,800円／月
② 24時間対応体制加算（ロ）6,520円／月

【算定要件】 改

利用者またはその家族等から電話等により看護に関する意見を求められた際に、常時対応できる体制をとっていて、かつ緊急時に訪問看護を必要に応じて行う体制にある場合に、利用者の同意を得たうえで月1回算定できる。上記条件に加え、緊急時訪問における看護業務の負担軽減に資する十分な業務管理等の体制の整備が行われている場合は①を、十分な整備が整っていない場合は②を算定する。

注意点はココ！

- 利用者1人につき1か所の事業所のみ算定可能である。
- 名称・所在地・電話番号・時間外および緊急時の連絡方法を記載した文章を交付する。
- 24時間対応を実施した場合には、その内容を訪問看護記録書に記載する。
- 算定要件にある「緊急時訪問における看護業務の負担軽減に資する十分な業務管理等の体制」の具体的な内容をp.42に示す。

【一覧】看護業務の負担軽減に資する十分な業務管理等の体制の整備

緊急時訪問看護加算、24 時間対応体制加算の算定要件にある「緊急時訪問における看護業務の負担軽減に資する十分な業務管理等の体制」とは、以下のアまたはイを含む 2 項目以上を満たしている場合の状態を指す。

ア　夜間対応を行った翌日の勤務間隔を確保している
イ　夜間対応に係る勤務の連続回数が 2 連続（2 回）までである
ウ　夜間対応後に暦上の休日を確保している
エ　夜間勤務のニーズを踏まえた勤務体制を工夫している
オ　ICT や AI、IoT 等の活用による業務負担軽減を行っている
カ　オンコール当番を担当する者への支援体制を確保している

緊急訪問看護加算 改

医療保険

医療保険

加算額と算定要件

【加算の種類】 改

イ. 月14日目まで　2,650円(1回/日)

ロ. 月15日目以降　2,000円(1回/日)

【算定要件】

訪問看護計画に基づき定期的に行う訪問看護以外で、利用者や家族等の緊急の求めに応じて、診療所または在宅療養支援病院の主治医の指示により、連携する訪問看護の看護師等が訪問看護を行った場合に、1日につき1回算定できる。

注意点はココ!

- 複数の訪問看護から現に指定訪問看護を受けている利用者に対し、複数の訪問看護のいずれかが計画に基づく指定訪問看護を行った日に、もう一方の訪問看護ステーションが緊急の指定訪問看護を行った場合は、緊急訪問看護加算のみ算定できる。
- 診療所または在宅療養支援病院が、24時間往診および訪問看護により対応できる体制を確保し、連絡先、氏名などを利用者に文章で渡している利用者に限る。

長時間訪問看護加算

介護保険

加算単位と算定要件

長時間訪問看護加算　300 単位（准看護師も同じ）

【算定要件】

①特別管理加算対象となる利用者に対して、1 時間以上 1 時間 30 分未満の訪問看護の後、引き続き訪問看護を行うときに算定できる。

注意点はココ！

- ケアプランに入れてもらう必要があるため、急な長時間訪問看護加算の算定はできない。
- 当該加算を算定する場合、別に定めた保険外の利用料を徴収することはできない。

介護保険でも医療保険でも、
時間がかかれば誰にでも算定
できるというわけではない！

医療保険

加算額と算定要件

長時間訪問看護加算　5,200円

【算定要件】

①特別訪問看護指示書の方
②特別管理加算の対象者
③ 15 歳未満の超重症児または準超重症児
に対して 90 分を超える訪問看護を行うときに算定できる。

注意点はココ!

- 原則週 1 回、1 事業所のみ算定できる。
- 算定要件の③、および 15 歳未満の②の場合は週 3 回算定できる。
- 当該加算を算定する場合、別に定めた医療保険外の利用料を徴収することはできない。

複数名訪問看護加算

介護保険

加算単位と算定要件

【加算の種類】

（Ⅰ）両名とも看護師等

30 分以上　402 単位／回

30 分未満　254 単位

（Ⅱ）片方が訪問看護補助者

30 分以上　317 単位／回

30 分未満　201 単位

【対象】

①身体的理由

②暴力行為、器物破損など

③その他の状況で①②に準ずる場合

注意点はココ！

・回数の上限はない。

・30 分未満か以上かの判断は 2 人目の看護師等・看護補助者が必要な時間で判断する。

単に「2 名以上で訪問したから」という理由では算定できない！

医療保険

(イ) 両名とも看護師等①②③ 週1日まで		(1) 同一建物内2人以下	4,500円
		(2) 同一建物内3人以上	4,000円
(ロ) 看護師＋准看護師①②③ 週1日まで		(1) 同一建物内2人以下	3,800円
		(2) 同一建物内3人以上	3,400円
(ハ) 看護師＋その他職員③④⑤ 週3日まで		(1) 同一建物内2人以下	3,000円
		(2) 同一建物内3人以上	2,700円
(ニ) 看護師＋その他職員①② 毎日算定可能	1日に1回	(1) 同一建物内2人以下	4,500円
		(2) 同一建物内3人以上	4,000円
	1日に2回	(1) 同一建物内2人以下	3,800円
		(2) 同一建物内3人以上	3,400円
	1日に3回以上	(1) 同一建物内2人以下	3,000円
		(2) 同一建物内3人以上	2,700円

＊その他職員：看護師等、看護補助者

【対象】

①別表第 7、別表第 8
②特別訪問看護指示書
③暴力行為や器物破損など
④身体的理由
⑤その他状況などから判断

注意点はココ！

- 利用者またはその家族の同意を得ることが必要である。
- 複数のうち、１人以上は看護職員（保健師、助産師、看護師、准看護師）であることが必要である。
- 看護職員と同行する者は、必ず利用者の居宅において 30 分以上の同行時間を確保することが必要である。

難病等複数回訪問看護加算

医療保険

医療保険

加算額と算定要件

【対象】

①別表第 7、8
②特別訪問看護指示書の方

【加算額】

イ　1日に2回	(1) 同一建物内2人以下	4,500円
	(2) 同一建物内3人以上	4,000円
ロ　1日に3回以上の場合	(1) 同一建物内2人以下	8,000円
	(2) 同一建物内3人以上	7,200円

注意点はココ！

・1日に3回以上訪問した場合、基本療養費＋8,000円であり、基本療養費＋4,500円＋8,000円ではない。3回以上は何回訪問しても8,000円／日である。

・介護保険はケアプランに位置付けられていれば訪問制限はない。

退院時共同指導加算、

介護保険

加算単位と算定要件

退院時共同指導加算　600 単位

【算定要件】改

病院、診療所、介護老人保健施設又は訪問看護の看護師（准看護師を除く）が主治医などと連携して在宅生活での療養上必要な指導を行い、その内容を提供した場合に算定される（報酬改定により、指導内容の文書以外での提供が可能になった。電話ではなく、電子メール等の履歴が残る方法で提供する）。

注意点はココ！

・原則 1 人の利用者に 1 回、1 事業所までの算定となる。ただし別表第 8 の対象者には 1 回の入院につき 2 回算定可能である。また、2 か所の事業所がそれぞれ別の日に退院時共同指導を行った場合は、2 か所の事業所でそれぞれ 1 回ずつ加算を算定することも可能である。

・指導した内容を看護記録書に記載する。

・算定月の前月に実施している場合でも算定可能である。

・医療保険において算定する場合や初回加算を算定する場合は算定できない。

・対面で行うことが原則であるが、本人の同意を得てリアルタイムでの画像を介したコミュニケーション（ビデオ通話）が可能な機器を用いて参加した場合でも算定可能である。

特別管理指導加算 改

介護保険
医療保険

医療保険

加算額と算定要件

退院時共同指導加算　8,000円

（別表第8の対象者は10,000円）

【算定要件】 改

病院、診療所、介護老人保健施設又は訪問看護の看護師（准看護師を除く）が主治医などと連携して在宅生活での療養上必要な指導を行い、その内容を提供した場合に算定される（報酬改定により、指導内容の文書以外での提供が可能になった。電話ではなく、電子メール等の履歴が残る方法で提供する）。

注意点はココ！

- 原則1人の利用者に1回、1事業所までの算定となる。ただし別表第7、8の対象者には1回の入院につき2回算定可能である。また、2か所の事業所がそれぞれ別の日に退院時共同指導を行った場合は、2か所の事業所でそれぞれ1回ずつ加算を算定することも可能である。
- 指導した内容を看護記録書に記載する。
- 算定月の前月に実施している場合でも算定可能である。
- 別表第8の対象者は、特別管理指導加算（2,000円）を上乗せ加算できる。
- 対面で行うことが原則であるが、本人の同意を得てリアルタイムでの画像を介したコミュニケーション（ビデオ通話）が可能な機器を用いて参加した場合でも算定可能である。

退院時支援指導加算 改

医療保険

加算額と算定要件

退院時支援指導加算　6,000 円／回
　　　　　　　　　　8,400 円／回*

*長時間訪問看護加算が算定できる者に対して 改
・90 分を超えて療養上の必要な指導を行った場合
・複数回の退院支援指導の合計時間が 90 分を超えた場合

【対象】

①退院日に療養上の退院支援指導が必要な別表第 7、8 の利用者と、退院日の訪問が必要と認められた利用者に、保険医療機関から退院する日に療養上の必要な指導を行った場合に算定できる。

加算額は 2 つに分かれている

長時間訪問看護加算が算定できる方で 90 分を超えた場合、また複数回指導の合計が 90 分以上であれば 8,400 円算定可能となる

医療保険

注意点はココ!

- 看護師等（准看護師を除く）の指導について算定できる。
- 利用者の退院日に訪問看護指示書が必要である（日付注意）。
- 訪問看護記録が必要である。
- 退院日の翌日以降初日の訪問看護実施時に訪問看護療養費に加算できる（死亡または再入院のときはその日に算定）。
- 1人の利用者につき、1事業所まで、退院1回に限り加算できる。

早朝・夜間、深夜訪問看護

介護保険

加算単位と算定要件

【対象】

①早朝：6 時〜8 時

②夜間：18 時〜22 時

③深夜：22 時〜6 時

【点数】

①②：所定単位数の 100／25 を加算

③：所定単位数の 100／50 を加算

注意点はココ！

・上記の時間帯に計画的な訪問看護を行った場合に算定する加算である。

・加算の対象となる時間帯におけるサービス提供時間が、全体の時間に対してわずかな場合は算定できない。

・1 か月以内の 2 回目以降なら緊急時訪問でも算定できる。

加算（精神科以外）

介護保険
医療保険

医療保険

加算額と算定要件

【対象】

①早朝：6時～8時

②夜間：18時～22時

③深夜：22時～6時

【金額】

①②：2,100円

③：4,200円

注意点はココ！

・ステーション都合では算定不可である。

・基本療養費への加算なので、1日1回までの算定となる。

・緊急時訪問看護加算と併算定可能である。

・本加算を算定せずに、営業時間以外の差額料金（その他の利用料）を徴収することはできない。

ターミナルケア加算、

介護保険　ターミナルケア加算

加算単位と算定要件

ターミナルケア加算　2,500 単位／死亡月に

【算定要件】

訪問看護が下記の①②③④⑤の対応を行い、在宅で死亡した利用者について死亡日および死亡日前 14 日以内に 2 日以上ターミナルケアを提供していること。

①主治医と連携し、計画および体制を利用者・家族に説明を行い同意を得ている。

② 24 時間連絡体制が確保できている。

③「人生の最終段階における医療・ケアの決定プロセスにおけるガイドライン」[1] 等の内容をふまえ、利用者と話し合う。

④利用者本人の意思をもとに、関係機関と十分に連携する。

⑤ターミナルケアの提供について、訪問看護記録に記録している。

注意点はココ！

- 1 人の利用者に対し、1 か所の事業所に限る。
- ターミナルケア実施中に、死亡診断を目的として医療機関に搬送し、24 時間以内に死亡が確認された場合も含む。
- 月をまたいだ場合は死亡月に算定する。
- 介護予防訪問看護は算定できない。
- 医療保険または介護保険でそれぞれ訪問看護を行った場合、最後に実施した保険制度で算定する。

ターミナルケア療養費 改

介護保険
医療保険

医療保険　ターミナルケア療養費

【種類】

1. ターミナルケア療養費 1　25,000 円

在宅または特別養護老人ホーム等*で死亡した利用者（施設側で看取り介護加算等を算定していない利用者）

2. ターミナルケア療養費 2　10,000 円

特別養護老人ホーム等*で死亡した利用者（施設側で看取り介護加算等を算定している利用者）

＊特別養護老人ホーム等：指定特定施設、指定認知症対応型共同生活介護事業所、有料老人ホーム、軽費老人ホーム、認知症高齢者グループホーム、特別養護老人ホーム、を含む

【算定要件】

訪問看護が下記の①②③の対応を行い、在宅で死亡した利用者について、死亡日および死亡日前 14 日以内の計 15 日間に訪問看護基本療養費と退院支援指導加算も含めて 2 回以上算定していること。

①主治医との連携の下に、在宅での終末期の看護を提供する。

次ページへつづく

②「人生の最終段階における医療・ケアの決定プロセスに関するガイドライン」[1]等の内容をふまえ、利用者と話し合い、利用者本人の意思決定を基本に、他の関係者と連携のうえ対応する。
③ターミナルケアの支援体制（訪問看護の連絡担当者の氏名、連絡先電話番号、緊急時の注意事項等）について利用者および家族等に対して説明したうえでターミナルケアを行う。

注意点はココ！

- 1人の利用者に対し、1か所の事業所に限る。
- ターミナルケア療養費を算定した場合は、死亡した場所および死亡した時刻等を訪問看護記録に記載すること。
- 1回を退院支援指導加算とする場合は、退院日にターミナルケアに係る療養上の必要な指導を行っていること。
- 医療保険または介護保険でそれぞれ訪問看護を行った場合、最後に実施した保険制度で算定する。

引用・参考文献
1）厚生労働省：人生の最終段階における医療・ケアの決定プロセスに関するガイドライン改訂，2018.

訪問看護情報提供療養費

【一覧】訪問看護情報提供療養費の種類と算定要件

医療保険

	訪問看護情報提供療養費1	訪問看護情報提供療養費2	訪問看護情報提供療養費3
金額	1,500円（月1回）	1,500円（月1回）	1,500円（月1回）
情報提供先	・市区町村 ・都道府県 ・指定特定相談支援事業者 ・指定障害児相談支援事業者	・小学校 ・中学校 ・義務教育学校 ・中、高等教育学校 ・特別支援学校（小学部、中学部） ・保育所等、幼稚園 各年度1回限り入園・入学等を理由に別途算定が可能	・保険医療機関 ・介護老人保健施設 ・介護医療院
算定対象者	・別表第7該当者 ・別表第8該当者 ・18歳未満の児童 ・精神障害を有する者、その家族等	18歳未満の ・別表第7該当者 ・別表第8該当者 ・超重症児、準超重症児	・保険医療機関等に入院・入所する利用者
主な算定要件	・市区町村、指定特定相談支援事業者等からの求めに応じて提供	・学校の求めに応じて提供 ・入学又は転学時等の当該学校に初めて在籍する月に必要な情報を提供	・訪問看護に関わる情報を別紙様式4の文章により主治医に提供した場合

訪問看護医療DX情報活用加算 新

医療保険

医療保険

加算額と算定要件

訪問看護医療 DX 情報活用加算　50 円 新

【算定要件】

別に厚生労働大臣が定める基準に適合しているものとして地方厚生局長等に届け出た訪問看護ステーションの看護師等（准看護師を除く）が、健康保険法第 3 条第 13 項の規定による電子資格確認により、利用者の診療情報を取得等した上で指定訪問看護の実施に関する計画的な管理を行った場合は、訪問看護医療 DX 情報活用加算として、月 1 回に限り算定できる。

【施設基準】

(1) 訪問看護療養費及び公費負担医療に関する費用の請求に関する命令（平成 4 年厚生省令第 5 号）第 1 条に規定する電子情報処理組織の使用による請求を行っていること。
(2) 健康保険法第 3 条第 13 項に規定する電子資格確認を行う体制を有していること。
(3) 医療 DX 推進の体制に関する事項及び質の高い訪問看護を実施するための十分な情報を取得し、及び活用して訪問看護を行うことについて、当該訪問看護ステーションの見やすい場所に掲示していること。
(4) (3) の掲示事項について、原則として、ウェブサイトに掲載していること。

注意点はココ！

・経過措置として、令和 6 年 3 月 31 日において現に指定訪問看護事業者が、当該指定に係る訪問看護事業を行う事業所については、令和 7 年 5 月 31 日までの間に限り、(3) の基準に該当するものとみなす。

コラム1

初回加算の注意点

初回加算算定時の注意点を以下に示します。

●過去2月（ふたづき）間とは、60日間ではなく暦月（れきづき）の2月

例えば、訪問看護の最終利用日が5月21日の場合、訪問看護の利用がない月は6月、7月となるので、初回加算算定は8月に可能となります。なお、暦月とは月の初日から月の末日までを指します。

●退院時共同指導加算との併算定はできない

●訪問看護を医療保険で利用していた場合、介護保険での利用に変更になった場合は算定不可

介護保険で訪問看護を利用する前に、特別訪問看護指示書等で訪問看護を利用していた場合がこれに該当します。

●複数のステーションから訪問看護を利用する場合は、各ステーションで算定可

●訪問看護計画書が情報共有され一体的に作成されていれば、リハビリスタッフ等が訪問しても算定可

原則として、看護師、または保健師、または准看護師で初回訪問することとなっていますが、訪問看護計画書が情報共有され一体的に作成されていれば、リハビリスタッフ等が訪問しても算定可能となります。

＊

初回加算は、新規利用者に限って算定するのではなく、新規以外にも算定可能となることがあります。算定要件と注意点に留意し、算定可能な場面ではできるだけ算定できるようにしていきましょう。

コラム2

長時間かつ頻回の訪問が必要な利用者への対応（医療保険）

長時間訪問看護加算は介護保険、医療保険でそれぞれ算定が可能ですが、医療保険の長時間訪問看護加算は、週に1回、かつ1事業所のみしか算定することができず、現場でも困る場面が多いと思います。医療保険で長時間訪問看護加算を算定する場合は、以下のような視点も考慮するとよいでしょう。

1．長時間訪問看護加算のおさらい

長時間かつ頻回の訪問看護を利用した場合、利用者が負担する額が高額となる、長時間や頻回な訪問になるほど訪問看護事業者の収益性が悪化するなど、利用者・事業者にとって、何らかの負担となる可能性があります。利用者の状態、ケア内容、家族の介護力などをアセスメントし、提供するサービス内容を適宜見直すことも考えるとよいでしょう。

2．長時間かつ頻回な訪問看護が必要な利用者への対応

1）ケア提供内容を見直す

ケア提供内容の見直しにあたっては、ケア時間を短縮する視点と、活用可能な周辺資源を探す視点が挙げられます（**表1**）。

2）長時間の訪問看護を自費で提供する

ケア内容の見直しをした結果、どうしても訪問看護で頻回な長時間訪問を提供する必要がある場合は、自費での訪問看護を検討します。ただし、長時間訪問看護加算を算定した日に自費（保険外利用料）を受け取ることは認められていないため、注意が必要です。

長時間訪問看護加算を算定した日以外の訪問看護提供であれば、利用料を自費で受け取ることが可能であるため、長時間訪問看護加算のみでの対応が困難な場合は利用者へ提案してみてもよいかもしれません。また、就業中の事故により訪問看護が必要になった場合などは労災保険を利用しての訪問看護が可能な場合もあります。

3) 訪問看護以外のサービスの利用を検討する

ケア内容の見直し、自費での利用が困難な場合は、訪問看護以外のサービスの利用を検討してもよいかもしれません。

地域には、通所サービス、重度訪問介護など長時間利用が可能なサービスや、訪問介護や訪問入浴など、訪問看護より経済的な負担が少ないサービスもあります。長時間かつ頻回な訪問が必要な利用者を訪問看護だけで支えようとするのではなく、ときには周辺の社会資源と協働しながら支えることも必要です。

表1　ケア提供を見直す

●ケア時間を短縮する
- 訪問看護で提供しているケア内容はどうなっているか
- 長時間の訪問看護提供の直接的な要因は何か
- 不要なケアはないか
- 時間短縮が可能なケアはないか　など

●活用可能な周辺資源を探す
- 長時間訪問をどの程度の期間提供する可能性があり、それは持続可能か
- 工夫しだいで、本人や家族が実施することが可能なケアはないか
- 家族の介護力はどの程度なのか
- 訪問看護以外のサービスで、提供可能なケアはないか　など

乳幼児加算 改

医療保険

医療保険

加算額と算定要件

乳幼児加算

1,800 円／日：基準公示第 2 の 4 に規定する者

①超重症児または準超重症児

②特掲診療料の施設基準等別表第 7 に掲げる疾病等の者

③特掲診療料の施設基準等別表第 8 に掲げる者

1,300 円／日：上記以外の 6 歳未満の利用者

【算定要件】

6 歳未満の利用者に対して、指定訪問看護を実施した場合に 1 日につき 1 回に限り加算算定できる。

注意点はココ！

・6 歳の誕生日から算定ができなくなる。

在宅患者連携指導加算

医療保険

医療保険

加算額と算定要件

在宅患者連携指導加算　3,000円／回

【対象】

通院困難な利用者で、利用者またはその家族などの同意を得て、月2回以上、医療関係職種間（主治医、歯科訪問診療、保険薬局等と訪看）で文書など（メール、FAX可）により共有された情報をもとに、利用者またはその家族などに対して指導を行った場合に、月1回に限り算定できる。

注意点はココ！

・在宅患者連携指導を実施した際には、その内容（情報提供日、内容と指導日、指導内容）を訪問看護記録に残す。

・単に医療関係職種間のみ、または診療を担う主治医との間のみと情報共有した場合は算定できない。

・准看護師は算定できない。

・特別な関係にある保健医療機関と情報共有した場合も算定可能である。

在宅患者緊急時等カンファ

医療保険

加算額と算定要件

在宅患者緊急時等カンファレンス加算
2,000円／回

【対象】

利用者の状態の急変や診療方針の変更等に伴い、保険医療機関の保険医の求めにより開催されたカンファレンスに、訪看の看護師等（准看護師を除く）が参加して、医療関係職種等が共同カンファレンスを行い、共同で利用者や家族などに対して指導を行った場合に、月に2回に限り算定できる。

加算できるケースが意外に多く、かつ、月に2回まで算定できるので、算定漏れがないようにするとよい！

レンス加算

医療保険

注意点はココ!

- 診療を担う保険医療機関の保険医（特別な関係でも可）と訪看の看護師の2者のカンファレンスでも算定可能である。
- カンファレンスの目的のみで訪問した場合は、基本療養費の算定はできないので、カンファレンス以降の指定訪問看護実施日に算定する。
- 1者以上が患者宅に赴き、カンファレンスを行う場合には、その他の関係者はビデオ通話が可能な機器を用いて参加することができる。

看護・介護職員連携強化

介護保険

加算単位と算定要件

看護・介護職員連携強化加算　250単位／月1回

【算定要件】

訪問看護事業所の看護職員が、訪問介護事業所の介護職員等に対し、たんの吸引等の業務が円滑に行われるよう、たんの吸引等に関わる計画書や報告書の作成および緊急時対応の助言を行うとともに、下記の①または②を実施した場合に算定できる。

①訪問介護職員等に同行し、利用者の居宅において業務の実施状況について確認した場合
②利用者に対する安全なサービス提供体制整備や、連携体制確保のための会議に出席した場合

注意点はココ！

・緊急時訪問看護加算を届出ている事業所が算定可能である。

・要支援者は対象外である。

・会議に出席した場合は訪問看護記録書に記載する。

・加算は、
①介護職員と同行訪問を実施した日、または
②会議に出席した日の属する月の初日の訪問看護実施日
に算定する。

・訪問介護職員等のたんの吸引等にかかわる基礎的な技術習得や研修目的で同行訪問した場合は算定できない。

加算

医療保険

看護・介護職員連携強化加算　2,500円／月1回

加算額と算定要件

【算定要件】

訪問看護事業所の看護師又は准看護師が口腔内・鼻腔内・気管カニューレ内部の喀痰吸引、胃ろうもしくは腸ろうによる経管栄養または経鼻栄養を必要とする利用者に対し、登録喀痰吸引等事業者等の介護の業務に従事する者が実施する喀痰吸引等の業務が円滑に行われるように、主治医の指示により①および②の対応を行った場合に算定できる。

①喀痰吸引等に係る計画書や報告書の作成及び緊急時の対応についての助言

②介護職員等に同行し、利用者の居宅において喀痰吸引等の業務の実施状況について確認した場合

注意点はココ！

- 24時間対応体制加算を届出ている事業所が算定可能である。
- 登録喀痰吸引事業者等が、利用者に対する安全なサービス提供体制整備や連携体制確保のための会議を行う場合は、会議に出席して連携し、その内容を訪問看護記録に記録する。
- 加算は、介護職員と同行訪問を実施した日の属する月の初日の訪問看護実施日に算定し、その内容を訪問看護記録書に記録する。
- 同一の利用者に、他の事業所または保険医療機関が看護・介護職員連携加算を算定している場合は算定できない。

サービス提供体制強化加算

介護保険

加算単位と算定要件

勤続年数		体制の整備		
(I) 勤続年数7年以上が30%以上 (II) 勤続年数3年以上が30%以上	＋	①研修計画と実施 ②会議（情報伝達、疾患、技術指導など）を1か月に1回 ③健康診断を年1回以上	都道府県知事への届出	➡ 定期巡回・随時対応型訪問介護事業所との連携した訪問がない場合 (I) 6単位／回 (II) 3単位／回 ➡ 定期巡回・随時対応型訪問介護事業所との連携した訪問がある場合 (I) 50単位／回 (II) 25単位／回

注意点はココ！

・職員割合のカウントには常勤、非常勤、パートも含む。常勤換算で計算する。

・勤続年数とは、各月の末日時点における勤務年数のことをいう。

・勤務年数には、同一法人の経営する他の事務所や病院、施設も含めることが可能である。

看護体制強化加算

介護保険

介護保険

加算単位と算定要件

実際の利用者数

(1) 訪問看護
算定日が属する月の前12月間ターミナルケア加算の利用者5名以上（要支援者除く）

(2) 訪問看護
算定日が属する月の前12月間ターミナルケア加算の利用者1名以上（要支援者除く）

(3) 予防訪問看護

＋

算定日が属する月の前6か月間

都道府県知事への届出

①緊急訪問看護加算実数
÷実利用者数
＝50%以上

→ (I) **550単位／月**

②特別管理加算実数
÷実利用者数
＝20%以上

→ (II) **200単位／月**

看護職員の割合60%以上
③看護職員÷総従業員
＊(介護予防) 訪問看護の提供に従事する

人材交流、質の向上、人材確保・育成
④医療機関とともに取り組み実施する

→ **100単位／月**

注意点はココ！

・実利用者総数は、前6月間において2回以上訪問看護を利用または加算算定した場合に「1」と数える。
→同じ人はあくまで1人としてカウントする。

・割合の基準に関して、割合や人員は台帳等に毎月記録する。

・所定の基準を下回った場合はただちに都道府県知事に届け出る。

・介護予防訪問看護の場合はターミナルケア加算の利用者数要件はない。

機能強化型訪問看護管理

【一覧】機能強化型訪問看護管理療養費の種類と算定要件

	機能強化型1	機能強化型2
月初日の訪問 月2回目以降 改	13,230円／月 3,000円／日	10,030円／月 3,000円／日
常勤看護職員の数（サテライト含む）	常勤換算7人以上 （うち常勤職員6人以上）	常勤換算5人以上 （うち常勤職員4人以上）
看護職員の割合	看護師等の6割以上が看護職員 （保健師・看護師・助産師・准看護師）	
24時間対応体制加算の届出	届出と休日・祝日等も含めた計画的な訪問看護の実施	
重症度の高い利用者の受入	別表第7に該当する利用者数 10人以上／月	別表第7に該当する利用者数 7人以上／月
ターミナルケア、又は重症児の受け入れ実績（いずれか） (1) ターミナルケア件数 (2) ターミナルケア件数かつ、超重症児、準超重症児の利用者数 (3) 超重症児、準超重症児の利用者数	(1) 20件以上／前年度 (2) 15件以上／前年度、常時4人以上 (3) 常時6人以上	(1) 15件以上／前年度 (2) 10件以上／前年度、常時3人以上 (3) 常時5人以上

療養費 改

医療保険

機能強化型3	機能強化型以外
8,700円／月 3,000円／日	7,670円／月 3,000円／日
常勤職員4人以上	
届出と休日・祝日等も含めた計画的な訪問看護の実施。 同じ敷地に同一開設者の医療機関がある場合は、時間外相談への対応は医療機関の看護師が行うことができる	
別表第7、別表第8に該当する利用者数、精神科重症患者もしくは複数訪問看護ステーションが共同している利用者が10人以上／月	

次ページへつづく

	機能強化型1	機能強化型2
居宅介護支援事業所、特定相談支援事業所又は障害児相談支援事業所を同一敷地内に設置 （計画作成が必要な利用者の1割程度の計画を作成）		
地域における人材育成	直近1年間に、人材育成のための研修を実施していること （看護学生の実習、病院および地域において在宅療養を支援する医療従事者の知識および技術の習得等、在宅医療の推進に資する研修であること）	
地域の保健医療機関、訪看または住民に対して情報提供・相談	直近1年間に、地域の医療機関、訪看又は住民等に対して、訪問看護に関する情報提供又は相談に応じている実績があること	
医療機関との共同		
専門の研修を受けた看護師の配置 改	専門の研修を受けた看護師が配置されていること ※令和6年3月31日において機能強化型1の届出を行っている訪問看護ステーションは令和8年5月31日まで猶予あり	専門の研修を受けた看護師が配置されていることが望ましい

機能強化型3	機能強化型以外
直近1年間に医療機関や他の訪看を対象とした研修を2回以上実施	
・直近3月において、地域の医療機関以外の保険医療機関との退院時共同指導加算の算定実績がある ・同一敷地内に同一開設者による保険医療機関がある場合は、直近3月において、当該保険医療機関以外の医師を主治医とする利用者の割合が1割以上であること ・直近1年間に、当該訪問看護において、地域の保険医療機関の看護職員による指定訪問看護の提供を行う従業者としての一定期間の勤務について実績があること	

特別地域・中山間地域への

介護保険

【一覧】加算の種類・対象地域・単位数

<table>
<tr><th></th><th>対象地域</th><th>対象となる単位数</th><th>対象外の単位数</th></tr>
<tr><td>特別地域
訪問看護加算
15%増</td><td>①離島振興対策実施地域
②奄美群島
③山村振興法で指定する地域
④小笠原諸島
⑤沖縄振興特別措置法に規定する離島
⑥豪雪地帯・特別豪雪地帯、辺地、過疎地等であって、人口密度が希薄、交通が不便等の理由によりサービス確保が困難な地域
上記地域に所在する事業所がサービス提供を行った場合</td><td rowspan="2">基本単位数
（准看護師の減算、理学療法士等による訪問を含む）

夜間早朝加算
深夜加算
複数名訪問看護加算
長時間訪問看護加算</td><td rowspan="3">緊急時訪問看護加算 改

特別管理加算 改

ターミナルケア加算 改

初回加算 改

退院時共同指導加算

看護・介護職員連携強化加算

看護体制強化加算

サービス提供体制強化加算

遠隔死亡診断補助加算 新

専門管理加算 新

口腔連携強化加算 新</td></tr>
<tr><td>中山間地域等
における
小規模事業所加算
10%増</td><td>①豪雪地帯・特別豪雪地帯
②辺地
③半島振興対策実施地域
④特定農山村地域
⑤過疎地域
上記地域に所在する事業所がサービス提供を行った場合</td></tr>
<tr><td>中山間地域等に
居住する者への
サービス提供加算
5%増</td><td>①離島振興対策実施地域、②奄美群島、③豪雪地帯及び特別豪雪地帯、④辺地、⑤振興山村、⑥小笠原諸島、⑦半島振興対策実施地域、⑧特定農山村地域、⑨過疎地域、⑩沖縄の離島
上記地域に居住する利用者に対し、通常の事業の実施地域を超えてサービス提供を行う場合</td><td>上記に加え、特別地域加算、中山間地域等における小規模事業所加算</td></tr>
</table>

加算（精神科以外） 改

介護保険
医療保険

医療保険

【一覧】加算の種類・対象地域・単位数

	対象地域	対象外の単位数	注意
特別地域訪問看護加算	①離島振興対策実施地域 ②奄美群島 ③山村振興法で指定する地域 ④小笠原諸島 ⑤沖縄振興特別措置法に規定する離島 **⑥過疎地域** 上記地域に所在する事業所がサービス提供を行った場合	基本療養費の50／100	・片道1時間以上を要する利用者の訪問看護を行う場合に算定できる ・交通事情等特別な事情により片道1時間以上となった場合は算定できない ・本加算を算定する場合は、毎回訪問に要した時間を訪問看護記録書に記載する ・厚生労働大臣が定める地域に該当するかどうかは地方厚生局に確認する

2024年度の報酬改定で、算定対象地域としてみなし過疎地域等が含まれるよう定義が変更されたよ

専門管理加算 改

介護保険

加算単位と算定要件

専門管理加算　250単位／月

【算定対象】

指定訪問看護ステーションの

イ 緩和ケア、褥瘡ケアもしくは人工肛門ケアおよび人工膀胱ケアに係る専門の研修を受けた看護師が計画的な管理を行った場合に算定できる。

- 悪性腫瘍の鎮痛療法もしくは化学療法を行っている利用者
- 真皮を越える褥瘡の状態にある利用者
- 人工肛門もしくは人工膀胱を造設している者で管理が困難な利用者

ロ 特定行為研修を修了した看護師が計画的な管理を行った場合に算定できる。

- 診療報酬における手順書加算（医師が算定）を算定する利用者

注意点はココ！

- あらかじめ保険者への専門管理加算に係る届出書（別紙様式17）が必要である。そして、専門の研修を修了したことが確認できる文章の添付が必要である（研修の名称、実施団体、修了日および終了者の氏名等を記載した一覧でも可）。
- 主治医から交付された手順書は、主治医とともに利用者の状態に応じて手順書の妥当性を検討する。

医療保険

加算額と算定要件

専門管理加算　2,500円／月

【算定対象】

指定訪問看護ステーションの

イ 緩和ケア、褥瘡ケアもしくは人工肛門ケアおよび人工膀胱ケアに係る専門の研修を受けた看護師が計画的な管理を行った場合に算定できる。

- 悪性腫瘍の鎮痛療法もしくは化学療法を行っている利用者
- 真皮を越える褥瘡の状態にある利用者
- 人工肛門もしくは人工膀胱を造設している者で管理が困難な利用者

ロ 特定行為研修を修了した看護師が計画的な管理を行った場合に算定できる。

- 診療報酬における手順書加算（医師が算定）を算定する利用者

注意点はココ！

- あらかじめ地方厚生（支）局長への専門管理加算に係る届出書（別紙様式7）が必要である。そして、専門の研修を修了したことが確認できる文章の添付が必要である（研修の名称、実施団体、修了日および終了者の氏名等を記載した一覧でも可）。
- 主治医から交付された手順書は、主治医とともに利用者の状態に応じて手順書の妥当性を検討する。

遠隔死亡診断補助加算 改

介護保険

加算単位と算定要件

遠隔死亡診断補助加算　150 単位／回

【対象】

医師が行う死亡診断等について、ICT を活用した在宅での看取りに関する研修を受けた看護師が補助した場合の評価として、当該利用者の死亡月に 1 回 150 単位算定できる。

注意点はココ！

- あらかじめ保険者への遠隔死亡補助加算に係る届出書（別紙様式 18）が必要である。そして、専門の研修を修了したことが確認できる文章の添付が必要である（研修の名称、実施団体、修了日および終了者の氏名等を記載した一覧でも可）。
- 厚生労働省「情報通信機器（ICT）を利用した死亡診断等ガイドライン」[1)] に基づく「法医学等に関する一定の教育」を終了した看護師が配置されていることが必要である。
- 利用者は厚生労働省が定める地域に居住していることが必要である。

介護保険
医療保険

医療保険

加算額と算定要件

遠隔死亡診断補助加算　1,500円／回

【対象】

医師が行う死亡診断等について、ICTを活用した在宅での看取りに関する研修を受けた看護師が補助した場合の評価として、訪問看護ターミナルケア療養費の加算として1回1,500円算定できる。

注意点はココ！

- 地方厚生（支）局長への遠隔死亡診断補助加算に係る届出書（別紙様式8）が必要である。そして、専門の研修を修了したことが確認できる文章の添付が必要である（研修の名称、実施団体、修了日および終了者の氏名等を記載した一覧でも可）。
- 厚生労働省「情報通信機器（ICT）を利用した死亡診断等ガイドライン」[1]に基づく「法医学等に関する一定の教育」を終了した看護師が配置されていることが必要である。
- 利用者は厚生労働省が定める地域に居住していることが必要である。

引用・参考文献

1) 厚生労働省：情報通信機器（ICT）を利用した死亡診断等ガイドライン，2017.
https://www.mhlw.go.jp/hourei/doc/tsuchi/T240613G0020.pdf

口腔連携強化加算 新

介護保険

加算単位と算定要件

口腔連携強化加算　50 単位／回

【算定要件】

・事業所の従業者が、口腔の健康状態の評価を実施した場合において、利用者の同意を得て、歯科医療機関及び介護支援専門員に対し、当該評価の結果を情報提供した場合に、1 月につき 1 回算定できる。

・事業所は利用者の口腔の健康状態に係る評価を行うに当たって、診療報酬の歯科点数表区分番号 C000 に掲げる歯科訪問診療料の算定の実績がある歯科医療機関の歯科医師又は歯科医師の指示を受けた歯科衛生士が、当該従業者からの相談等に対応する体制を確保し、その旨を文書等で取り決める。

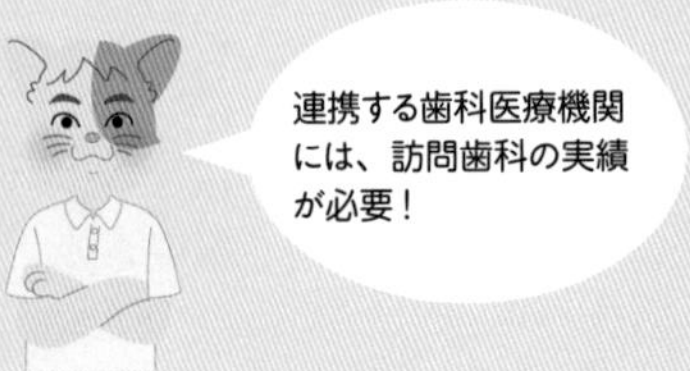
連携する歯科医療機関
には、訪問歯科の実績
が必要！

介護保険

注意点はココ!

・保険者へ口腔連携強化加算に関する届出書（別紙 11）の届出が必要である。

・口腔の健康状態の評価をそれぞれ利用者について行い、評価した情報を歯科医療機関及び当該利用者を担当する介護支援専門員に対し、別紙様式 6 等により提供する。

・歯科医療機関への情報提供に当たっては、利用者又は家族等の意向及び当該利用者を担当する介護支援専門員の意見等を踏まえ、連携歯科医療機関・かかりつけ歯科医等のいずれか又は両方に情報提供を行う。

・口腔の健康状態の評価を行うに当たっては、別途通知（「リハビリテーション・個別機能訓練、栄養、口腔の実施及び一体的取組について」）及び「入院（所）中及び在宅等における療養中の患者に対する口腔の健康状態の確認に関する基本的な考え方」（令和 6 年 3 月日本歯科医学会）等を参考にする。

・口腔の健康状態によっては、主治医の対応を要する場合もあることから、必要に応じて介護支援専門員を通じて主治医にも情報提供等の適切な措置を講ずる。

・口腔連携強化加算の算定を行う事業所については、サービス担当者会議等を活用し決定することとし、原則として、当該事業所が当該加算に基づく口腔の健康状態の評価を継続的に実施する。

訪問看護ベースアップ評価料 新

医療保険

加算額と算定要件

賃金の改善を実施している場合に算定できる。

訪問看護ベースアップ評価料(I)　780円(月1回) 新

【訪問看護ベースアップ評価料 (I) の算定要件】

別に厚生労働大臣が定める基準に適合しているものとして地方厚生局長等に届け出た訪問看護ステーションが、主として医療に従事する職員の賃金の改善を図る体制にある場合には、区分番号 02 の 1 を算定している利用者 1 人につき、訪問看護ベースアップ評価料 (I) として、月 1 回に限り算定する。

賃金のさらなる改善を必要とする訪問看護ステーションにおいては、(I) に加えて (II) を算定できる。

訪問看護ベースアップ評価料 (II) 新 ＋

イ	訪問看護ベースアップ評価料 (II) 1	10 円 (月 1 回)
ロ	訪問看護ベースアップ評価料 (II) 2	20 円 (月 1 回)
↓		
ヌ	訪問看護ベースアップ評価料 (II) 10	100 円 (月 1 回)
ル	訪問看護ベースアップ評価料 (II) 11	150 円 (月 1 回)
↓		
ソ	訪問看護ベースアップ評価料 (II) 18	500 円 (月 1 回)

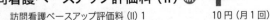

医療保険

【訪問看護ベースアップ評価料 (II) の算定要件】

別に厚生労働大臣が定める基準に適合しているものとして地方厚生局長等に届け出た訪問看護ステーションが、主として医療に従事する職員の賃金の改善を図る体制にある場合には、訪問看護ベースアップ評価料 (I) を算定している利用者1人につき、訪問看護ベースアップ評価料 (II) として、当該基準に係る区分に従い、月1回に限り、それぞれ所定額を算定する。

注意点はココ!

- 訪問看護ベースアップ評価料 (I) は、あらかじめ職員の賃金の改善に係る計画書の作成が必要であり、実績について定期的に報告が必要である。
- 訪問看護ベースアップ評価料 (II) は、医療保険の売り上げが少なくて、(I) を算定しても前年度+1.2%に届かない事業所のみ (I) に加えて算定できる。
- (I)、(II) いずれも、ベースアップ評価料は計算式や内容が複雑であり、理解を深めるための動画や資料が厚生労働省のホームページで公開されているので参照するとよい (https://www.mhlw.go.jp/stf/shingi2/0000212500_00248.html)。

コラム3

加算算定前の準備としての研修実施について

～機能強化型訪問看護管理療養費、看護体制強化加算、サービス提供体制強化加算～

機能強化型訪問看護管理療養費（p.72参照）、看護体制強化加算（p.71参照）、サービス提供体制強化加算（p.70参照）には、それぞれ**表1**のような研修の実施に関連する算定要件が含まれています。これらの加算について研修を実施しておくと、スムーズに加算を算定することができます。

しばらくは加算を算定する目処が立っていない場合でも、訪問看護ステーションを大規模化していく計画がある場合、計画的な研修を活用することが、サービスの質を担保したり、人材の離職率を改善することにもつながります。

また、訪問看護ステーションで、近隣の居宅介護支援事業所へ営業も兼ねて挨

表1　研修の実施に関連する算定要件

●機能強化型訪問看護管理療養費
・地域で在宅療養を支援する医療従事者に対して研修を実施すること
・訪問看護に関する情報提供や相談に応じていること

●看護体制強化加算
・地域の訪問看護人材の確保・育成に寄与する取り組みを実施

●サービス提供体制強化加算
・訪問看護ステーションのすべての看護師等に対し、看護師等ごとに研修計画を作成、計画に従い研修を実施していること

以下の研修を計画的に実施しておけば、
他の要件を満たした際にスムーズに算定可能

➡
・訪問看護ステーションのすべての看護師等に対し、看護師等ごとに研修計画を作成、計画に従い、研修を実施すること
・地域で在宅療養を支援する医療従事者に対して研修を実施すること
・訪問看護に関する情報提供や相談に応じていること

拶に伺う機会も多いかと思いますが、計画的な研修は、居宅介護支援事業所において算定の重要度が高い「特定事業所加算」の算定要件にもなっています。つまり、やみくもに営業するのではなく、訪問看護の加算算定に必要な研修を居宅介護支援事業所と共催することで、双方にとっての加算算定要件を満たすことができ、良好な関係構築につながる場合もあります。

コラム4

同一建物に居住する利用者に対する介入における注意点

1. 同一建物に居住する利用者への報酬算定について

●医療保険における報酬算定について

訪問看護基本療養費はⅠからⅢで区分されており、同一建物に居住する利用者へ訪問する場合、基本療養費Ⅱを算定することになり、同一日における訪問人数と同一利用者に対する1週間あたりの訪問日数でさらに区分されています。明確に報酬の減算があるのは、「同一日に同一建物に居住する3人以上の利用者へ介入する場合」となるので注意してください。訪問看護管理療養費についても減算があります。訪問看護ステーションの利用者のうち、同一建物居住者である者が占める割合が7割以上の場合、訪問看護管理療養費Ⅰは算定できません。他にも要件があるので、詳細は訪問看護管理療養費についての動画をご覧ください（p.34・下のQRコードより参照）。

●介護保険における報酬算定について

介護保険の場合、同一敷地内建物等または利用者が20人以上居住する建物の利用者にサービスを提供する場合は10％の報酬減算があり、1月あたり利用者が50人以上居住する同一敷地内建物等の利用者にサービスを提供する場合は15％の報酬減算があります。介護保険には、医療保険にあるような1週間あたりの訪問日数における算定額の変動はありません。

表1　施設と連携する際の注意点

1. 利用者に介入する目的を明確にし、訪問看護で実施する業務の範囲を明確にする
2. 施設と訪問看護間で情報共有に用いる方法や頻度を協議する
3. 訪問看護で用いる物品について、保管場所や管理方法、廃棄方法、管理主体に関して協議する
4. 訪問看護が介入する時間や曜日などのスケジュールについて共有する
5. 緊急時等の連絡方法について共有する
6. 利用者、家族、訪問診療、ケアマネジャー等との情報共有方法について協議する

など

2. 施設と連携する際の注意点

有料老人ホームなど施設と連携する際の注意点を**表1**に示します。利用者や訪問する目的が明確であっても、入居している施設によっては業務の遂行に用いるルールが異なります。訪問看護の介入前に施設側に事前にヒアリングすることで、利用者の負担軽減や事業者相互の業務効率化につながるので、これらの点に注意してみてください。

精神科緊急訪問看護加算 改

医療保険

医療保険

加算額と算定要件

精神科緊急訪問看護加算

月 14 日目まで　2,650 円／日
月 15 日目以降　2,000 円／日 改

【算定要件】

訪問看護計画に基づき定期的に行う訪問看護以外で、利用者や家族等の緊急の求めに応じて、診療所または在宅療養支援病院の主治医の指示により、連携する訪問看護の看護師等が訪問看護を行った場合に、1 日につき 1 回算定できる。

注意点はココ！

- 複数の訪問看護から現に指定訪問看護を受けている利用者に対し、複数の訪問看護のいずれかが計画に基づく指定訪問看護を行った日に、もう一方の訪問看護ステーションが緊急の指定訪問看護を行った場合は、緊急訪問看護加算のみの算定となる。
- 診療所または在宅療養支援病院が、24 時間往診および訪問看護により対応できる体制を確保し、連絡先、氏名などを利用者に文章で渡している利用者に限る。

算定要件は「訪問看護基本療養費」と同様！

長時間精神科訪問看護加算

医療保険

医療保険

加算額と算定要件

長時間精神科訪問看護加算　5,200 円

【算定要件】

①特別訪問看護指示書の方
②特別管理加算の対象者
③ 15 歳未満の超重症児または準超重症児
に対して 90 分を超える訪問看護を行うときに算定できる。

注意点はココ!

・原則週 1 回、1 事業所のみ算定できる。
・算定要件のうち、③および 15 歳未満の②の場合は週 3 回算定できる。
・当該加算を算定する場合、別に定めた医療保険外の利用料と合わせて徴収することはできない。

算定条件は「訪問看護基本療養費」と同様!

時間がかかれば誰にでも算定できるというわけではない!

複数名精神科訪問看護

医療保険

【加算額】

・原則週 3 日まで（別表第 7 と特指示の場合は制限なし）

（イ）保健師、看護師+保健師、看護師、作業療法士

1 日 3 回まで訪問可能

4,500 円／1 回

9,000 円／2 回

14,500 円／3 回以上

（ロ）保健師、看護師+准看護師

1 日 3 回まで訪問可能

3,800 円／1 回

7,600 円／2 回

12,400 円／3 回以上

・原則週 1 日まで

（ハ）保健師、看護師+看護補助者又は精神保健福祉士

3,000 円／1 回

加算

医療保険

【算定要件】

主治医である精神科医からの許可があり、精神科訪問看護指示書の複数名の欄に○がついていること（右図）。

精神科訪問看護指示書

指示期間　（　年　月　日～　年　月　日）

患者氏名		生年月日　年　月　日（　歳）	
患者住所　電話（　）　－		施設名	
主たる傷病名	（1）	（2）	（3）
傷病名コード			

現在の状況（該当項目に○等）	病状・治療状況	
	投与中の薬剤の用量・用法	
	病名告知	あり　・　なし
	治療の受け入れ	
	複数名訪問の必要性	あり　・　なし 理由： 1．暴力行為、著しい迷惑行為、器物破損行為等が認められる者 2．利用者の身体的理由により一人の看護師等による訪問看護が困難と認められる者 3．利用者及びその家族それぞれへの支援が必要な者 4．その他（　）
	短時間訪問の必要性	あり　・　なし
	複数回訪問の必要性	あり　・　なし
	日常生活自立度	認知症の状況　（Ⅰ　Ⅱa　Ⅱb　Ⅲa　Ⅲb　Ⅳ　M）

注意点はココ！

- 利用者またはその家族の同意を得ることが必要である。
- 複数のうち、1人以上は保健師、看護師であることが必要である。
- 看護職員と同行する者は、必ず利用者の居宅において30分以上の同行時間を確保することが必要である。

複数名精神科訪問看護加算と

【一覧】複数名精神科訪問看護加算と複数名訪問看護加算の違い

	複数名精神科訪問看護加算
算定要件	主治医である精神科医からの許可があり、精神科訪問看護指示書の複数名の欄に○がついていること
種類	・原則週3日まで(別表第7と特指示の場合は制限なし) (イ) 保健師、看護師＋保健師、看護師、作業療法士 1日3回まで訪問可能 (ロ) 保健師、看護師＋准看護師 1日3回まで訪問可能 ・原則週1日まで (ハ) 保健師、看護師＋看護補助者または精神保健福祉士

複数名精神科訪問看護加算と複数名訪問看護加算では、看護補助者の扱いが大きく異なる！

複数名訪問看護加算の違い

医療保険

複数名訪問看護加算
①別表第7、別表第8 ②特別訪問看護指示書 ③暴力行為や器物破損など ④身体的理由 ⑤その他状況などから判断
(イ) 両名とも看護師等①②③ 週1日まで (ロ) 看護師＋准看護師①②③ 週1日まで (ハ) 看護師＋その他職員③④⑤ 週3日まで (ニ) 看護師＋その他職員①② 制限なし、1日3回、毎日算定可能 ＊その他職員：看護師等、看護補助者

精神科複数回訪問加算

医療保険

加算額と算定要件

【加算額】

(イ) 1日に2回	(1) 同一建物内2人以下	4,500円
	(2) 同一建物内3人以上	4,000円
(ロ) 1日に3回以上の場合	(1) 同一建物内2人以下	8,000円
	(2) 同一建物内3人以上	7,200円

【対象】

①訪問看護ステーションが「24時間対応体制加算」および「精神科重症患者支援管理連携加算・精神科複数回訪問加算」の届出をしている。

②主治医が複数回の訪問看護が必要であると認めた利用者であり、精神科訪問看護指示書の複数回訪問指示に○がついている（次ページ）。

③主治医の医療機関が利用者に対して精神科在宅患者支援管理料を算定している。

医療保険

上記の3要件を満たした場合、1日に複数回の訪問が可能となる。

精神科訪問看護指示書

指示期間　（　　年　月　日～　　年　月　日）

患者氏名		生年月日	年　月　日（　歳）
患者住所	電話（　）　－	施設名	
主たる傷病名	(1)	(2)	(3)
傷病名コード			

現在の状況（該当項目に○等）	病状・治療状況	
	投与中の薬剤の用量・用法	
	病名告知	あり・なし
	治療の受け入れ	
	複数名訪問の必要性	あり・なし 理由： 1．暴力行為、著しい迷惑行為、器物破損行為等が認められる者 2．利用者の身体的理由により一人の看護師等による訪問看護が困難と認められる者 3．利用者及びその家族それぞれへの支援が必要な者 4．その他（　）
	短時間訪問の必要性	あり・なし
	複数回訪問の必要性	あり・なし
	日常生活自立度	認知症の状況（Ⅰ　Ⅱa　Ⅱb　Ⅲa　Ⅲb　Ⅳ　M）

注意点はココ!

・1日に3回以上訪問した場合、精神科訪問看護基本療養費＋8,000円であり、基本療養費＋4,500円＋8,000円ではない。

・3回以上は何回訪問しても8,000円／日である。

早朝・夜間、深夜訪問看護加算（精神科）

医療保険

加算額と算定要件

早朝・夜間、深夜訪問看護加算（精神科）

①②　2,100円

③　4,200円

【対象】

①早朝：6時～8時

②夜間：18時～22時

③深夜：22時～6時

注意点はココ！

- ステーション都合では算定不可である。
- 精神科緊急訪問看護加算と併算定可能である。
- 基本療養費への加算なので、1日1回までの算定となる。
- 本加算を算定せずに、営業時間以外の差額料金（その他の利用料）を徴収することはできない。

特別地域・中山間地域への加算（精神科） 改

医療保険

【一覧】特別地域訪問看護加算の対象地域・単位数

	対象地域	対象外の単位数	注意
特別地域訪問看護加算	①離島振興対策実施地域 ②奄美群島 ③山村振興法で指定する地域 ④小笠原諸島 ⑤沖縄振興特別措置法に規定する離島 **⑥過疎地域** 上記地域に所在する事業所がサービス提供を行った場合	基本療養費の50／100	・片道1時間以上を要する利用者の訪問看護を行う場合に算定できる ・交通事情等特別な事情により片道1時間以上となった場合は算定できない ・本加算を算定する場合は、毎回訪問に要した時間を訪問看護記録書に記載する ・厚生労働大臣が定める地域に該当するかどうかは地方厚生局に確認する

精神科重症患者支援管理

医療保険

加算額と算定要件

(イ) チームカンファレンス：週 1 回以上
共同カンファレンス：2 月に 1 回以上の場合
週 2 回以上訪問看護を行った場合
8,400 円／月 1 回算定

(ロ) チームカンファレンス：月 1 回以上
共同カンファレンス：必要時の場合
月 2 回以上訪問看護を行った場合
5,800 円／月 1 回算定

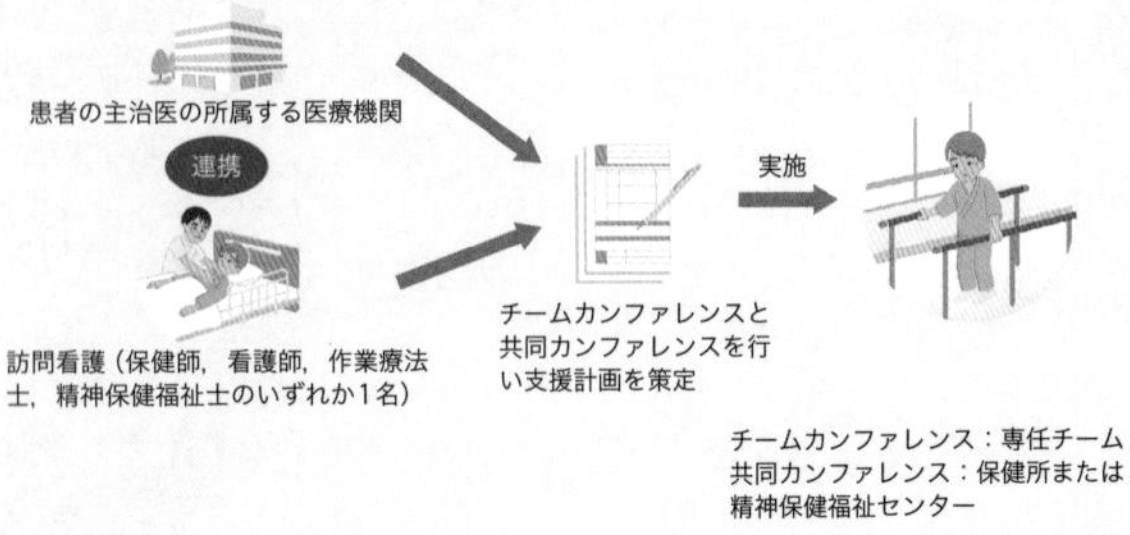

連携加算

医療保険

注意点はココ！

- 対象利用者が保険医療機関において精神科在宅患者支援管理料 2 の算定対象となっていることが必要である。
- 医療機関と連携して設置する専任チームに、保健師、看護師、作業療法士、精神保健福祉士のいずれか 1 名以上が参加していることが必要である。
- 患者、家族等の同意を得て、治療計画、直近の診療内容など緊急対応に必要な診療情報について随時提供を受ける。
- 精神科基本療養費に 24 時間対応体制加算の届出が必要である。
- 1 人の利用者に 1 か所の訪問看護ステーションのみ算定できる。
- 特別の関係にある医療機関と連携して行う場合は算定不可である。

1か所のみ又は複数訪問看護ステーションが算定できる加算 改

介護保険

【一覧】加算の制限

	介護保険
1か所の訪看しか算定できない加算	①緊急時訪問看護加算（Ⅰ）（Ⅱ）改 ②ターミナルケア加算 改 ③退院時共同指導加算 →2回算定が可能な利用者に対しては2か所で算定可能 ④特別管理加算（Ⅰ）（Ⅱ） ⑤遠隔死亡診断補助加算 新
複数の訪看で算定可能な加算	①サービス提供体制強化加算（Ⅰ）（Ⅱ） ②看護体制強化加算（Ⅰ）（Ⅱ） ③複数名訪問看護加算（Ⅰ）（Ⅱ） ④長時間訪問看護加算 ⑤初回加算（Ⅰ）（Ⅱ）改 ⑥夜間・早朝・深夜加算 ⑦看護・介護連携強化加算 ⑧特別地域訪問看護加算、中山間地域等における小規模事業所加算、中山間地域等に居住する者へのサービス体制加算 ⑨専門管理加算 新 ⑩口腔連携強化加算 新

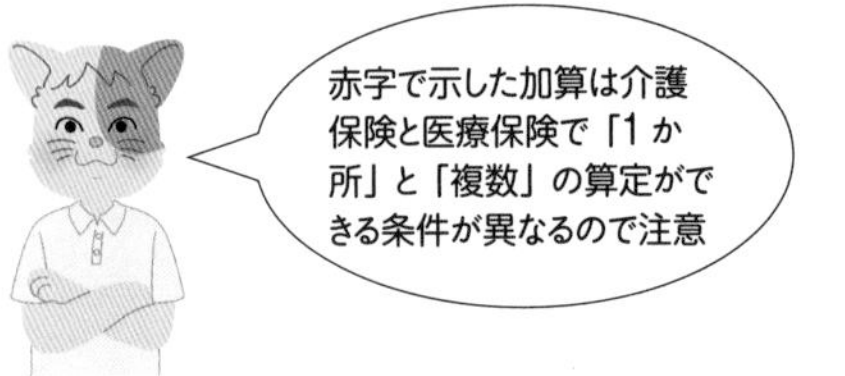
赤字で示した加算は介護保険と医療保険で「1か所」と「複数」の算定ができる条件が異なるので注意

医療保険

【一覧】加算の制限

	医療保険
1か所の訪看しか算定できない加算	①24時間対応体制加算（イ）（ロ）改 ②長時間訪問看護加算（異なる週であれば複数事業所算定可） ③複数名訪問看護加算 （週1回の算定の場合、異なる週であれば複数事業所算定可） ④退院時共同指導加算 改 ⑤特別管理指導加算 ⑥退院支援指導加算 改 ⑦訪問看護ターミナルケア療養費1・2・3 ⑧訪問看護情報提供療養費1・2・3 ⑨看護・介護連携強化加算 ⑩精神科重症患者支援管理加算 ⑪遠隔死亡診断補助加算
複数の訪看で算定可能な加算	①特別管理加算 ②緊急訪問看護加算 改 ③乳幼児加算 改 ④夜間・早朝・深夜加算 ⑤難病等複数回訪問看護加算 ⑥特別地域訪問看護加算 ⑦在宅患者緊急時等カンファレンス加算 ⑧在宅患者連携指導加算 ⑨複数名訪問看護加算（週1回の制限がないもの） ⑩専門管理加算 ⑪訪問看護医療DX情報活用加算 新

定期巡回・随時対応型訪問

■サービス内容

以下の①〜④のサービスを適切に組み合わせて提供する。定期巡回・随時対応型訪問介護看護には「一体型」と「連携型」の 2 種類がある。一体型では、同一事業者が①〜④のサービスを提供する。連携型では、①〜③のサービスを訪問介護事業者が提供し、④のサービスは連携先の訪問看護事業所が提供する。

①定期巡回サービス

訪問介護員等が、定期的に利用者の居宅を巡回して、入浴、排せつ、食事等といった日常生活上の世話を行う。

②随時対応サービス

オペレーターが通報を受け、利用者の状況に応じてサービスの手配を行う。

③随時訪問サービス

オペレーターからの要請を受けて、随時、訪問介護員等が利用者の居宅を訪問して、入浴、排せつ、食事等といった日常生活上の世話を行う。

④訪問看護サービス

看護師等が利用者の居宅を訪問して、療養上の世話または診療の補助を行う。

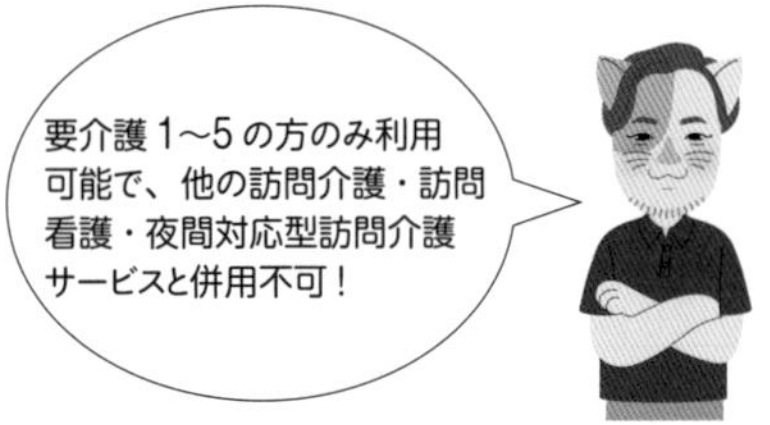
要介護 1〜5 の方のみ利用可能で、他の訪問介護・訪問看護・夜間対応型訪問介護サービスと併用不可！

介護看護(連携型) 改

■単位数・算定要件等

利用者の状態に応じたサービス提供や、事業所の体制により加算・減算が算定される。

<table>
<tr><th colspan="4"><改定後></th></tr>
<tr><th colspan="4">一体型事業所（※）</th></tr>
<tr><th>介護度</th><th>介護・看護利用者</th><th>介護利用者</th><th>夜間にのみサービスを必要とする利用者
（新設）</th></tr>
<tr><td>要介護1</td><td>7,946単位</td><td>5,446単位</td><td rowspan="5">【定額】
・基本夜間訪問サービス費：989単位/月

【出来高】
・定期巡回サービス費：372単位/回
・随時訪問サービス費（I）：567単位/回
・随時訪問サービス費（II）：764単位/回
（2人の訪問介護員等により訪問する場合）

注：要介護度によらない</td></tr>
<tr><td>要介護2</td><td>12,413単位</td><td>9,720単位</td></tr>
<tr><td>要介護3</td><td>18,948単位</td><td>16,140単位</td></tr>
<tr><td>要介護4</td><td>23,358単位</td><td>20.417単位</td></tr>
<tr><td>要介護5</td><td>28,298単位</td><td>24,692単位</td></tr>
</table>

（※）連携型事業所も同様

訪問看護事業所が、定期巡回・随時対応型訪問介護看護事業所と連携する場合に算定できる。
（1月につき）

2,961単位 改

引用・参考文献
令和6年度介護報酬改定における改定事項について
https://www.mhlw.go.jp/content/12300000/001230329.pdf（参照 2024.5.23）

在宅がん医療総合診療料

医療保険

在宅がん医療総合診療料（1日につき）

1　機能強化型の在支診・在支病
イ　病床を有する場合
(1) 処方箋を交付する場合　1,800点
(2) 処方箋を交付しない場合　2,000点
ロ　病床を有しない場合
(1) 処方箋を交付する場合　1,650点
(2) 処方箋を交付しない場合　1,850点

2　機能強化型以外の在支診・在支病
イ　処方箋を交付する場合　1,495点
ロ　処方箋を交付しない場合　1,685点

＋ 小児加算
1,000点（週に1回）

について

医療保険

●報酬算定と分配の例：1-ロ-(1) を 31 日分請求した場合

①在支診・在支病で保険請求する

・1,650 点 ×31 日＝51,150 点＝511,500 円

②業務委託契約に基づいて、訪問看護ステーションから在支診・在支病へ、介入実績を報告する。

③在支診・在支病が連携先の訪問看護ステーションへ業務委託料を支払う。

医療連携体制加算について

■医療連携体制加算とは

医療連携体制加算とは、

・医療機関等と障害福祉事業所の連携により医療機関等から看護職員が訪問し、利用者に看護を提供した場合
・認定特定行為業務従事者に対し喀痰吸引等に係る指導を行った場合
・日常的な健康管理や医療ニーズに適切に対応がとれる体制等を整備している場合

などに障害福祉事業所側で算定することができる加算である。

訪問看護ステーションの看護職員が算定要件にあたる事業所に訪問する場合、障害福祉サービスで当該加算を算定し、業務委託契約により訪問看護ステーションへ業務委託料を支払うことになる。

■医療連携体制加算を活用した障害福祉サービスと訪問看護ステーションとの連携の流れ

以下の流れで連携を進める。

1. 障害福祉事業所が、医療連携体制加算の算定について、行政機関へ届出
2. 障害福祉事業所と訪問看護ステーションで、業務委託契約を締結
3. 医師の指示により訪問看護職員が看護サービスを提供
4. 障害福祉事業所が医療連携体制加算を算定
5. 障害福祉事業所は業務委託契約に従い、訪問看護ステーションへ報酬を支払う

（障害福祉サービス）

■訪問看護ステーションが障害福祉事業所へ介入する際の注意点

以下の点に注意して行う。

1. 医療連携体制加算を算定する場合は、訪問看護基本療養費の算定は不可
2. 医療連携体制加算Ⅶは医療連携体制加算Ⅰ～Ⅵと併算定可
3. 業務委託先の事業所で従事する時間は、訪問看護事業所に従事する時間から除外するため、訪問看護事業所の指定人員基準を下回る場合は、委託業務に従事不可となる

Part 3

訪問看護業務で押さえておきたい書類の扱い方

居宅サービス計画書

【居宅サービス計画書 第1表】

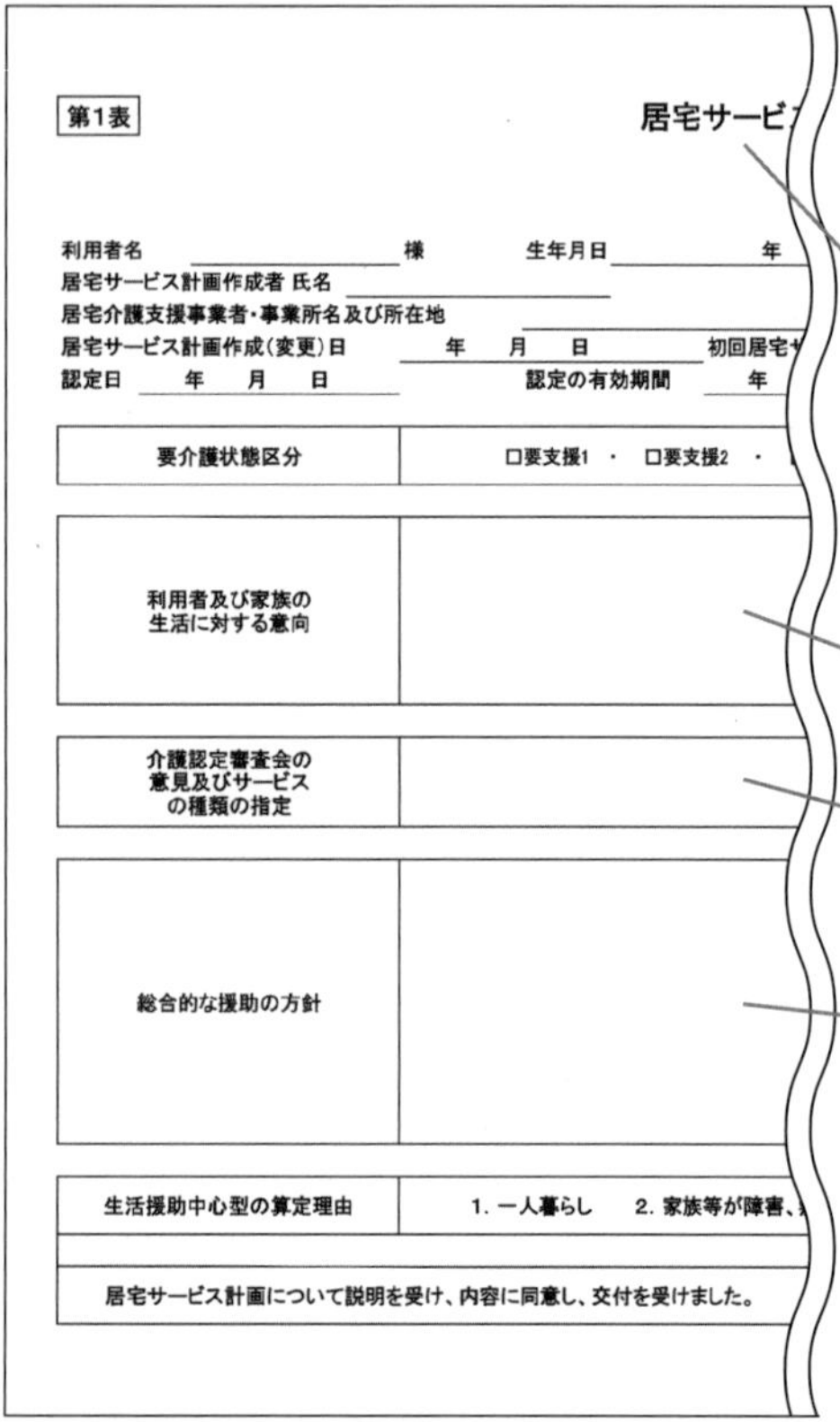

第1表

居宅サービ

利用者名 様 生年月日 年

居宅サービス計画作成者 氏名

居宅介護支援事業者・事業所名及び所在地

居宅サービス計画作成(変更)日 年 月 日 初回居宅サ

認定日 年 月 日 認定の有効期間 年

要介護状態区分	□要支援1 ・ □要支援2 ・

利用者及び家族の生活に対する意向	
介護認定審査会の意見及びサービスの種類の指定	
総合的な援助の方針	

生活援助中心型の算定理由	1. 一人暮らし 2. 家族等が障害、

居宅サービス計画について説明を受け、内容に同意し、交付を受けました。

解説動画➡
（書類やサンプルがダウンロードできる
QR コードは p.142～143 へ！）

■居宅サービス計画書とは

居宅サービス計画書の基本内容と注意点について、以下の①～③に示す。また、前ページに例として、第 1 表を挙げる（第 2 表以降は動画参照）。

①ケアマネジャーが作成するケアプランのことである。
②第 1 表～7 表まである。第 1 表は現状と全体のケアの方向性、第 2 表は各サービスの目標とケア内容など、伝えたい内容が違うのでそれぞれに何を目的とした表なのかを押さえておく。
③介護保険で介入する場合、訪問看護指示書と同じく重要なものなので、利用者の担当になったら第 1 表～3 表は十分に確認する。

総合的なニーズと支援方針
方針変更、認定更新、区分変更がない限り変更はしない

現状の困りごとの内容を記載する

被保険証で「認定審査会の意見及びサービスの種類の指定」欄に記載がある場合は、内容を転記する。記載がない場合は、「なし」と記載する。

どのような方針で援助するか、その方針を記載する。
家族や主治医の緊急連絡先が記載されることが多い。

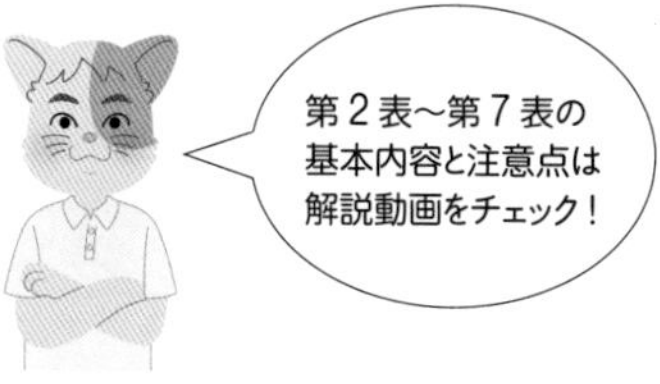
第 2 表～第 7 表の
基本内容と注意点は
解説動画をチェック！

訪問看護指示書その1 改

（別紙様式 16）

訪 問 看 護 指 示 書
在宅患者訪問点滴注射指示書

※該当する指示書を○で囲むこと

訪問看護指示期間 （　　年　月　日 ～　　年　月　日）
点滴注射指示期間 （　　年　月　日 ～　　年　月　日）

患者氏名		生年月日	年　月　日（　　歳）
患者住所	電話（　）		
主たる傷病名	（1）	（2）	（3）
傷病名コード			

現在の状況（該当項目に○等）	病状・治療状態		
	投与中の薬剤の用量・用法	1. 3. 5.	2. 4. 6.
	日常生活自立度	寝たきり度	J1　J2　A1　A2　B1　B2　C1　C2
		認知症の状況	Ⅰ　Ⅱa　Ⅱb　Ⅲa　Ⅲb　Ⅳ　M
	要介護認定の状況		要支援（ 1　2 ）　要介護（ 1　2　3　4　5 ）
	褥瘡の深さ		DESIGN-R2020 分類　D3　D4　D5　　NPUAP分類　Ⅲ度　Ⅳ度
	装着・使用医療機器等	1. 自動腹膜灌流装置　2. 透析液供給装置　3. 酸素療法（　　l／min） 4. 吸引器　5. 中心静脈栄養　6. 輸液ポンプ 7. 経管栄養（経鼻・胃瘻：サイズ　　、　　日に1回交換） 8. 留置カテーテル（部位：　　サイズ　　、　　日に1回交換） 9. 人工呼吸器（陽圧式・陰圧式：設定　　） 10. 気管カニューレ（サイズ　　） 11. 人工肛門　12. 人工膀胱　13. その他（　　）	

留意事項及び指示事項

Ⅰ　療養生活指導上の留意事項

Ⅱ　1. 理学療法士・作業療法士・言語聴覚士が行う訪問看護
　［ 1日あたり（　　）分を週（　　）回 ］
　2. 褥瘡の処置等
　3. 装着・使用医療機器等の操作援助・管理
　4. その他

在宅患者訪問点滴注射に関する指示（投与薬剤・投与量・投与方法等）

緊急時の連絡先
不在時の対応

特記すべき留意事項（注：薬の相互作用・副作用についての留意点、薬物アレルギーの既往、定期巡回・随時対応型訪問介護看護及び複合型サービス利用時の留意事項等があれば記載して下さい。）

他の訪問看護ステーションへの指示
（ 無　有：指定訪問看護ステーション名　　）
たんの吸引等実施のための訪問介護事業所への指示
（ 無　有：訪問介護事業所名　　）

上記のとおり、指示いたします。

年　月　日

医療機関名
住　所
電　話
（FAX.）
医師氏名　　印

事業所　　殿

●指示期間について

・訪問看護指示書の指示期間は、1か月から最長6か月である。
・利用者の病状に応じて指示期間内でも再度交付可能である（ただし、医師は1回しか算定できない）。
・1人の利用者に複数の訪問看護ステーションが訪問している場合には、それぞれの訪問看護ステーションに訪問看護指示書の原本を交付する。

・医療保険か介護保険かは傷病名で判断するしかない。
・厚生労働大臣が定める疾病（別表第7）に該当するためには別表第7の文言を入れる必要がある。
例）脊髄損傷は×→頸髄損傷◎

令和6年6月から訪問看護レセプトのオンライン請求が開始することを踏まえて、訪問看護指示書等に、傷病名コードを記載することが原則となった。改

・「褥瘡の深さ」と「装着・使用医療機器等」で厚生労働大臣が定める状態（別表第8）に該当するか判断する。
・使用している医療機器について○をつけ、カッコ内に必ず、機器の設定や管理方法、カテーテルのサイズや交換頻度などについて具体的に記載する。

留意事項及び指示事項I

・「療養生活指導上の留意事項」は、全体的な注意点を包括的に記載する（記載されるのは次のIIのほうが実際には多い）。

次ページへつづく

訪問看護指示書その2 改

(別紙様式16)

訪 問 看 護 指 示 書
在宅患者訪問点滴注射指示書

※該当する指示書を○で囲むこと

訪問看護指示期間 （　　年　月　日 ～　　年　月　日）
点滴注射指示期間 （　　年　月　日 ～　　年　月　日）

患者氏名		生年月日	年　　月　　日（　　歳）
患者住所	電話（　　）　－		

主たる傷病名		（1）	（2）	（3）
傷病名コード				
現在の状況（該当項目に○等）	病状・治療状態			
	投与中の薬剤の用量・用法	1. 3. 5.	2. 4. 6.	
	日常生活自立度	寝たきり度	J1　J2　A1　A2　B1　B2　C1　C2	
		認知症の状況	Ⅰ　Ⅱa　Ⅱb　Ⅲa　Ⅲb　Ⅳ　M	
	要介護認定の状況		要支援（　1　2　）　要介護（　1　2　3　4　5　）	
	褥瘡の深さ		DESIGN-R2020分類　D3　D4　D5　　NPUAP分類　Ⅲ度　Ⅳ度	
	装着・使用医療機器等	1. 自動腹膜灌流装置　2. 透析液供給装置　3. 酸素療法（　　l／min） 4. 吸引器　5. 中心静脈栄養　6. 輸液ポンプ 7. 経管栄養　（経鼻・胃瘻：サイズ　　、　日に1回交換） 8. 留置カテーテル（部位：　サイズ　　、　日に1回交換） 9. 人工呼吸器　（陽圧式・陰圧式：設定　　） 10. 気管カニューレ（サイズ　　） 11. 人工肛門　12. 人工膀胱　13. その他（　　）		

留意事項及び指示事項

Ⅰ 療養生活指導上の留意事項

Ⅱ 1. 理学療法士・作業療法士・言語聴覚士が行う訪問看護
（1日あたり（　　）分を週（　　）回）

2. 褥瘡の処置等

3. 装着・使用医療機器等の操作援助・管理

4. その他

在宅患者訪問点滴注射に関する指示（投与薬剤・投与量・投与方法等）

緊急時の連絡先
不在時の対応

特記すべき留意事項（注：薬の相互作用・副作用についての留意点、薬物アレルギーの既往、定期巡回・随時対応型訪問介護看護及び複合型サービス利用時の留意事項等があれば記載して下さい。）

他の訪問看護ステーションへの指示
（ 無　有 ： 指定訪問看護ステーション名　　）
たんの吸引等実施のための訪問介護事業所への指示
（ 無　有 ： 訪問介護事業所名　　）

上記のとおり、指示いたします。

年　月　日

医療機関名
住　所
電　話
（FAX.）
医師氏名　　印

事業所　　殿

留意事項及び指示事項Ⅱ

1. リハビリテーション

・禁忌動作や内科疾患合併の方は負荷量などを記載する。

・屋外歩行している方は「屋外歩行可」の記載が必要である。

・セラピストは職種、訪問時間、回数の記載が必要である。

・セラピストの職種間で交互に訪問を行っている、変わる可能性があれば、その内容も指示書に記載する。

2. 褥瘡の処置等

・処置方法や、使用薬剤、褥瘡の状態による薬剤の選択などを記載する。

3. 装着・使用医療機器等の操作援助・管理

・装着器具の種類、サイズ、カテーテルの記載。

・定期的な交換の頻度や注意点。

・管理トラブル発生時の対応方法。

・在宅酸素の場合は安静時と労作時の指示量、呼吸苦の際の注意点など。

4. その他

・食事制限がある場合のカロリーや、排便コントロールの際の具体的内容などを記載する。

緊急時の連絡先

・夜間を含め連絡が取れる連絡先や連絡が取れない場合の対応方法について記載する。または、○○医師と連携、○○病院へ救急搬送などを記載する。

指示日

・指示日は指示期間以前とする。

精神科訪問看護指示書 改

(別紙様式 17)

精神科訪問看護指示書

指示期間 (　　年　月　日～　　年　月　日)

患者氏名		生年月日	年　月　日 (　　歳)
患者住所	電話 (　　)　　－	施設名	

主たる傷病名	(1)	(2)	(3)
傷病名コード			

現在の状況（該当項目に○等）	病状・治療状況	
	投与中の薬剤の用量・用法	
	病名告知	あり　・　なし
	治療の受け入れ	
	複数名訪問の必要性	あり　・　なし 理由： 1．暴力行為、著しい迷惑行為、器物破損行為等が認められる者 2．利用者の身体的理由により一人の看護師等による訪問看護が困難と認められる者 3．利用者及びその家族それぞれへの支援が必要な者 4．その他 (　　)
	短時間訪問の必要性	あり　・　なし
	複数回訪問の必要性	あり　・　なし
	日常生活自立度	認知症の状況　(Ⅰ　Ⅱa　Ⅱb　Ⅲa　Ⅲb　Ⅳ　M)

精神訪問看護に関する留意事項及び指示事項 1　生活リズムの確立 2　家事能力、社会技能等の獲得 3　対人関係の改善（家族含む） 4　社会資源活用の支援 5　薬物療法継続への援助 6　身体合併症の発症・悪化の防止 7　その他
緊急時の連絡先 不在時の対応法
主治医との情報交換の手段
特記すべき留意事項

上記のとおり、指定訪問看護の実施を指示いたします。

年　月　日

医療機関名

住　　所

電　　話

(FAX.)

医師氏名　　　　　　　　印

指定訪問看護ステーション　　　　　殿

精神科訪問看護指示書

・精神科を標榜する保険医療機関の精神科を担当する主治医が交付する（精神科医しか精神科の指示書を出せないので注意）。
・認知症は原則介護保険の適用となるため、それ以外の精神疾患名を記載する。ただし、精神科在宅患者支援管理料を算定する認知症は医療保険給付となる。
・利用者の状態に応じて必要性の欄に○を記載する。
・精神科訪問看護に関する留意事項および指示事項にはできるだけ具体的な指示内容をもらう。

令和 6 年 6 月から訪問看護レセプトのオンライン請求が開始することを踏まえて、訪問看護指示書等に、傷病名コードを記載することが原則となった。改

特別訪問看護指示書

（別紙様式18）

特 別 訪 問 看 護 指 示 書
在宅患者訪問点滴注射指示書

※該当する指示書を○で囲むこと

特別看護指示期間　（　　年　月　日　～　年　月　日）
点滴注射指示期間　（　　年　月　日　～　年　月　日）

患者氏名	生年月日　大・昭・平・令　年　月　日（　歳）
病状・主訴： 一時的に訪問看護が頻回に必要な理由：	
留意事項及び指示事項（注：点滴注射薬の相互作用・副作用についての留意点があれば記載して下さい。）	
点滴注射指示内容（投与薬剤・投与量・投与方法等）	
緊急時の連絡先等	

上記のとおり、指示いたします。

年　月　日

医療機関名
電　　話
（FAX）

医 師 氏 名　　　　印

事業所　　　　殿

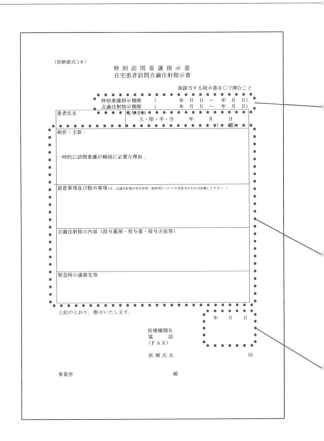

指示期間について

・特別訪問看護指示書の指示期間は、最大で 14 日間である。
・主治医が診療により利用者が急性感染症等の急性増悪期、末期の悪性腫瘍等以外の終末期退院直後、または主治医が必要と認めた状態で「週 4 日以上の頻回の訪問看護の必要がある」と認めた場合に交付できる。**疾患や症状の制限はない。**
・**原則的には月 1 回しか発行できないが、**
①気管カニューレを使用している状態
②真皮を越える褥瘡の状態
にある場合は、1 月に 2 回まで**交付できる。**
・指示日は診察日とする。

病状・主訴

・頻回な訪問が必要とされる理由の記載が必要

留意事項及び指示事項

・訪問看護への具体的な指示内容の記載が必要
・病状、主訴の改善のためにリハビリが必要な場合リハビリの指示ももらう

その他

・**月をまたいだ場合は、新たな月分の発行が可能**
・特別訪問看護指示期間中の訪問看護は医療保険での対応となる。
・急性増悪の症状が改善し、指示期間を訂正していただいた場合の訪問看護は介護保険対応となる（元々介護保険で対応していた場合）。

指示日

・指示日は開始日と同日、つまり、特指示を発行または再発行してもらおうと思うと、医師の診察した当日に発行でないと無効になってしまう。

在宅患者訪問点滴注射

（別紙様式18）

特別訪問看護指示書
在宅患者訪問点滴注射指示書

※該当する指示書を○で囲むこと

特別看護指示期間　（　　年　月　日　～　年　月　日）
点滴注射指示期間　（　　年　月　日　～　年　月　日）

患者氏名	生年月日 大・昭・平・令　年　月　日 （　歳）
病状・主訴： 一時的に訪問看護が頻回に必要な理由：	
留意事項及び指示事項（注：点滴注射薬の相互作用・副作用についての留意点があれば記載して下さい。）	
点滴注射指示内容（投与薬剤・投与量・投与方法等）	
緊急時の連絡先等	

上記のとおり、指示いたします。

年　月　日

医療機関名
電　　話
（ＦＡＸ）

医師氏名　　　　印

事業所　　　　殿

指示書

在宅患者訪問点滴注射指示書

・週に 3 日以上の場合発行する。
・指示期間は最長 7 日である。
・毎週発行可能である。
・週に 4 日以上訪問する場合、特別訪問看護指示書も一緒に出してもらう。
・点滴内容を具体的に記載してもらう。
・IVH（中心静脈栄養）は対象外である。

緊急時の連絡先等

・夜間を含め連絡が取れる連絡先や連絡が取れない場合の対応方法について記載する。または、〇〇医師と連携、〇〇病院へ救急搬送などを記載する。

指示日

・指示日は指示開始前または開始日と同日とする。

訪問看護計画書

別紙様式１

訪問看護計画書

利用者氏名		生年月日	年　月　日（　　）歳
要介護認定の状況	要支援（１　２）　要介護（１　２　３　４　５）		
住　所			

看護・リハビリテーションの目標

年月日	問題点・解決策	評価

衛生材料等が必要な処置の有無　　有　・　無

処置の内容	衛生材料（種類・サイズ）等	必要量

備考（特別な管理を要する内容、その他留意すべき事項等）

作成者①	氏名：	職種：看護師・保健師
作成者②	氏名：	職種：理学療法士・作業療法士・言語聴覚士

上記の訪問看護計画書に基づき指定訪問看護又は看護サービスの提供を実施いたします。

年　月　日

事業所名

管理者氏名

殿

看護・リハビリテーションの目標

・介護保険の利用者では、ケアプランに沿った目標や計画になっていることが重要である。ケアプランの第 2 表の長期目標、短期目標を念頭に目標を立てる。
・本人や家族の希望を踏まえ、主治医の指示やケアプランに沿った目標を立てる。

年月日／問題点・解決策／評価

・年月日欄には、訪問看護計画書の作成日、または計画の見直しを行った日付を記載する。初回介入時に作成する計画書の年月日は「初回介入日の日付」を記載する。
・問題点・解決策欄には、看護・リハビリ目標を踏まえたうえで利用者が抱える問題点・課題と、それを解決・改善していくための支援方法を記載する。訪問看護指示書の留意事項IIの指示内容を意識して記載する。
・評価欄は、訪問看護報告書の内容を振り返り記載する。記載した計画を継続するべきか、変更するべきかを記載する（初回介入時は空欄でかまわない）。

衛生材料等が必要な処置の有無

・衛生材料などが必要な処置の有無に○をつけ、必要な処置がある場合は、「処置の内容」「衛生材料（種類・サイズ）等」「必要量」を記載する。必要量は 1 か月間に必要な量を記載する。

備考

・特別な管理が必要な場合や介護保険や医療保険の利用状況など、各項目に書ききれない留意事項を記載する。
・セラピストが訪問する場合、職種およびその訪問日について、利用者にわかるように記載する必要がある。看護職員のみによる訪問の場合には予定日の記載は不要である。

（記載例 1）

1・12・15・22・29 日：看護師
4・11・18・25 日　：理学療法士または作業療法士

（記載例 2）

看護職員　：週に 2 回、月・金曜日に訪問
理学療法士：週に 1 回、木曜日に訪問

訪問看護報告書

別紙様式２

訪問看護報告書

利用者氏名		生年月日	年　月　日(　　)歳
要介護認定の状況	要支援（1　2）　要介護（1　2　3　4　5）		
住　所			
訪問日	年　月 1 2 3 4 5 6 7 8 9 10 11 12 13 14 15 16 17 18 19 20 21 22 23 24 25 26 27 28 29 30 31 年　月 1 2 3 4 5 6 7 8 9 10 11 12 13 14 15 16 17 18 19 20 21 22 23 24 25 26 27 28 29 30 31 訪問日を○で囲むこと。理学療法士、作業療法士又は言語聴覚士による訪問看護を実施した場合は◇、特別訪問看護指示書に基づく訪問看護を実施した日は△で囲むこと。緊急時訪問を行った場合は×印とすること。なお、右表は訪問日が２月にわたる場合使用すること。		
病状の経過			
看護の内容			
家庭での介護の状況			
衛生材料等の使用量および使用状況	衛生材料等の名称：（　　） 使用及び交換頻度：（　　） 使用量：（　　）		
衛生材料等の種類・量の変更	衛生材料等（種類・サイズ・必要量等）の変更の必要性：　有　・　無 変更内容		
特記すべき事項			
作成者	氏名：	職種：看護師・保健師	

上記のとおり、指定訪問看護又は看護サービスの提供の実施について報告いたします。

年　月　日

事業所名

管理者氏名

殿

訪問日

イ　指定訪問看護を実施した年月を記入すること
ロ　訪問日…○　リハビリ訪問日…◇
緊急時…×
特別訪問看護指示書、
精神科特別訪問看護指示書にて…△
1日に2回以上訪問した日…◎
長時間訪問または長時間精神科訪問…□
精神科訪問（30分未満）…✓

病状の経過

・月に1回しか指定訪問看護を実施しなかった場合には、記録書IIの複写を報告書として差し支えない。
・訪問看護計画書の内容を1か月実施して利用者の病状やADLの状況がどうなったかの結果をわかりやすく簡潔に記載する。
・計画の内容は翌月分の訪問看護計画書の評価の欄に記載する。あくまで結果の内容だけ記載する。

看護の内容

・訪問看護計画書の内容を念頭に置き実施した指定訪問看護の内容について具体的に記載する。

家庭での介護の状況

・利用者の家族等の介護の実施状況、健康状態、療養環境等を必要に応じて記入する。精神疾患を有する者が対象の場合は利用者と家族、友人等との対人関係について記入する。

衛生材料等の使用量および使用状況

・処置に使用した衛生材料等の名称、使用および交換頻度、1か月間の使用量を記載する。

衛生材料等の種類・量の変更

・衛生材料等の変更の必要性の有無について○をつける。処置に係る衛生材料等の種類・サイズ・量の変更が必要な場合に記入する。

特記すべき事項

・訪問がキャンセルになった場合は日にちと理由を記載する。

訪問看護契約における注意点

訪問看護契約書の例を以下に示す。

【訪問看護契約書のサンプル】

依頼者を利用者、本契約事業者を事業者として、事業者が利用者に対して行う訪問看護及び介
護(以下「訪問看護」という。)について、次の通り契約を締結する。

(契約の目的)
第一条　事業者は、介護保険法、健康保険法等関係法令及びこの契約書に従い、利用者が可能
宅においてその有する能力に応じた日常生活を営むことができるよう、訪問看護を提供しま
事業者に対して、その訪問看護に対する利用料金を支払うこととします。

(契約期間)
第二条　本契約の有効期間は、契約締結の日から利用者の介護認定の有効期間及び、利用者の
をされるまでとします。
但し、契約期間満了の 7 日前までに契約者から文書による契約終了の申し出がない場合には、
同じ条件で更新されるものとし、以後も同様とします。

(訪問看護内容等)
第三条
1　事業者は、利用者の日常生活全般の状況及びその意思を踏まえ、主治医の指示及び「居宅
または介護予防サービス計画」(以下「ケアプラン」という。)に沿って「訪問看護計画書」を
内容を利用者及びその後見人又は家族(以下「利用者等」という。) に説明、計画的にサービス
す。
2　事業者は、利用者がサービスの内容や提供方法等の変更を希望する場合、関係者との連絡
の上、訪問看護計画の変更等の対応を行います。
3　本契約において「訪問看護師」とは、所定の研修を受けた上で訪問看護サービス事業に従
観察、清拭・洗髪、床ずれの予防と処置、医師の指示による診療の補助業務、リハビリテー
(栄養)指導管理、排泄の介助・管理、ターミナルケア、カテーテル等の管理、ご家族等への介
などを行う、看護師、保健師、助産師、理学療法士、作業療法士、言語聴覚士の専門職員をい
す。

(訪問看護の提供記録等)
第四条
1　事業者は、訪問看護記録等を作成した後、5 年間はこれを適正に保存し、利用者及び利用
要に応じ利用者の家族を含む)は、事業者に対して前項の記録の閲覧及び謄写を求めることが
し、謄写に関しては、事業者は利用者に対して、実費相当額を請求できるものとします。
2　事業者は、正当な理由がある場合は、理由を明示し、記録の閲覧ないし謄写の一部または
ることがあります。
3　事業者は、契約の終了にあたって必要があるとみとめられる場合は、利用者等の同意を得
者の指定する他の居宅介護支援事業者等へ、第 1 項の記録の写しを交付することができるも

(訪問看護の利用料金)
第五条

契約における基本的な注意点を**表 1** に、訪問看護契約における注意点を**表 2** に示す。

表 1　契約における基本的な注意点

- **双方の合意**：サービス内容、費用、緊急連絡先などを明確にした契約書を作成し、双方で署名する。
- **サービス内容の明確化**：事業者が提供するサービスを明確にする。
- **費用と支払い方法**：利用料金、追加費用、支払い方法、支払い期限を明示する。
- **キャンセルポリシー**：予約のキャンセルや変更についてのルールや料金を明確にする。
- **情報の取り扱い**：医療情報や個人情報の取り扱い方針を明らかにする。
- **患者と家族の権利と責任**：事業所と患者、家族が持つ権利と責任を明示し、理解を確認する。

表 2　訪問看護の契約における注意点

- **患者の医療状況**：患者の病状やケアプランに基づいた訪問看護の内容と頻度を確認する。
- **他の医療機関との連携**：主治医や他の医療機関との情報共有の方法とタイミングを確認する。
- **費用について**：福祉給付金制度や障害者医療費助成制度等、併用可能な制度の対象者でないか確認する。
- **訪問看護の開始時刻について**：交通状況により多少前後する可能性があることを説明する。
- **緊急時の対応**：緊急時における連絡先と対応方針を事前に説明する。
- **災害時対応の説明**：トリアージの結果に基づいて訪問利用者の優先順位を決定することや、災害時のインフラの状況によっては訪問不可である可能性があることを説明する。
- **問題発生時の対応**：不満や問題が発生したり、損害があった場合の対応や苦情相談窓口について説明する。
- **報酬改定への対応**：報酬改定により契約内容の変更があった際は、契約内容を定期的に見直す。

訪問看護報告書（別添）

別紙様式２－(1)　理学療法士、作業療法士又は言語聴覚士による訪問看護の詳細　別添

利用者氏名	
日常生活自立度	自立　J1　J2　A1　A2　B1　B2　C1　C2
認知症高齢者の日常生活自立度	自立　I　IIa　IIIb　IIIa　IIIb　IV　M
理学療法士、作業療法士又は言語聴覚士が行った訪問看護、家族等への指導、リスク管理等の内容	

評価		項目	自立	一部介助	全介助	備考
	活動	食事	10	5	0	
		イスとベッド間の移乗	15	10←監視下		
			座れるが移れない→	5	0	
		整容	5	0	0	
		トイレ動作	10	5	0	
		入浴	5	0	0	
		平地歩行	15	10←歩行器等		
			車椅子操作が可能→	5	0	
		階段昇降	10	5	0	
		更衣	10	5	0	
		排便コントロール	10	5	0	
		排尿コントロール	10	5	0	
		合計点			／100	
		コミュニケーション				
	参加	家庭内の役割				
		余暇活動（内容及び頻度）				
		社会地域活動（内容及び頻度）				
		終了後に行いたい社会参加等の取組				
	看護職員との連携状況、看護の視点からの利用者の評価					

特記すべき事項		
作成者	氏名：	職種：理学療法士・作業療法士・言語聴覚士

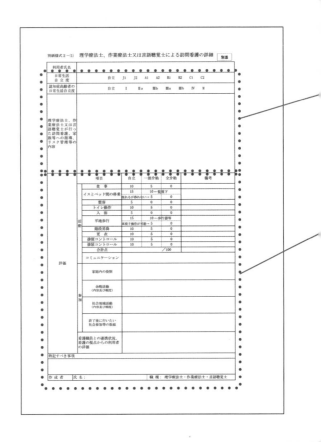

日常生活自立度、認知症高齢者の日常生活自立度

・各欄に必要事項を記載する。
・理学療法士、作業療法士または言語聴覚士が行った訪問看護、家族等への指導、リスク管理の内容等を記載する。

評価

・主治医に報告する直近の利用者の状態について、活動と参加の状況に分けて記載する。看護職員との連携状況、看護の視点からの利用者の評価についても記載が必要である。

特記すべき事項

・理学療法士、作業療法士または言語聴覚士が行った訪問看護について、各欄へ記載した事項以外に主治医に報告する必要があれば記載する。

作成者

・氏名を記入するとともに、理学療法士、作業療法士または言語聴覚士のうち該当する職種について○をつける。

褥瘡対策に関するスクリー

褥瘡対策に関するスクリーニング・ケア計画書

評価日 令和　年　月　日　計画作成日 令和　年　月　日

氏名　　殿　男 女

明・大・昭・平　年　月　日生（　歳）

記入担当者名

褥瘡の有無

1. 現在 なし あり（仙骨部、坐骨部、尾骨部、腸骨部、大転子部、踵部、その他（　））褥瘡発生日　令和　年　月　日

2. 過去 なし あり（仙骨部、坐骨部、尾骨部、腸骨部、大転子部、踵部、その他（　））

危険因子の評価	障害高齢者の日常生活自立度			J（1, 2）A(1, 2) B(1, 2) C(1, 2)	対処
	ADL の状況	入浴		自分で行っている　自分で行っていない	「自分で行っていない」、「あり」に１つ以上該当する場合、褥瘡ケア計画を立案し実施する。
		食事摂取		自分で行っている　自分で行っていない　対象外（※１）	
		更衣	上衣	自分で行っている　自分で行っていない	
			下衣	自分で行っている　自分で行っていない	
	基本動作	寝返り		自分で行っている　自分で行っていない	
		座位の保持		自分で行っている　自分で行っていない	
		座位での乗り移り		自分で行っている　自分で行っていない	
		立位の保持		自分で行っている　自分で行っていない	
	排せつの状況	尿失禁		なし　あり　対象外（※２）	
		便失禁		なし　あり　対象外（※３）	
		バルーンカテーテルの使用		なし　あり	
	過去３か月以内に褥瘡の既往があるか			なし　あり	

※１：経管栄養・経静脈栄養等の場合　※２：バルーンカテーテル等を使用もしくは自己導尿等の場合　※３：人工肛門等の場合

褥瘡の状態の評価	深さ	d０：皮膚損傷・発赤なし d１：持続する発赤 d２：真皮までの損傷	D３：皮下組織までの損傷 D４：皮下組織を越える損傷 D５：関節腔、体腔に至る損傷 DDTI：深部損傷褥瘡（DTI）疑い DU：壊死組織で覆われ深さの判定が不能
	浸出液	e０：なし e１：少量:毎日のドレッシング交換を要しない e３：中等量:１日１回のドレッシング交換を要する	E６：多量:１日２回以上のドレッシング交換を要する
	大きさ	s０：皮膚損傷なし s３：４未満 s６：４以上 16 未満 s８：16 以上 36 未満 s９：36 以上 64 未満 s 12：64 以上 100 未満	S 15：100 以上
	炎症/感染	i０：局所の炎症徴候なし i１：局所の炎症徴候あり（創周囲の発赤・腫脹・熱感・疼痛）	I3C：臨床的定着疑い（創面にぬめりがあり、浸出液が多い。肉芽があれば、浮腫性で脆弱など） I３：局所の明らかな感染徴候あり（炎症徴候、膿、悪臭など） I９：全身的影響あり（発熱など）
	肉芽組織	g０：創が治癒した場合、創の浅い場合、深部損傷褥瘡（DTI）疑いの場合 g１：良性肉芽が創面の 90%以上を占める g３：良性肉芽が創面の 50%以上 90%未満を占める	G４：良性肉芽が創面の 10%以上 50%未満を占める G５：良性肉芽が創面の 10%未満を占める G６：良性肉芽が全く形成されていない
	壊死組織	n０：壊死組織なし	N３：柔らかい壊死組織あり N６：硬く厚い密着した壊死組織あり
	ポケット	p０：ポケットなし	P６：４未満 P９：４以上 16 未満 P 12：16 以上 36 未満 P 24：36 以上

※褥瘡の状態の評価については「改定 DESIGN-R®2020 コンセンサス・ドキュメント」（一般社団法人　日本褥瘡学会）を参照。

褥瘡ケア計画	留意する項目		計画の内容
	関連職種が共同して取り組むべき事項		
	評価を行う間隔		
	圧迫、ズレ力の排除（体位変換、体圧分散寝具、頭部挙上方法、車椅子姿勢保持等）	ベッド上	
		イス上	
	スキンケア		
	栄養状態改善		
	リハビリテーション		
	その他		

説明日　令和　年　月　日

説明者氏名

ニング・ケアア計画書

- 利用者が新規導入になった場合、褥瘡リスクアセスメントを行い必要なら計画立案を行う。
- 医療保険は定期的な評価、記載が必要である。
- 介護保険は年に一度必要である。
- 介護、医療ともに新規契約時に記載する。医療保険は年末に再度評価するなどルールを決めておく。

訪問看護記録書Ⅰ

訪問看護記録書Ⅰ

No.1

利用者氏名		生年月日	年　月　日（　）歳
住　所		電話番号	（　）　－
看護師等氏名		訪問職種	保健師・看護師・准看護師 理学療法士・作業療法士・言語聴覚士
初回訪問年月日	年　月　日（　）　時　分～　時　分		
主たる傷病名			
現病歴			
既往歴			
療養状況			
介護状況			
生活歴			

氏名	年齢	続柄	職業	特記すべき事項

記録書の前提

・利用者の情報はどこかしらに内容を記載していればよい。必ずこの様式で書かなくてはいけない、ソフト内に記載しなくてはいけない、ということではない。

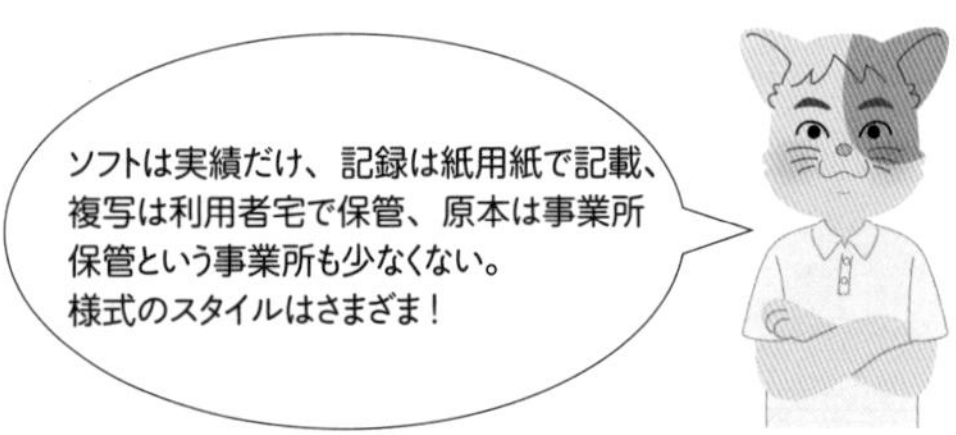
ソフトは実績だけ、記録は紙用紙で記載、
複写は利用者宅で保管、原本は事業所
保管という事業所も少なくない。
様式のスタイルはさまざま！

訪問看護記録書I

№2

訪問看護の依頼目的							
要介護認定の状況	要支援（1 2） 要介護（1 2 3 4 5）						
ADLの状況 該当するものに○	移動	食事	排泄	入浴	着替	整容	意思疎通
自立							
一部介助							
全面介助							
その他							
日常生活自立度	寝たきり度	J1 J2 A1 A2 B1 B2 C1 C2					
	認知症の状況	I IIa IIb IIIa IIIb IV M					
主治医等	氏名						
	医療機関名						
	所在地						
	電話番号						
	緊急時の連絡先						
家族等の緊急時の連絡先							
介護支援専門員等	氏名						
	指定居宅介護支援事業所名						
	電話番号						
	緊急時の連絡先						
関係機関	連絡先	担当者	備考				

記載の際に押さえておきたいこと

・どこに記載したのかバラバラにならないようここに書く、いつまでに書くという事業所内の記載のルールは必要である。

・自分以外の方が利用者の情報を十分に把握できるよう意識して記載する。また、自分自身も利用者を理解するための聞くべきポイントだと思って内容を埋めていこう！

例）

・新規開始から1週間以内に記載

・その後はADLや記載内容変更時に更新

・1年に1回は見直し更新する　など

訪問看護記録書Ⅱ

訪問看護記録書Ⅱ

<table>
<tr><td rowspan="2">利用者氏名</td><td rowspan="2"></td><td>看護師等氏名</td><td></td></tr>
<tr><td>訪問職種</td><td>保健師　・看護師　・准看護師
理学療法士・作業療法士・言語聴覚士</td></tr>
<tr><td>訪問年月日</td><td colspan="3">年　月　日（　）　時　分～　時　分</td></tr>
<tr><td colspan="4">利用者の状態（病状）</td></tr>
<tr><td colspan="4">実施した看護・リハビリテーションの内容</td></tr>
<tr><td colspan="4">その他</td></tr>
<tr><td colspan="4">備考</td></tr>
<tr><td>次回の訪問予定日</td><td colspan="3">年　月　日（　）　時　分～</td></tr>
</table>

押さえておきたいこと

訪問看護指示書、ケアプラン、訪問看護計画書、訪問看護記録IIの内容の整合性を合わせる必要がある（異なる場合、指示書やケアプランの変更依頼が必要）。

全職種で記載必要な内容

特別管理加算等の加算を算定しているときは、実際に行っている根拠となる記載が必要。留置カテーテルの状態の方であれば、

・何をどこにつけているのか
・どういう状態か
・問題はないか（性状は？）

などの最低限の記載は必要である（必ずここまで書かなくてはいけないというルールはない）。

振り返りやすいように

書き方の統一をしよう！

・どこに何を記載するか（医療処置は医療欄、その他の項目に）
・SOAP を使う　など

書くべき場所、書き方を統一していればスタッフや利用者数が増えても把握しやすくなる。また、看護の振り返りや同じ利用者に違う職員が訪問している場合に記録上での申し送りがしやすくなる。

オンコール規定マニュアル 改

オンコール対応の体制については、各事業所に任されている。自施設のオンコール規定を作成・見直しする際に活用できるようマニュアルを作成した。マニュアルのサンプルはp.143のQRコードからダウンロードできる。また、オンコール規定に記載する項目と、それぞれのポイントを下記に挙げる。

【項目とポイント】

1. オンコール手当

金額については出動の有無、時間帯や休日等で変動する。いずれも時給換算で最低賃金を考慮して設定する。

2. 代休

代休を設けるかは事業所に委ねられている。設ける場合、代休がたまりすぎて有休が消化できないということがないよう、バランスを考える。

3. 緊急契約後の流れ

事前に利用者の情報を登録しておき、かけてきた相手がわかるようにしておく。看護職以外がオンコール用携帯を所持する場合は当番時に利用者情報を共有する。

4. 緊急携帯当番時の事前準備

オンコール担当になる際の準備としては、事前の情報収集が一番大切である。利用者と対応方法を把握し、記録・申し送りの仕方のルールをあらかじめ決めておく。

5. 緊急訪問を行う基準

どのような場合に緊急訪問が必要かを明示しておくとよい。医療処置を伴う状況かつ訪問が必要な場合、原則看護師が訪問を行う。医療処置を伴わない状況かつ訪問が必要な場合、看護師以外での訪問も行う。

6. 聴取する内容

ここに挙げた内容を確認しながら緊急訪問の基準に該当するか確認する。電話＝緊急訪問ではない。電話相談時は利用者や家族が安心できるよう真摯な対応を心がける。

7. 緊急時の報告・記録フローチャート

フローチャートを用いて緊急訪問や対応、記録方法の基準を明確にすることで、スタッフによる偏りがなくなる。

8. 緊急対応の目的と基準

緊急対応の基準として、体調不良や医療創の不具合などで看護師に相談したいとき、などが挙げられる。

9. 緊急対応時・後の連絡

緊急対応時に看護師以外の職員が訪問した際、利用者から看護に関する内容を質問され返答できない場合の対応について把握しておく（詳しくは下記 QR コードより動画を参照）。

10. 電話当番

どのように電話担当者を決めていくか、事業所のオンコール対応が持続できるような体制を考える。

11. 営業時間外の緊急電話対応及び緊急訪問について

どのタイミングで手当がつくのか、営業時間外でどういう手段で対応するかを決めておく。

勤務形態一覧表について

勤務形態一覧表の例を以下に示す。

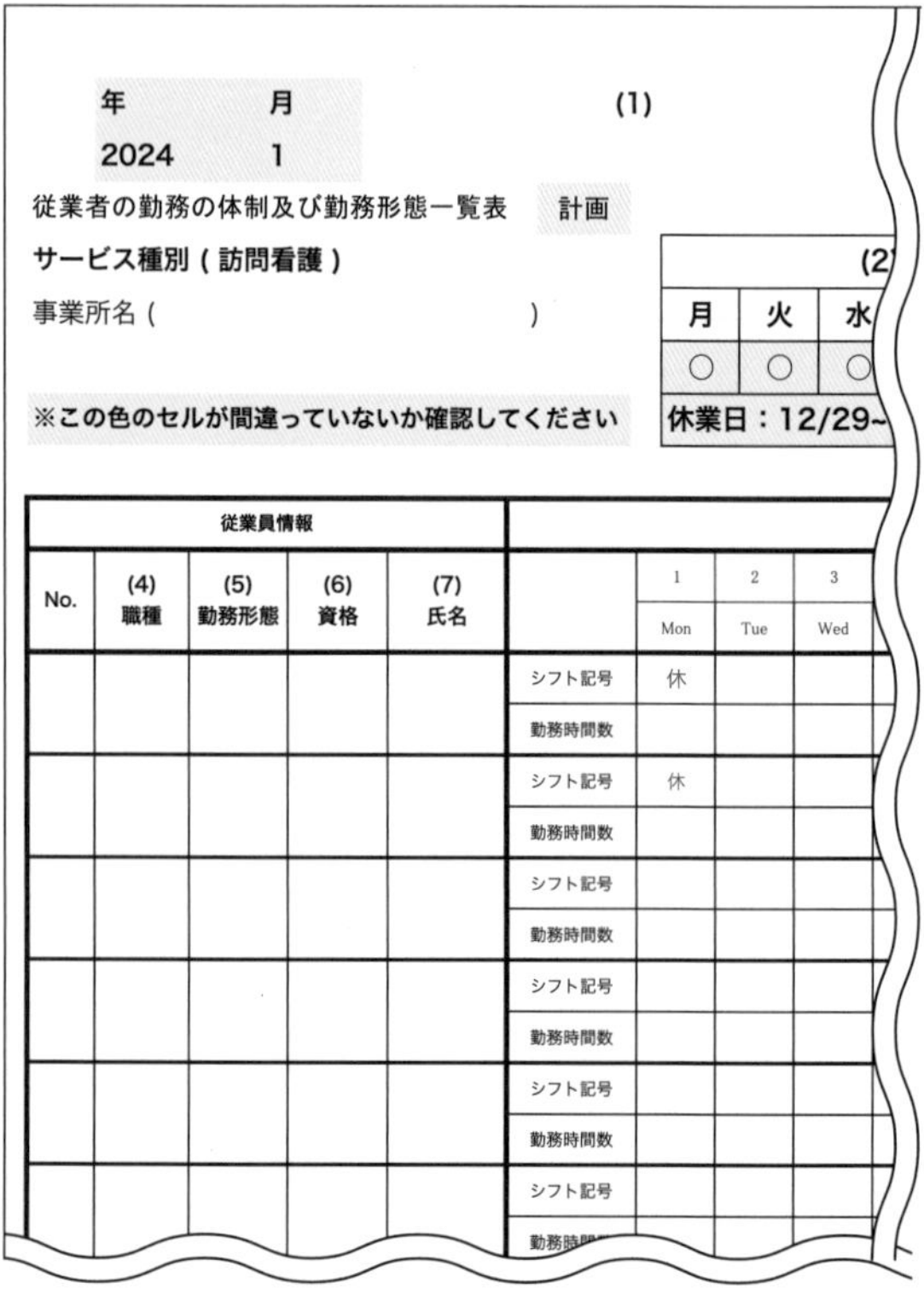

年	月
2024	1

(1)

従業者の勤務の体制及び勤務形態一覧表　計画

サービス種別（訪問看護）

事業所名（　　　　　　　　　　　　　　　）

※この色のセルが間違っていないか確認してください

(2		
月	火	水
○	○	○
休業日：12/29~		

従業員情報								
No.	(4) 職種	(5) 勤務形態	(6) 資格	(7) 氏名		1 Mon	2 Tue	3 Wed
					シフト記号	休		
					勤務時間数			
					シフト記号	休		
					勤務時間数			
					シフト記号			
					勤務時間数			
					シフト記号			
					勤務時間数			
					シフト記号			
					勤務時間数			
					シフト記号			
					勤務時間数			

勤務形態については、厚生労働省が示す「従業者の勤務体制及び勤務形態一覧表」があり、参考様式の見直しの基本的な考え方も示されている（**表 1**）。これらの内容をふまえ、勤務形態一覧表の管理のポイントとして、**表 2** の内容が挙げられる。

表 1　「従業者の勤務体制及び勤務形態一覧表」の参考様式見直しの基本的な考え方[1)]

1. 指定・許可にあたっての人員配置基準を満たすことを一覧で確認できるものとする。
2. 人員数の算出にあたり必要な数値（例：常勤職員の勤務すべき時間数、利用者数・入所者数等）が含まれた一覧とする。
3. これらの数値はサービス種別毎に異なるため、サービス種別毎に様式例を示す。
4. 同一の様式を実地指導における勤務実績の確認等にも流用できるよう、勤務時間を記載する期間は、4週間ではなく1か月（暦月）とする。
5. 入力の利便性を確保する。
   (1) ファイル形式はExcelとする。
   (2) 人員数の確認に関する数値は可能な限り自動計算数式を挿入する。
   (3) 記入内容の選択肢が限られる欄はプルダウンで選択できる形とする。
   (4) 各項目の記入方法を分かりやすく明示する。
6. 必要項目を満たしていれば、各事業所で使用するシフト表等の提出により代替することで可能とする。

表 2　勤務形態一覧表の管理のポイント

1. 勤務形態一覧表（予定）と勤務形態一覧表（実績）の内容は合致しなくても良い。
2. 勤務形態一覧表（実績）と出勤簿の内容が合致する必要がある。
3. 必要項目を満たしていれば、各事業所で使用するシフト表等の提出により代替することで業務工数の削減可能。

引用・参考文献
1) 厚生労働省：介護保険最新情報 Vol.876，令和 2 年 9 月 30 日．
https://www.wam.go.jp/gyoseiShiryou/detail?gno=7443&ct=020060090

訪問看護業務で押さえておきたい書類 QRコード一覧

以下より、各書類をダウンロードできます。

【各種書類集】

- 訪問看護指示書
- 精神科訪問看護指示書
- 特別訪問看護指示書
- 在宅患者訪問点滴注射指示書
- 訪問看護計画書
- 訪問看護報告書
- 訪問看護報告書（別添）
- 褥瘡対策に関するスクリーニング・ケア計画書
- 訪問看護記録書I
- 訪問看護記録書II

【各種サンプル集】

- 居宅サービス計画書
- 訪問看護契約書
- オンコール規定マニュアル
- 勤務形態一覧表
- 訪問予定管理表

コラム5

訪問看護契約書の電子契約についての注意点

●電子契約とは

電子契約とは、書面ではなく、電磁的記録のみによって締結される契約のことをいいます。

電子契約の締結にあたっては、証拠力が担保されていることが大切です。証拠力には、「形式的証拠力」と「実質的証拠力」の2つの局面があります。形式的証拠力とは、文書自体が事実認定の際に利用するに足るかどうかという視点で、実質的証拠力とは、形式的証拠力の問題がクリアされた文書に関して、その文書の証拠としての価値はどうかという視点になります。

●電子署名の形態について

電子署名の形態は、一般的には以下のように分類できます。また、介護保険に基づく「指定居宅サービス等の事業の人員、設備及び運営に関する基準」では、契約の締結方法について言及しています（詳細は動画参照）。

- **当事者型電子署名（ローカル型）**
- **当事者型電子署名（リモート型）**
- **事業者型又は立会人型電子署名（クラウド型）**

証拠力の担保、電子契約環境の構築コスト、契約そのものの手間を考慮すると、クラウド型の電子サービスがお勧めです。電子契約サービスを提供している事業者には、クラウドサイン、GMOサイン、AcrobatSign、ジンジャーサイン、ケアサインなどがあります。これらのサービスを導入する際は、厚生労働省から公開されている「医療情報システムの安全管理に関するガイドライン」を参照してください。

なお、2023年4月より保険医療機関・薬局におけるオンライン資格確認（健康保険証の資格確認）の導入が原則義務化されており、訪問看護におけるオンライン資格確認の導入も進んでいく予定です。訪問看護契約の電子化を考えている場合は、今のうちから上述のガイドラインに則った運営方法を検討しておくとよいでしょう。

コラム6

サービス提供票のケアマネジャーとのやり取りにおける注意点

●サービス提供票とは

介護サービス事業者は、「サービス提供票」に基づいてサービスを提供し、提供したサービスの実績をサービス提供票の「実績」欄に記入していきます。

その月のサービス提供がすべて完了した後、実績が記された「サービス提供票」および「サービス提供票別票」をケアマネジャーに返送します。

●サービス提供票の注意点

サービス提供票使用時の注意点を以下に示します。

・ケアマネジャーが「給付管理票」を毎月10日までに国民健康保険団体連合会（国保連）に提出するため、サービス提供実績が確定次第、早めに送付するのが望ましい
・介護予防サービスを利用する場合、ケアマネジャーから地域包括支援センターへ介護予防サービスの利用実績を報告する必要があり、提出期限が10日よりも早い場合が多いので、提出を早めるなど配慮するのが望ましい
・自治体によっては毎月5日までに地域包括支援センターへ実績報告する場合などもあり、サービス事業者のレセプト提出内容と、ケアマネジャーの給付管理票の内容が一致しない場合、レセプトが差し戻しとなったり保留となる可能性があるため、サービス提供内容を正確に報告する

コラム7

訪問看護の導線管理について
～事業所の収益性やサービス提供効率を鑑みた視点で～

●訪問看護事業の特徴

訪問看護は公的保健事業であり、報酬は制度によって規定されています。また、労働集約事業でサービスを提供するのは、看護師やセラピストなど人によるサービス提供であるため、月当たりの売上の上限は人員の稼働時間によって決定されます。このような事業の特性や少子高齢化の影響から恒常的な人手不足となっており、経費の大半は人件費となります。

したがって、このような特性を持つ訪問看護事業で収益性を向上させたり、公的保険事業としての受け皿を拡充しようとすると、訪問導線を効率的に管理することは非常に重要な意味を持ちます。

●移動時間の運営シミュレーション

表1は、訪問の際の移動時間毎の運営シミュレーションです。

例えば、平均移動時間を10分とする場合は、①職員1名当たりの最多訪問件数は7件、②職員1名当たりの月間最多訪問件数は140件、③ステーション

表1　移動時間の運営シミュレーション

1. 職員4名 2. 勤務日数20日/月 3. 平均訪問時間/件を45分 4. 勤務時間を8時間 5. 残業なし 6. 訪問単価7,800円 を運営条件とする	話し合いの時間の有無				
	有	無	有	無	無
	平均 移動時間 10分	平均 移動時間 15分	平均 移動時間 20分	平均 移動時間 25分	平均 移動時間 30分
①職員1名当たり、1日当たりの最多訪問件数	7	7	6	6	5
②職員1名当たりの月間最多訪問件数	140	140	120	120	100
③ステーションにおける月間最多訪問件数	560	560	480	480	400

表2　訪問看護の導線管理における留意点

・移動方法はどうするか ・事業所から見た訪問エリアの一番端は、事業所から片道何分までとするか ・利用者宅から利用者宅への移動時間は、何分を目安とするか ・訪問予定を組む際に、訪問エリア関係無く事業所で一元管理とするか、訪問エリアを東西南北等で区分し、訪問エリア毎に導線を管理するか ・性別限定の訪問や担当職員固定の訪問をどう取り扱うか ・ターミナル等の緊急訪問の可能性が高い利用者に関して、職員が自宅から訪問した場合の、緊急訪問時の移動時間はどうか ・どのような方法で訪問予定を管理するのか（表計算ソフト、カレンダーApp、SaaSなど）

における月間最多訪問件数は560件となり、忙しいですが、話し合いの時間を確保することも可能です。しかし、移動時間が15分となると、①、②、③の数字は変わりませんが、話し合いの時間を確保することは困難となります。

●訪問看護の導線管理における留意点

このようなシミュレーションをもとに、どの程度の移動時間が理想であるか、運営している地域の特性やメンバーの事情を考慮して考えます。都市部であるか、地方であるか、居宅中心なのか、施設中心なのかでも最適解は変化するので、**表2**のような視点を加味して考えるとよいです。

＊

訪問の導線管理は、訪問看護事業において非常に大きな意味を持つ問題です。地域の特性、ステーションの機能、収益性など、さまざまな角度から決定できるとよいでしょう。p.143に掲載のQRコードより「訪問予定管理表」の原本がダウンロード可能ですのでご活用ください。

Part
4

訪問看護に関連する公費について

介護保険と医療保険の

介護保険

負担限度額分までは国が負担する。
要支援・要介護度によって負担料金は異なる。

【各要介護度別の支給限度額】

要介護度	支給限度額
要支援1	4,970単位/月
要支援2	10,400単位/月
要介護1	16,580単位/月
要介護2	19,480単位/月
要介護3	26,750単位/月
要介護4	30,600単位/月
要介護5	35,830単位/月

【財源】

利用者（5%）

公費（50%）
内訳
国費（25%）
都道府県（12.5%）
市町村（12.5%）

保険料（45%）
内訳
第1号被保険者（17%）
第2号被保険者（28%）

1割 ｜ 9割

所得に応じて2、3割

・国民健康保険団体連合会（国保連）に翌月10日までに請求

財源を理解する

医療保険

【財源】

利用者（14.4%） / 保険料（52.5%） / 公費（33.1%）

1〜3割	7〜9割

【負担額】

- 75歳以上……………1割
- 70〜74歳……………2割
- 6〜69歳（義務教育就学後）……3割
- 0〜6歳未満（義務教育就学前）……2割

被保険者

自己負担分を公費が一部、あるいは全額負担してくれる。
→公費によって受けられる対象が違う
難病、小児慢性疾患、自立支援、生活保護　など

自己負担	公費	7〜9割

・社会保険診療報酬支払基金
or
・国民健康保険団体連合会（国保連）に翌月10日までに請求

公費負担医療制度を理解

■公費負担医療制度とは

・国や地方自治体が税金を財源として費用の負担を行う制度である。

・特定の病気や患者の条件により、患者が窓口で支払う医療費の一部または全額を国や地方自治体が負担する。

・国には 4 分野の公費（表 1・表 2）があり、地方自治体の公費（表 3）は 3 種類ある。

表 1　国の公費負担医療制度の種類

①公衆衛生的医療 疾病の予防や寿命を延長することによって、身体的・精神的健康と能率の増進をはかるもの
②社会福祉的医療 さまざまな問題や困難をかかえる人々の生活を整え、その人の自立をサポートしていくもの
③研究的医療 原因や治療法が明らかでない疾病について、治療費・研究費という名目で国が医療費を助成するもの
④国家補償的医療 戦争における病気やケガ、公害や薬害などの健康被害といった、国家に責任がある医療に対するもの

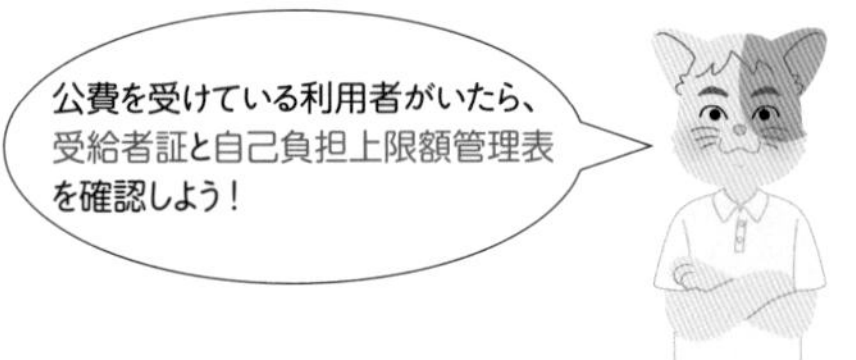
公費を受けている利用者がいたら、
受給者証と自己負担上限額管理表
を確認しよう！

する

表 2　国の公費負担医療制度の種類（詳細）

法別番号	法律名等	種別	証明書名称	分野
10	感染症予防法	一般患者（37 条の 2）	患者票	公衆衛生的医療
11		命令入所（37 条の 2）	命令入所患者票	
21	障害者総合支援法	精神通院医療	患者票	
20	精神保健福祉法	措置入院	—	
12	生活保護法	医療扶助	医療券	社会福祉的医療
15	障害者総合支援法	更生医療	更生医療券	
16		育成医療	育成医療券	
17	児童福祉法	療育医療	療育券	
53		児童保護措置	受診券	
23	母子保健法	養育医療	養育医療券	
51	特定疾患治療（難病）	治療研究	医療券	研究的医療
52	小児慢性特定疾患	治療研究		
54	難病法	治療研究		
13	戦傷病者特別援護法	傷病者医療	療養券	国家補償的医療
14		更生医療	更生医療券	
18	原子爆弾被爆者援護法	認定疾病医療	被爆者健康手帳	
19		一般疾病医療		

■地方自治体の条例に基づく公費（福祉医療費助成制度、通称：マル福）

・国とは別で地方自治体でも独自に運営される公費負担医療がある。
・ひとり親家族に対する助成、重度障害に対する助成、乳幼児に対する助成の 3 つの助成が大きな柱になっている。

表 3　地方自治体の公費の種類

制度	法別番号	対象
心身障害者医療費助成制度（マル障）	80	重度障害を持つ方
ひとり親家庭等医療費助成制度（マル親）	81	父子・母子家庭に対して
乳幼児医療費助成制度（マル乳）	88	6歳未満の乳幼児を養育する親

【負担】

・自治体によって現物給付、償還払いと対応が異なる。
・定額分を引いた額を公費負担してくれるところもあれば、患者負担分の 2 割といった定率制のところもあれば、上限額を超えた分を公費負担してくれるところもあり自治体によってさまざまである。

■公費の優先順位

・国の公費と自治体の公費をどちらも使っている場合は、国の公費が優先となる。国の公費を使い、自己負担が発生した部分に関して自治体の公費を使う。

自己負担上限額管理票を

【自己負担上限額管理票】

特定医療費（指定難病）自己負担上限額管理票の例

特定医療費（指定難病）

令和○○年　○月分　自己負担上限額管理票

受診者名		受給者番号	

額自己負担上限　10,000 円

日付	指定医療機関名	① 医療費総額（10割分）	② 自己負担額	③ 自己負担の累積額（月額）	徴収印
○月○日	○○○病院	10,000 円	2,000 円	2,000 円	印
○月○日	□□薬局	15,000 円	3,000 円	5,000 円	印
○月○日	○○○病院	10,000 円	2,000 円	7,000 円	印
○月○日	□□薬局	10,000 円	2,000 円	9,000 円	印
○月○日	○○○病院	15,000 円	1,000 円	10,000 円	印
○月○日	○○○病院	10,000 円			印
○月○日	□□薬局	5,000 円			印
月　日					
月　日					
月　日					
月　日					
月　日					
月　日					

上記のとおり月額自己負担上限額に達しました。

日付	指定医療機関名	確認印
○月○日	○○○病院	印

※自己負担上限額に達した後も、引き続き「医療費総額（10割分）」については記載いただくようお願いします。

この管理票で医療費の負担先を判断する。

使いこなす

①総医療費（10 割）を記入
②負担額を記入（難病の場合 2 割）
③トータルの自己負担額を記載
この場合累計 10,000 円まで記載

累計 10,000 円に達した医療機関、事業所が記載

よくある質問

Q 上限額に達したら、もう書かなくてよいですか？

A 全て書くことをお勧めします。

月間・年間の累計医療費負担額により、さらに自己負担額が減額になる可能性があるため、上限額に達しても書き続けましょう！管理表に記載がないと医療費の還付や自己負担上限額の減額が受けられないこともあります。

おわりに

本書をご覧いただき有難うございました。

拙筆ではありますが、今回は診療報酬及び介護報酬の同時改定について、また運営に関連して困っている方が多いであろう事柄について、寄稿させていただきました。とはいえ大部分の内容は共著いただいた出口貴大さんと、ヴェクソンインターナショナルの本間明子さんのご尽力によるものです。この場をお借りして、感謝申し上げます。

＊

報酬改定は現行の報酬制度を今後の国の方針に対して方向付けるものですが、今回の改定は今までの改定よりも、より色濃く、方向付けがなされているものと感じています。小児や精神に特化した訪問看護や、リハビリテーションに強い訪問看護、施設内訪問がメインの訪問看護など、訪問看護には様々な運営実態がありますが、今回はより医療依存度の高い方に向けて、質の高いケアを提供している訪問看護ステーションに向けた加算が充実してきている印象です。

特に専門家加算や機能強化型訪問看護管理療養費など、ケアの質の中でも、ケアの費用対効果を向上させる可能性の高いスペシャリティに対する加算について、大きく増額されました。これはステークホルダー満足度を軽視するわけではなく、現在の少子高齢化社会の中で、社会保障制度を活用してより多くの方の生活を支えるためにも、よりケアの費用対効果と向き合っていく必要性が増してきたということだと理解しています。

訪問看護ステーションに勤務する職員の負担軽減に資する取り組みを実施している事業所に対しての加算も同様です。訪問看護は緊急時対応をはじめ、ケア従事者の身体・精神的負荷が高い業態ですので、持続可能な地域医療の提供のためにも、このような加算が充実してきたことについて、嬉しい方も多いのではないでしょうか。

本書を手に取ってくださった皆様におかれましては、日々臨床と運営に尽力されている方が多く、報酬改定のたびに増加していく加算や届出、義務化対応等について、頭を悩ませているものと存じます。本書はそのような方々が、少しでも楽に制度にキャッチアップできるよう、重要な部分のみを抜粋し、職員が自律して学べるよう動画もセットになった書籍です。そのため活用の幅も広く、本書ならではの活用方法もあるかと思いますので、存分にご活用いただけますと幸いです。

＊

最後になりますが、読者、そして本書の発刊に関わっていただきました皆様に改めて感謝申し上げます。

2024年7月

株式会社FOOTAGE代表取締役
S-QUE訪問看護eラーニング監修
大串 優太

索引

動画でまるっとわかる！
訪問看護師のための
診療報酬＆介護報酬ポイントBOOK

数字・欧文

あ

さ

た

ら

●編著者紹介

出口 貴大

のぞみ医療株式会社 取締役COO／看護師・保健師
S-QUE訪問看護eラーニング 総合監修

2017年～2020年、東京の大手訪問看護ステーションに管理者として常勤勤務。2021年1月、のぞみ医療株式会社取締役に就任。2022年より、S-QUE訪問看護eラーニング講師、総合監修として参画。

大串 優太

株式会社FOOTAGE代表取締役／看護師
S-QUE訪問看護eラーニング 監修

株式会社FOOTAGE代表取締役。株式会社じょいなす取締役。株式会社Scoville電子カルテ等監修。2023年より、S-QUE訪問看護eラーニング講師、監修として参画。

ヴェクソン医療看護出版の好評既刊本の
最新情報はこちらから！

動画《どうが》でまるっとわかる！
訪問看護師《ほうもんかんごし》のための
診療報酬《しんりょうほうしゅう》&介護報酬《かいごほうしゅう》ポイントBOOK

発　行　2024年7月30日　第1版第1刷発行
編　著　出口貴大《でぐちたかひろ》／大串優太《おおぐしゆうた》
発行者　兼久隆史
発行所　ヴェクソンインターナショナル株式会社
〒101-0054
東京都千代田区神田錦町3-15　NTF竹橋ビル8階
TEL 03-6272-8408　FAX 03-6272-8409
https://www.vexon-intnl.com/
印刷所　藤原製本株式会社

Published by VEXON-INTERNATIONAL Inc.
Printed in Japan
ISBN978-4-910689-07-4　C3047

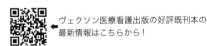